总体国家安全观下
国家安全保障国际法研究系列

张晓君 总主编

国际法
海上安全研究

周江 郝志鹏 著

法律出版社 LAW PRESS·CHINA
北京

图书在版编目(CIP)数据

国际法海上安全研究 / 周江,郝志鹏著. -- 北京 :
法律出版社, 2023
(总体国家安全观下国家安全保障国际法研究系列 /
张晓君总主编)
ISBN 978 - 7 - 5197 - 7490 - 5

Ⅰ. ①国… Ⅱ. ①周… ②郝… Ⅲ. ①海上 - 国家安
全 - 国际法 - 研究 Ⅳ. ①D993.5

中国国家版本馆 CIP 数据核字(2023)第 007658 号

国际法海上安全研究 GUOJIFA HAISHANG ANQUAN YANJIU	周　江　郝志鹏　著	策划编辑 陈　妮 责任编辑 陈　妮　王　鸿 装帧设计 鲍龙卉

出版发行 法律出版社
编辑统筹 法治与经济出版分社
责任校对 王　丰　郭艳萍
责任印制 吕亚莉
经　　销 新华书店

开本 710 毫米×1000 毫米　1/16
印张 13.5　**字数** 223 千
版本 2023 年 6 月第 1 版
印次 2023 年 6 月第 1 次印刷
印刷 固安华明印业有限公司

地址:北京市丰台区莲花池西里 7 号(100073)
网址:www.lawpress.com.cn
投稿邮箱:info@lawpress.com.cn
举报盗版邮箱:jbwq@lawpress.com.cn

销售电话:010 - 83938349
客服电话:010 - 83938350
咨询电话:010 - 63939796

书号:ISBN 978 - 7 - 5197 - 7490 - 5　　**定价**:86.00 元

凡购买本社图书,如有印装错误,我社负责退换。电话:010 - 83938349

张晓君

教授、国际法与国家安全学双博士研究生导师。西南政法大学国际法学院院长、区域国别学院院长、国家级涉外法治研究基地东盟法治研究院执行院长、中国-东盟法律研究中心秘书长、海外利益保护研究中心主任。司法部国际法咨询委员会专家，入选司法部全国千名涉外律师领军人才库、中国国际经济贸易仲裁委员会仲裁员、中国海事仲裁委员会仲裁员。教育部哲学社会科学重大攻关课题“对‘一带一路’沿线国家投资风险监测预警体系研究”首席专家。

周江

1980年生，法学博士。现任西南政法大学国际法学院教授、博士生导师，海洋与自然资源法研究所所长，入选“重庆英才·名家名师”支持计划；兼任中国国际法学会理事、中国太平洋学会理事、长江海商法学会常务理事、国家交通运输部海事局船舶油污损害赔偿基金专家、重庆市第五中级人民法院专家咨询委员会专家、重庆市高校哲学社会科学协同创新团队负责人。

主要研究领域为国际海洋法和国际争端解决机制。出版专著3部，发表学术论文50余篇，多篇研究报告被相关部门采用。主持完成国家社科基金重大研究专项等各级各类课题40余项。

郝志鹏

1987年生，法学博士。现任职于大连海事法院。

研究方向为海商法和海洋法。在《法治论坛》《中国海商法研究》《人民司法》《人民法院报》等CSSCI期刊或重点报纸期刊发表成果16篇，多篇内参建议刊载于《人民日报内参》或获上级领导肯定批示。从事海事审判工作9年，承办或协办康菲溢油污染案等涉外海商事案件千余件，多篇案例获评典型案例，被评为辽宁省法院“审判理论研究人才”。相关学术成果在最高人民法院、国家法官学院、中国海洋学会等举办的论文评选活动中获一等奖4次、二等奖2次，其他获奖若干。多次参与完成最高人民法院专项调研工作，参与《中华人民共和国海事诉讼特别程序法》修订工作。

总　序

党的二十大报告首次以专章对新时代新征程国家安全工作作出战略部署，明确指出“国家安全是民族复兴的根基，社会稳定是国家强盛的前提”，强调“必须坚定不移贯彻总体国家安全观，把维护国家安全贯穿党和国家工作各方面全过程，确保国家安全和社会稳定”，这充分彰显国家安全在党和国家工作全局中的重要性。党的二十大报告指出：“我们要坚持以人民安全为宗旨、以政治安全为根本、以经济安全为基础、以军事科技文化社会安全为保障、以促进国际安全为依托，统筹外部安全和内部安全、国土安全和国民安全、传统安全和非传统安全、自身安全和共同安全，统筹维护和塑造国家安全，夯实国家安全和社会稳定基层基础，完善参与全球安全治理机制，建设更高水平的平安中国，以新安全格局保障新发展格局。”这一系列关于总体国家安全观核心要义的新表述，体现了中国特色国家安全的理论创新，是习近平新时代中国特色社会主义思想的新发展，为总体国家安全观理论研究进一步指明方向。

当前,世界之变、时代之变、历史之变正以前所未有的方式展开,百年变局加速演进,大国博弈日趋激烈,地缘冲突不断加剧,国际局势不稳定性、不确定性增加,传统安全与非传统安全交织,新型安全挑战层出不穷。坚持统筹中华民族伟大复兴战略全局与世界百年未有之大变局、从战略层面维护国家安全,需要充分发挥国际法的保障作用。

宏观来看,首先,推动树立共同、综合、合作、可持续的新安全观,应当提倡国家主权平等原则,强调世界各国既有平等参与全球安全治理的权利,也有共同维护国际安全的责任;其次,维护世界和平和地区稳定,应当重申禁止使用武力或以武力相威胁原则、和平解决国际争端原则,支持联合国安理会集体安全机制的核心作用,推动安全危机政治解决;再次,统筹传统安全和非传统安全,应当坚持可持续发展原则,以发展促安全,消除危机的根源,筑牢安全的基础;最后,加强全球安全治理,应当坚持国际合作原则,秉持安全不可分割,重视彼此合理安全关切,构建均衡、有效、可持续的安全架构。

本丛书以总体国家安全观为指导,锚定国家安全主要领域,追根溯源、统分结合,全面系统梳理相关国际法规制体系,从而推动建立系统完备、科学规范、运行有效的国家安全制度体系,具体包括国家海洋安全、国家生态安全、国家核安全、国家贸易安全、国家数据安全、国家金融安全、国家海外投资利益、中国公民海外利益和国家军事安全的国际法研究。

西南政法大学国际法学院院长、中国－东盟法律研究中心秘书长张晓君教授作为总主编,负责统筹丛书,丛书各系列专题分册由各领域专家学者撰写。作者长期从事国家安全领域各相关国际法问题研究,积累了一定的研究成果,并承担与国家安全法律制度相关的国家级及省部级课题,有较好的学术功底及研究能力。

“总体国家安全观下国家安全保障国际法研究系列”丛书有望通过系统性、基础性及前瞻性研究,弥补当前研究碎片化的不足。丛书的编写与出版有助于完善与时代相适应的国家安全法律体系,并对我国充分发挥国际法治功能以服务于贯彻落实总体国家安全观具有重要意义。本丛书既可作为政府机关立法及制定政策的参考资料,也可作为高等教育研究机构的法学及国家安全学的教材与理论研究素材。

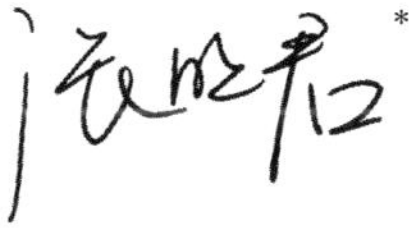*

2021 年 1 月

2023 年 5 月修订

---

* 张晓君,西南政法大学国际法学院院长、区域国别学院院长,教授、博士生导师,中国-东盟法律研究中心秘书长。

序　言

15 世纪以后，地理大发现的开启与新航路的开辟，直接推动了第一次工业革命的发展进程。追溯世界上大国崛起之路，向海图强、借海而盛相继造就了葡、西、荷、英、法、日、美等海洋强国，而因海外扩张引发的殖民利益分配不均也在一定程度上成为两次世界大战爆发的导火索，直接或间接地推动了当今世界版图和格局的形成与发展。中国作为一个陆海复合型的区域性濒海大国，有着长达 1.8 万公里的绵长海岸线和多达 300 万平方公里的海洋国土，[①]良港众多、岛屿密布、资源丰富、条件优越。然而，因为重陆轻海的历史传统，中国的海洋文明发展缓慢，历经曲折。从历史上看，中国的海洋文明初创于夏商周、兴起于战国秦汉、拓展于两晋南北朝、繁荣于隋唐、鼎盛于宋元、衰退于明清，到鸦片战争至整个民国时期艰难发展，复兴于现代，重新崛起于当代。[②] 从经济上看，改革开放以来，我国海洋生产总值已连续多年占据国内生产总值的

---

① 《经略海洋　深耕蓝色国土》，载中国政府网，http://www.gov.cn/xinwen/2016－09/28/content_5113074.htm。

② 参见林惠玲、黄茂兴：《中国海洋文明与海上丝绸之路的复兴》，载《东南学术》2016 年第 3 期。

9%以上。随着“海上丝绸之路”建设的不断深入、“海洋强国”战略的深度实施,中国的海洋利益在国民经济社会发展中的重要性与日俱增。

当今世界国际形势纷繁复杂、区域矛盾冲突不断,但和平与发展仍是世界的时代主题。习近平总书记深刻指出:“数百年来列强通过战争、殖民、划分势力范围等方式争夺利益和霸权逐步向各国以制度规则协调关系和利益的方式演进。现在,世界上的事情越来越需要各国共同商量着办,建立国际机制、遵守国际规则、追求国际正义成为多数国家的共识。”①第二次世界大战结束后,全球性问题层出不穷,国际法作为全球治理的重要工具的地位与作用进一步凸显,已成为规范国家行为的重要依据。习近平总书记在2020年11月16日中央全面依法治国工作会议发表重要讲话称:“我们要坚定维护以联合国为核心的国际体系,坚定维护以国际法为基础的国际秩序,坚定维护以联合国宪章宗旨和原则为基础的国际法基本原则和国际关系基本准则。对不公正不合理、不符合国际格局演变大势的国际规则、国际机制,要提出改革方案,推动全球治理变革,推动构建人类命运共同体。”②通过国际法理论与实践探究符合中国国情的海洋权益保护机制、构建国家海上安全保障体系,不仅符合国际规则和涉外法治的外在要求,而且与我国坚持、倡导的依法治国方略和人类命运共同体理念的内涵相契合,必将为中国进一步发挥海洋大国作用、深度参与推动全球治理变革发挥重要作用。

---

① 习近平:《推动全球治理体制更加公正更加合理 为我国发展和世界和平创造有利条件》,载《人民日报》2015年10月14日,第1版。

② 习近平:《坚定不移走中国特色社会主义法治道路 为全面建设社会主义现代化国家提供有力法治保障》,载《求是》2021年第5期。

简称表

中文全称	外文全称	简称
《马关条约》	Treaty of Shimonoseki	—
《中美英三国开罗宣言》	Cairo Declaration	《开罗宣言》
《中美英三国促令日本投降之波茨坦公告》	Potsdam Declaration	《波茨坦公告》
《大陆架公约》	Convention on the Continental Shelf	—
《联合国海洋法公约》	United Nations Convention on the Law of the Sea	《海洋法公约》
四边安全对话	Quadrilateral Security Dialogue（QUAD）	四边机制
《联合国宪章》	Charter of the United Nations	—

续表

中文全称	外文全称	简称
《执行1982年12月10日联合国海洋法公约有关养护和管理跨界鱼类种群和高度洄游鱼类种群的规定的协定》	Agreement for the Implementation of the Provisions of "the United Nations Convention on the Law of the Sea" of 10 December 1982 Relating to the Conservation and Management of Straddling Fish Stocks and Highly Migratory Fish Stocks	《鱼类种群协定》
《负责任渔业行为守则》	Implementation of the Code of Conduct for Responsible Fisheries	—
《关于预防、制止和消除非法、不报告和不管制捕鱼的国际行动计划》	International Plan of Action to Prevent, Deter and Eliminate Illegal, Unreported and Unregulated Fishing (IPOA-IUU)	"IUU捕捞国际行动计划"
《国际干预公海油污事故公约》	International Convention Relating to Intervention on the High Seas in Cases of Oil Pollution Casualties	《国际油污公约》
《防止船舶造成污染国际公约》	International Convention for the Prevention of Pollution from Ships	《MARPOL公约》
《国际法院规约》	Statute of the International Court of Justice	—
《改变我们的世界——2030年可持续发展议程》	Transforming our World: The 2030 Agenda for Sustainable Development	《2030年可持续发展议程》
《联合国气候变化框架公约》	United Nations Framework Convention on Climate Change	UNFCCC
《生物多样性公约》	Convention on Biological Diversity	CBD
国家管辖范围以外区域海洋生物多样性	marine biological diversity beyond areas of national jurisdiction	BBNJ
《领海及毗连区公约》	Convention on the Territorial Sea and the Contiguous Zone	—
《圣地亚哥宣言》	Declaración de Santiago(葡萄牙语)	—
《蒙得维的亚海洋法宣言》	Montevideo Declaration of the Law of the Sea	《蒙得维的亚宣言》

续表

中文全称	外文全称	简称
《拉丁美洲国家关于海洋法的宣言》	Lima Declaration	《利马宣言》
《圣多明各宣言》	Santo Domingo Declaration	—
《关于美国对大陆架底土和海床自然资源的政策宣言》	Policy of the United States with respect to the Natural Resources of the Subsoil and Sea-Bed of the Continental Shelf	“大陆架公告”
《公海公约》	Convention on the High Seas	—
《关于各国管辖范围以外海洋底床与下层土壤之原则宣言》	Declaration of Principles Governing the Sea-Bed and the Ocean Floor, and the Subsoil Thereof, beyond the Limits of National Jurisdiction	—
《改善战地武装部队伤者病者境遇之日内瓦公约》	Geneva Convention for the Amelioration of the Condition of the Wounded and Sick in Armed Forces in the Field	—
《改善海上武装部队伤者病者及遇船难者境遇之日内瓦公约》	Geneva Convention for the Amelioration of the Condition of Wounded, Sick and Shipwrecked Members of Armed Forces at Sea	—
《关于战俘待遇之日内瓦公约》	Geneva Convention relative to the Treatment of Prisoners of War	—
《关于战时保护平民之日内瓦公约》	Geneva Convention relative to the Protection of Civilian Persons in Time of War	—
《国际海上人命安全公约》	International Convention for Safety of Life at Sea	SOLAS 74 公约
《南极条约》	Antarctic Treaty System	—
《关于各国探测及使用外空包括月球与其他天体之活动所应遵守原则之条约》	Treaty on Principles Governing the Activities of States in the Exploration and Use of Outer Space, including the Moon and Other Celestial Bodies	《外层空间条约》

续表

中文全称	外文全称	简称
《拉丁美洲禁止核武器条约》	Treaty for the Prohibition of Nuclear Weapons in Latin America	《特拉特洛尔科条约》
《不扩散核武器条约》	Treaty on the Non-Proliferation of Nuclear Weapons	—
《禁止在海洋底床及其下层土壤放置核武器及其他大规模毁灭武器条约》	Treaty on the Prohibition of the Emplacement of Nuclear Weapons and Other Weapons of Mass Destruction on the Sea-Bed and the Ocean Floor and in the Subsoil Thereof	—
《核材料实物保护公约》	Convention on the Physical Protection of Nuclear Material	—
《及早通报核事故公约》	Convention on Early Notification of a Nuclear Accident	—
《核事故或辐射紧急情况援助公约》	Convention on Assistance in the Case of a Nuclear Accident or Radiological Emergency	—
《核安全公约》	Convention on Nuclear Safety	—
《全面禁止核试验条约》	Comprehensive Nuclear Test Ban Treaty	—
《制止核恐怖主义行为国际公约》	International Convention for the Suppression of Acts of Nuclear Terrorism	—
《海上意外相遇规则》	The Code for Unplanned Encounters at Sea	—
《国际船舶吨位丈量公约》	International Convention on Tonnage Measurement of Ships	—
《国际船舶和港口设施保安规则》	International Ship and Port Facility Security(ISPS)	—
《海员培训、发证和值班标准国际公约》	International Convention on Standards of Training, Certification and Watchkeeping for Seafarers	STCW 公约

续表

中文全称	外文全称	简称
《国际船舶载重线公约 1988 年议定书》	Protocol of 1988 Relating to International Convention on Loadlines	—
《海上旅客及其行李运输雅典公约》	Athens Convention Relating to the Carriage of Passengers and their Luggage by Sea	《雅典公约》
《海事劳工公约》	Maritime Labour Convention	—
国际劳工组织	International Labour Organization	ILO
《反对劫持人质国际公约》	International Convention against the Taking of Hostages	—
《世界人权宣言》	Universal Declaration of Human Rights	—
《公民权利和政治权利国际公约》	International Covenant on Civil and Political Rights	—
《联合国人员和有关人员安全公约》	Convention on the Safety of United Nations and Associated Personnel	—
《制止恐怖主义爆炸的国际公约》	International Convention for the Suppression of Terrorist Bombings	—
《制止向恐怖主义提供资助的国际公约》	International Convention for the Suppression of the Financing of Terrorism	—
《执法人员行为守则》	Code of Conduct for Law Enforcement Officials	—
《执法人员使用武力和火器的基本原则》	Basic Principles on the Use of Force and Firearms by Law Enforcement Officials	—
《制止危及海上航行安全非法行为公约》	Convention for the Suppression of Unlawful Acts Against the Safety of Maritime Navigation	—
《国际海上搜寻救助公约》	International Convention on Maritime Search and Rescue	—
国际海事组织	International Maritime Organization	IMO

续表

中文全称	外文全称	简称
《国际海上避碰规则公约》	Convention on the International Regulation for Preventing Collisions at Sea	—
《统一船舶碰撞若干法律规定的国际公约》	International Convention for Unification of Certain Rules of Law with respect to Collisions between Vessels	—
《内罗毕国际船舶残骸清除公约》	Nairobi International Convention on the Removal of Wrecks	—
《关于船舶定线制的一般规定》	General Provisions on Ship's Routeing	—
国际海事委员会	Committee Maritime International	CMI
《海上事故或海上事件安全调查国际标准和建议做法规则》	International Standards and Recommended Practices for a Safety Investigation into a Marine Casualty or Marine Incident	《海上事故或事件安全调查规则》
《统一提单的若干法律规定的国际公约》	International Convention for the Unification of Certain Rules of Law Relating to Bills of Lading	《海牙规则》
美国《关于船舶航行、提单以及与财产运输有关的某些义务、职责和权利的法律》	An Act Relating to Navigation of Vessels, Bills of Lading, and to Certain Obligations, Duties, and Rights in Connection with the Carriage of Property	《哈特法》
澳大利亚《海上货物运输法》	Sea-Carriage of Goods Act	—
新西兰《航运及海员法》	Shipping and Seamen Act	—
加拿大《水上货物运输法》	Carriage of Goods by Water Act	—
国际法协会所属海洋法委员会	International Law Association Maritime Law Committee	—
英国《海上货物运输法》	Carriage of Goods by Sea Act	—
《修订统一提单若干法律规定的国际公约议定书》	Protocol to Amend the International Convention for the Unification of Certain Rules of Law Relating to Bills of Lading	《维斯比规则》

续表

中文全称	外文全称	简称
《联合国海上货物运输公约》	United Nations Convention on Carriage of Goods by Sea	《汉堡规则》
联合国贸易和发展会议	United Nations Conference on Trade and Development	联合国贸发会
联合国国际贸易法委员会	United Nations Commission on International Trade Law	联合国贸法会
《联合国全程或部分海上国际货物运输合同公约》	United Nations Convention on Contracts for the International Carriage of Goods Wholly or Partly by Sea	《鹿特丹规则》
《国际便利海上运输公约》	Convention on Facilitation of International Maritime Traffic	—
《国际集装箱安全公约》	International Convention for Safe Containers	—
《联合国班轮工会行动守则公约》	Convention on a Code of Conduct for Liner Conferences	—
《联合国国际贸易运输港站经营人赔偿责任公约》	United Nations Convention on the Liability of Operators of Transport Terminals in International Trade	—
《联合国国际货物销售合同公约》	United Nations Convention on Contracts for the International Sale of Goods	CISG
《跟单信用证统一惯例》	Uniform Customs and Practice for Commercial Documentary Credits	—
国际商会	International Chamber of Commerce	ICC
《国际贸易术语解释通则》	International Rules for the Interpretation of Trade Terms	—
《服务贸易总协定》	General Agreement on Trade in Services	GATS
《关于海运服务谈判附件》	Annex on Negotiations on Maritime Transport Services	—

续表

中文全称	外文全称	简称
《关于海运服务谈判的部长决定》	Decision on Negotiations on Maritime Transport Services	—
世界贸易组织	World Trade Organization	WTO
《巴厘一揽子协定》	Bali Package	—
《贸易便利化协定》	Agreement on Trade Facilitation	—
《多哈部长级会议关于与贸易有关的知识产权和公共卫生方面的协定问题宣言》	Declaration on the TRIPs Agreement and Public Health	《多哈部长宣言》
《关于多哈工作计划的决定》	Doha Work Programme Ministerial Declaration	—
《香港部长宣言》	Hong Kong Ministerial Declaration	—
《关税与贸易总协定》	General Agreement on Tariffs and Trade	GATT
《国际防止海上油污公约》	International Convention for the Prevention of Pollution at Sea by Oil (OILPOL 1954)	《1954 年伦敦油污公约》
《国际油污损害民事责任公约》	International Convention on Civil Liability for Oil Pollution Damage	《1969 年责任公约》
《设立国际油污损害赔偿基金公约》	International Convention on the Establishment of an International Fund for Compensation for Oil Pollution Damage	—
《防止倾倒废物及其他物质污染海洋的公约》	Convention on the Prevention of Marine Pollution by Dumping of Wastes and Other Matter	《伦敦倾废公约》
联合国人类环境会议	United Nations Conference on the Human Environment	—
《关于 1973 年国际防止船舶造成污染公约的 1978 年的议定书》	Protocol of 1978 Relating to the International Convention for the Prevention of Pollution From Ships 1973	—

续表

中文全称	外文全称	简称
《国际船舶压载水和沉积物控制和管理公约》	International Convention for the Control and Management of Ships' Ballast Water and Sediments	《压载水公约》
《船舶所有人责任制国际公约》	International Convention Relating to the Limitation of the Liability of Owners of Sea-going Ships	—
《海事赔偿责任限制公约》	Convention on Limitation of Liability for Maritime Claims	—
《保护野生动物迁徙物种公约》	Convention on Migratory Specie	—
《国际油污防备、反应和合作公约》	International Convention on Oil Pollution Preparedness, Response and Co-operation	—
《国际海上运输有毒有害物质损害责任和赔偿公约》	International Convention on Liability and Compensation for Damage in Connection with the Carriage of Hazardous and Noxious Substances by Sea	—
《有害和有毒物质污染事故防备、反应和合作议定书》	Protocol on Preparedness, Response and Co-operation to Pollution Incidents by Hazardous and Noxious Substances	—
《国际控制船舶有害防污底系统公约》	International Convention on the Control of Harmful Anti-fouling Systems on Ship	—
《国际燃油污染损害民事责任公约》	International Convention on Civil Liability for Bunker Oil Pollution Damage	—
《香港国际安全与无害环境拆船公约》	Hong Kong International Convention for the Safe and Environmentally Sound Recycling of Ships	—
《万鸦老海洋宣言》	Declaración de Manado(印度尼西亚语)	—
《保护海底电缆公约》	Convention for the Protection of Submarine Telegraph Cables	—

续表

中文全称	外文全称	简称
《保护工业产权巴黎公约》	Paris Convention for the Protection of Industrial Property	《巴黎公约》
《伯尔尼保护文学和艺术作品公约》	Convention de Berne pour la protection des œuvres littéraires et artistiques(法语)	《伯尔尼公约》
《与贸易有关的知识产权协定》	Agreement on Trade-Related Aspects of Intellectual Property Rights	TRIPS 协定
《制止商品产地虚假或欺骗性标记马德里协定》	Madrid Agreement for the Repression of False or Deceptive Indications of Source on Goods	《马德里协定》
《工业品外观设计国际保存海牙协定》	The Hague Agreement Concerning the International Deposit of Industrial Designs	《海牙协定》
《保护原产地名称及其国际注册里斯本协定》	Lisbon Agreement for the Protection of Appellations of Origin and their International Registration	《里斯本协定》
《建立世界工业品外观设计国际分类洛迦诺协定》	Locarno Agreement Establishing an International Classification for Industrial Designs	《洛迦诺协定》
《国际专利分类斯特拉斯堡协定》	International Patent Classification Agreement	《斯特拉斯堡协定》
《建立商标图形要素国际分类维也纳协定》	Vienna Agreement for Establishing an International Classification of the Figurative Elements of Marks	《维也纳协定》
《商标注册条约》	Trade Mark Registration Treat	—
《国际承认用于专利程序的微生物保藏布达佩斯条约》	Budapest Treaty on the International Recognition of the Deposit of Microorganisms for the Purposes of Patent Procedure	—
《专利合作条约》	Patent Cooperation Treaty	—
《保护植物新品种国际公约》	International Convention for the Protection of New Varieties of Plants	—

续表

中文全称	外文全称	简称
商标国际注册马德里协定有关议定书	Protocol Relating to the Madrid Agreement Concerning the International Registration of Marks	—
《关于集成电路知识产权的华盛顿条约》	Washington Treaty on Intellectual Property in Respect of Integrated Circuits	《华盛顿条约》
《专利法条约》	Patent Law Treaty(PLT)	—
《商标法新加坡条约》	Singapore Treaty on the Law of Trademarks	—
《北海渔业公约》	North Sea Fisheries Convention	—
《北太平洋海豹保护公约》	North Pacific Fur Seal Convention	—
《国际捕鲸管制公约》	International Convention for the Regulation of Whaling	—
《中白令海峡鳕资源养护与管理公约》	Convention on the Conservation and Management of Pollock Resources in the Central Bering Sea	—
《中西太平洋高度洄游鱼群养护管理公约》	Convention on the Conservation and Management of Highly Migratory Fish Stocks in the Western and Central Pacific Ocean	—
《促进公海上渔船遵守国际养护和管理措施的协定》	Agreement to Promote Compliance with International Conservation and Management Measures by Fishing Vessels on the High Seas	《遵守协定》
《国际渔船船员培训、发证和值班标准公约》	International Convention on Standards of Training, Certification and Watchkeeping for Fishing Vessel Personnel	STCW 公约
《托雷莫利诺斯国际渔船安全公约》	Torremolinos International Convention for the Safety of Fishing Vessels	《国际渔船安全公约》
美国海洋保护协会	Ocean Conservancy	—
《美国环境政策法》	National Environmental Policy Act	—

续表

中文全称	外文全称	简称
美国《21 世纪海权的合作战略》	A Cooperative Strategy for 21st Century Seapower	—
美国《海上优势:以一体化全域海军力量取胜》	Advantage at Sea-Prevailing with Integrated All-Domain Naval Power	—
《美国印太战略》	Indo-Pacific Strategy of the United States	—
“太平洋威慑倡议”	Pacific Deterrence Initiative	—
“海上安全倡议”	Maritime Security Initiative	—
英国海洋科学协调委员会	Marine Science Co-ordination Committee	—
英国国家海洋学中心	National Oceanography Centre	—
英国《海事战略 2050》	Maritime 2050	—
《英国国家海洋安全战略》	The UK National Strategy for Maritime Security	—
英国《海洋风险评估》	Maritime Risk Assessment	—
英国政府科学办公室	Government Office for Science	—
《未来海洋发展报告》	Foresight Future of the Sea: A Report from the Government Chief Scientific Adviser	—
英国贸易委员会	UK Board of Trade	—
英国《拥抱海洋》	Embracing the Ocean: Delivering the Trade Benefts of the National Shipbuilding Strategy Refresh	—
《基瓦倡议》	KIWA Initiative	—
“保护自然和人类的雄心联盟”	High Ambition Coalition for Nature and People	—
“太平洋区域环境计划”	Pacific Regional Environment Programme	—
《法国印太战略》	France’s Indo-Pacific Strategy	—
《亚洲打击海盗及武装抢劫船只的地区合作协定》	Regional Cooperation Agreement on Combating Piracy and Armed Robbery against Ships in Asia	—

续表

中文全称	外文全称	简称
法国海洋事务总秘书处	Secrétariat général de la mer	—
法国海洋委员会	Comité France océan	—
法国海洋部际委员会	Comité interministériel de la mer	—
法澳新《弗朗兹协定》	FRANZ Agreement	—
亚洲海岸警卫队机构负责人会议	Head of Asian Coast Guard Agencies' Meeting	—
法国《控制海底的国家级战略》	Les armées se dotent d'une stratégie ministérielle de maîtrise des fonds marins（法语）	—
澳联邦议会外交、国防和贸易委员会	Joint Standing Committee on Foreign Affairs, Defence and Trade	—
澳大利亚国家海洋办公室	National Oceans Office	—
澳大利亚海洋科学研究所	Australian Institute of Marine Science	—
印度地球科学部	Ministry of Earth Sciences	—

目　录

第一章　总体国家安全观下海上安全保障与国际法

国家安全是安邦定国的重要基石，是全国各族人民的根本利益所在。党的十八大、十九大报告把国家安全工作放在重要位置，党的十八大报告中36处提到安全，其中4处提到国家安全；党的十九大报告中55处提到安全，其中18处提到国家安全；党的二十大报告中91处提到安全，其中29处提到国家安全。党的十九大报告关于国家安全论述最突出的亮点和最重要的贡献，是明确将"坚持总体国家安全观"纳入新时代坚持和发展中国特色社会主义的基本方略，作为习近平新时代中国特色社会主义思想的重要组成部分。① 党的二十大报告指出："推进国家安全体系和能力现代化，坚决维护国家安全和社会稳定。"②作为新时代人类命运共同体理论的重要构成部分，总体国家安全

① 参见全国干部培训教材编审指导委员会组织编写：《全面践行总体国家安全观》，人民出版社、党建读物出版社2019年版，第1～3页。

② 习近平：《高举中国特色社会主义伟大旗帜　为全面建设社会主义现代化国家而团结奋斗——在中国共产党第二十次全国代表大会上的报告》，载共产党员网，https://www.12371.cn/2022/10/25/ARTI1666705047474465.shtml。

观的提出,是以习近平同志为核心的党中央对国家安全理论的重大创新,为维护和塑造中国特色大国安全提供了根本遵循。

第一节　总体国家安全观下海上安全的内涵

一、总体国家安全观的提出

2014 年 4 月 15 日,习近平总书记在中央国家安全委员会第一次全体会议上首次提出总体国家安全观,强调走中国特色国家安全道路。2017 年,以习近平同志为核心的党中央站在国家全局高度、统筹把握国内国际因素、兼顾各领域安全形势来审视国家安全,提出了总体国家安全观,强调走中国特色国家安全道路,构建集政治安全、国土安全、军事安全、经济安全、文化安全、社会安全、科技安全、信息安全、生态安全、资源安全、核安全等于一体的国家安全体系。[①] 2018 年 4 月 17 日,十九届中央国家安全委员会召开第一次会议。习近平总书记在会上进一步系统阐释了总体国家安全观的丰富内涵,指出国家安全既要维护,也要塑造,塑造是更高层次、更具前瞻性的维护。就国家安全而言,大国通常讲"维护"、强国重视"塑造",我国正处于由大变强的关键时期,因此提出"维护与塑造"恰逢其时。[②]

历史方位方面,总体国家安全观的提出顺应了国家安全环境新变化,符合我国经济社会发展的阶段性特征。思想渊源方面,总体国家安全观的提出既是对我国传统安全战略文化的传承,也是对中华人民共和国成立以来国家安全战略思想的发展和升华。现实基础方面,党的十八大以来,以习近平同志为核心的党中央加强统筹协调,国家安全工作呈现全方位、多领域协同发展的鲜明特点,国家安全理论和实践发展取得丰硕成果。

---

① 根据习近平总书记关于总体国家安全观的相关论述,国家安全体系应当包括十二要素,国民安全亦属于十二要素之一。2020 年 2 月 14 日,习近平总书记主持召开中央全面深化改革委员会第十二次会议时强调:"要从保护人民健康、保障国家安全、维护国家长治久安的高度,把生物安全纳入国家安全体系,系统规划国家生物安全风险防控和治理体系建设,全面提高国家生物安全治理能力。"生物安全被纳入了国家安全体系之中,成为国家安全体系的第十三个要素。参见《习近平主持召开中央全面深化改革委员会第十二次会议强调　完善重大疫情防控体制机制　健全国家公共卫生应急管理体系　李克强王沪宁韩正出席》,载新华网,http://www.xinhuanet.com/2020-02/14/c_1125575922.htm。

② 参见全国干部培训教材编审指导委员会组织编写:《全面践行总体国家安全观》,人民出版社、党建读物出版社 2019 年版,第 8~9 页。

提出总体国家安全观是服务于中华民族伟大复兴的中国梦的重大举措。历史经验表明,失去国家安全保障,中华民族就无法掌握自己的命运。总体国家安全观的提出,深入总结了我国历史上治乱兴亡的经验教训,特别是近代史上屡遭侵略、内乱不已、生灵涂炭、民不聊生的惨痛教训,越发凸显“安而不忘危,存而不忘亡,治而不忘乱”的强烈安全意识。据统计,自鸦片战争之后英帝国主义强迫清政府签订第一个不平等条约《南京条约》起,从 1842 年到 1949 年中华人民共和国建立前的 107 年间,帝国主义列强共强迫中国签订了 1100 多个不平等条约。从鸦片战争到八国联军入侵的 60 年间,清政府的赔款,包括利息,约计 13 亿两白银;割让包括香港、九龙、台湾岛、澎湖列岛和东北、西北地区的大片领土;在上海和天津等地被强行划出大片租界;被帝国主义割地或强行占用的领土面积总计达 153 万平方公里。① 泱泱中华,任人宰割、饱受凌辱,一步步由独立的封建国家变成典型的半殖民地半封建国家。辛亥革命推翻帝制,建立中华民国,提出了“振兴中华”的口号。然而,由于内部军阀混战、民不聊生,外部列强欺凌、国力衰微,中华民国始终没有走出积贫积弱的境地。中国人民抗日战争胜利,是近代以来中国抗击外敌入侵的第一次完全胜利。但是,中国历经长达 14 年、伤亡人数超过 3500 万的艰苦卓绝斗争,付出了极为惨重的代价。毛泽东同志曾说:“我国从十九世纪四十年代起到二十世纪四十年代中期,共计一百零五年时间,全世界几乎一切大中小帝国主义国家都侵略过我国,除了最后一次,即抗日战争,由于国内外各种原因,以帝国主义投降告终以外,没有一次战争不是以我国失败,签订丧权辱国条约而告终。”②“为了实现中华民族伟大复兴,中国共产党团结带领中国人民,浴血奋战、百折不挠,创造了新民主主义革命的伟大成就。我们经过北伐战争、土地革命战争、抗日战争、解放战争,以武装的革命反对武装的反革命,推翻帝国主义、封建主义、官僚资本主义三座大山,建立了人民当家作主的中华人民共和国,实现了民族独立、人民解放。新民主主义革命的胜利,彻底结束了旧中国半殖民地半封建社会的历史,彻底结束了旧中国一盘散沙的局面,彻底废除了列强强加给中国的不平等条约

---

① 参见蒋建华:《解放前:107 年间签订 1100 多个丧权辱国条约》,载《党建》1990 年第 10 期。

② 教育部社会科学研究与思想政治工作司组编:《毛泽东思想基本著作选读》,人民出版社 2001 年版,第 430 页。

和帝国主义在中国的一切特权,为实现中华民族伟大复兴创造了根本社会条件。"①中华人民共和国成立以来的发展成就表明,只有保障好国家安全,中华民族才能更加顺利地走上复兴之路。党的十八大以来,以习近平同志为核心的党中央,以巨大的政治勇气和强烈的责任担当,统筹推进"五位一体"总体布局,协调推进"四个全面"战略布局,确立中国特色社会主义进入新时代这一新的历史方位。新时代我国社会主要矛盾的转变,在国家安全领域也有一些体现,与人民日益增长的美好生活需求相比,国际安全能力建设还存在一些短板。随着我国发展进入由大变强的新跨越,国家安全呈现拓展深化的新需求,国家治理呈现构建安全中国的新形态,发展变化的安全态势呼唤掌握全局的新观念。只有全面保障国家安全,才能有更大把握从"将强未强"跃入全方位强大。②

二、总体国家安全观的内涵及核心要义③

根据《中华人民共和国国家安全法》(以下简称《国家安全法》)第2条的规定,国家安全,是指"国家政权、主权、统一和领土完整、人民福祉、经济社会可持续发展和国家其他重大利益相对处于没有危险和不受内外威胁的状态,以及保障持续安全状态的能力"。一般来说,国家安全观,是对国家安全及相关问题的历史、现状、发展、规律、本质等方面的认知、评价和预期,包括事实认知、价值评价和主观预期三个方面内容。国家安全观一旦形成就具有一定的稳定性,同时它也具有一定的动态性,受时间、环境、主要领导人等因素变化的影响。

相较于传统国家安全观,总体国家安全观最鲜明的特点就是"总体性",超越集体安全、综合安全等安全观,从中国实际出发,走出一条中国特色国家安全道路。总体国家安全观是国家安全各方面内容和要求的有机统一,是一个开放的战略思想体系,随着时间的推移将不断与时俱进。总体国家安全观的核心要义,可以概括为"五大要素"和"五对关系"。

---

① 习近平:《在庆祝中国共产党成立100周年大会上的讲话》,载《求是》2021年第14期。

② 参见全国干部培训教材编审指导委员会组织编写:《全面践行总体国家安全观》,人民出版社、党建读物出版社2019年版,第10~11页。

③ 参见全国干部培训教材编审指导委员会组织编写:《全面践行总体国家安全观》,人民出版社、党建读物出版社2019年版,第18~27页。

“五大要素”就是以人民安全为宗旨，以政治安全为根本，以经济安全为基础，以军事、文化、社会安全为保障，以促进国际安全为依托。人民安全高于一切，其既是总体国家安全观的精髓所在，也是总体国家安全观的根本目的所在。政治安全攸关我们党和国家安危，是国家安全的根本。政治安全的核心是政权安全和制度安全。东欧剧变、苏联解体的教训证明，执政党轻视甚至放弃对国家安全工作的领导，是政权垮台的重要原因。经济安全在国家整体安全中的重要性不言而喻。以经济安全为基础，就是要确保国家经济发展不受侵害，促进经济持续稳定健康发展，提高国家经济实力，为国家安全提供坚实物质基础。在传统国家安全观中，军事安全是整个国家安全体系的关键，处于支柱地位。冷战结束以来，世界各国的竞争由军事实力竞争转向综合国力竞争，国家安全的内涵和外延也随之不断扩大。军事安全在国家安全中的作用有所调整，但仍然处于极其重要、不可替代的地位，军事手段始终是维护国家安全的根本保障。文化安全是确保一个民族、一个国家独立和尊严的重要精神支撑，文化兴则国运兴、文化亡则民族亡。当今世界，各种思想文化的交流、交融、交锋更加频繁，文化在综合国力竞争中的地位和作用更加凸显，开放环境下维护文化安全任务更加艰巨。社会安全是国家改革发展的重要保障，是国家安全的“晴雨表”，直接反映人民群众的幸福度和满意度，新形势下我国社会安全安定面临的威胁和挑战增多，特别是各种威胁和挑战联动效应明显。为此，要协调社会利益关系、化解社会矛盾、促进各阶层成员和谐共处，实现人民安居乐业、社会文明进步，同时也要严厉打击暴力恐怖活动，妥善处置公共卫生等影响国家安全和社会稳定的突发事件，维护公共安全和社会安定，保障社会和谐。本质上，促进国际安全就是为了实现共同安全。所谓共同安全，就是尊重和保障每一个国家的安全，共同意味着安全是双向的，既要保障自己国家安全，也要保障其他国家安全。以促进国际安全为依托，就要始终不渝走和平发展道路，在注重维护本国安全利益的同时，注重对外和平、合作、共赢，推动建设持久和平、普遍安全、共同繁荣、开放包容、清洁美丽的世界。“五大要素”清晰揭示了国家安全的整体性及其内在逻辑关系，构成一个不可分割的安全体系，每一要素虽各有侧重，但是都与其他要素相互联系、相互影响。同时，“五大要素”也清晰勾勒了中国特色国家安全道路的基本要求。

“五对关系”，就是既重视发展问题，又重视安全问题；既重视外部安全，又重视内部安全;既重视国土安全,又重视国民安全;既重视传统安全,又重视非传统安全;既重视自身安全,又重视共同安全。第一对关系是实现发展与安全的有机统一:发展是安全的基础,安全是发展的条件,富国才能强兵,强兵才能卫国。发展利益与安全利益是国家核心利益的重要内容。总体国家安全观深刻揭示了发展与安全关系的本质,即发展与安全犹如硬币的“两面”,二者相互支撑、相互促进、高度融合。习近平总书记指出:“贫瘠的土地上长不出和平的大树,连天的烽火中结不出发展的硕果。”[1]一方面,发展是安全的基础,不可能离开发展谈安全。发展是最大的安全,国家落后可能会使其面临的安全威胁变得更加严重。要实现可持续安全,就必须实现可持续发展。另一方面,安全是发展的条件,不可能为了发展罔顾安全。改革开放以来取得的重大发展成就充分印证,只有拥有安全稳定的国际国内环境,才能心无旁骛地发展生产。贯彻落实总体国家安全观,统筹发展和安全最为紧迫,也最为关键。第二对关系是实现外部安全与内部安全的良性互动。总体国家安全观要求“既重视外部安全、又重视内部安全”,蕴含的就是一种系统性战略安排。处理好同外部世界的关系,是中华民族伟大复兴征程上需要长期面对的重大课题,正如习近平主席在博鳌亚洲论坛2013年年会上的主旨演讲中所言,“中国将通过争取和平国际环境发展自己,又以自身发展维护和促进世界和平”。[2] 第三对关系是实现国土安全与国民安全的共同巩固。人口、领土都是国家构成不可或缺的因素,二者不能偏废。传统安全观把国家领土安全作为国家安全重心,对国民安全有所轻忽。与之不同,总体国家安全观将国土安全与国民安全并列放在一起,既突出国民安全在国家安全体系中的主导性地位,又强调国土安全依然占据不可或缺的地位。实践证明,国土安全作为国家安全最敏感的要素,具有很强的联动性。如果国土安全能够得到切实有效维护,国家的政治、经济、文化安全就有保障。一旦国土安全遭受破坏,将波及其他领域安全,进而引发国家安全的总体危机。同时,任何一个领域安全出现问题,都将直接或间接对国土安全造成威胁。第四对关系是实现传统安全与非传统安全的统筹处理。传统

---

① 习近平:《发展是最大的安全 连天烽火中结不出发展硕果》,载人民网,http://world.people.com.cn/n/2014/0521/c1002-25046164.html。

② 《习近平主席在博鳌亚洲论坛2013年年会上的主旨演讲》,载人民网2013年4月7日,http://jhsjk.people.cn/article/21045989。

安全与非传统安全只有产生先后、表现形式不同的区分，并没有孰大孰小、孰轻孰重的区分。既不能因传统安全历史长、影响深而忽视非传统安全，又不能因非传统安全现实性强、威胁大而忘却传统安全。从系统的角度看，传统安全与非传统安全相互联系、相互影响，并在一定条件下可以相互转化。例如，国家间的政治军事对抗是传统安全问题，而这种对抗所引发的货币争端、贸易争端、能源冲突则是非传统安全问题。生态安全属于非传统安全问题，但水体、空气的跨境污染，则可能导致国家间关系紧张而变成政治安全问题。又如，边界和海关管理的有效性，与毒品、传染性疾病等非传统安全问题的治理越来越具有高度的相关性。第五对关系是实现自身安全与共同安全的相辅相成。我国和世界的安全密不可分，要推动各国各方朝着互惠互利、共同安全的目标相向而行。总体国家安全观要求“既重视自身安全，又重视共同安全”，与我国面临的外部安全环境密切相关。习近平总书记指出：“当今世界，没有绝对安全的世外桃源。安全问题是双向的、联动的，只顾一个国家安全而罔顾其他国家安全，牺牲别国安全谋求自身的所谓绝对安全，不仅是不可取的，而且最终会贻害自己……各国应该树立共同、综合、合作、可持续的全球安全观，树立合作应对安全挑战的意识，以合作谋安全、谋稳定，以安全促和平、促发展，努力为各国人民创造持久的安全稳定环境。”[①]国与国之间相互依存和利益交融日益加深，世界越来越成为你中有我、我中有你的命运共同体。国家安全与国际安全紧密关联，任何国家都不可能独自保留一个安全的“孤岛”。我国所面对的安全问题，很多是全球性问题，或者是与别国利益相关的问题，如生态恶化、资源枯竭等。这些问题都不是一个国家可以独自解决的，必须开展国际合作，参与全球治理，谋求共同安全。当今时代，国际安全问题越来越多地需要通过多边机制和合作对话解决。“五对关系”集中反映了总体国家安全观蕴含的辩证思维、对立统一思想和各种安全领域相互联系、相互影响、相互促进的观点，准确反映了总体国家安全观是一种辩证、全面、系统的国家安全理念，是对传统国家安全观理念的超越。“五对关系”实际上也是构建国家安全体系的五组支架，构成

---

① 《坚持合作创新法治共赢　携手开展全球安全治理——习近平在国际刑警组织第八十六届全体大会开幕式上的主旨演讲》，载中国政府网，http://www.gov.cn/xinwen/2017-09/27/content_5227786.htm。

了统筹多层次、多类型、多领域的国家安全体系总体框架。

总之,厘清“五大要素”、把握“五对关系”,是理解总体国家安全观的关键所在。要从全局和战略的高度审视国家安全问题,统筹好不同领域、不同性质的安全工作,形成维护国家安全的强大合力。

三、总体国家安全观下海上安全的内涵

作为国家安全领域的重要组成部分,在总体国家安全观的指导下,国家海上安全贯穿于政治安全、国土安全、国民安全、军事安全、经济安全、文化安全、社会安全、信息安全、生态安全、生物安全、资源安全、核安全和海外利益安全等各个领域,各领域相互联系、相互影响,构成一个有机统一的整体,可尝试将其定义为“总体国家海上安全观”。

深入理解“维护和塑造”在总体国家海上安全观中的理念指导意义、厘清把握总体国家安全观“五大要素”和“五对关系”对总体国家海上安全观的理论指导作用,对于在新形势下构建与完善国家海上安全保障体系、依法保障我国海洋权益不受他国非法侵害具有重要的理论和实践意义。

从“维护和塑造”方面来讲,我国传统海上安全观更加侧重“维护”层面:注重对海上军事安全、海洋国土安全、海上运输安全、海上贸易安全、生物渔业资源安全、石油能源资源安全的维护。2013 年 3 月,全国人大审议通过的《国务院机构改革和职能转变方案》,决定设立高层次议事协调机构国家海洋委员会,由其负责研究制定国家海洋发展战略,统筹协调海洋重大事项。国家海洋委员会的具体工作由国家海洋局承担。2013 年 6 月《国务院办公厅关于印发国家海洋局主要职责内设机构和人员编制规定的通知》规定,国家海洋局承担国家海洋委员会的具体工作,其中,国家海洋局战略规划与经济司承担国家海洋委员会办公室日常工作。但是,从 2013 年 3 月至 2018 年 3 月,国家海洋委员会组成名单并未对外公布,国家海洋委员会办公室也较少对外公开活动。在上述背景下,2018 年 3 月公布的《深化党和国家机构改革方案》规定,整合国家海洋局等的职责,组建自然资源部,作为国务院组成部门,不再保留国家海洋局。自然资源部对外保留国家海洋局牌子。需要指出,《深化党和国家机构改革方案》并未提出撤销国家海洋委员会,而

是明确规定自然资源部吸收国家海洋局的相关职责。与此同时,《深化党和国家机构改革方案》规定,不再设立中央维护海洋权益工作领导小组。为坚决维护国家主权和海洋权益,更好统筹外交外事与涉海部门的资源和力量,将维护海洋权益工作纳入中央外事工作全局中统一谋划、统一部署,不再设立中央维护海洋权益工作领导小组,有关职责交由中央外事工作委员会及其办公室承担,在中央外事工作委员会办公室内设维护海洋权益工作办公室。调整后,中央外事工作委员会及其办公室在维护海洋权益方面的主要职责是,组织协调和指导督促各有关方面落实党中央关于维护海洋权益的决策部署,收集汇总和分析研判涉及国家海洋权益的情报信息,协调应对紧急突发事态,组织研究维护海洋权益重大问题并提出对策建议等。从这一规定可以看出,中央外事工作委员会办公室维护海洋权益工作办公室并没有承担"研究制定国家海洋发展战略,统筹协调海洋重大事项"的职责。从法律上看,本轮改革后,自然资源部既是国务院自然资源行政管理部门,也是国内海洋法上所指的海洋行政管理部门。虽然由于原国家海洋局的相关职能被拆分至生态环境部等部门,自然资源部不再是综合性最强的海洋行政管理部门,但仍是具有较多复合性职能的综合性海洋行政管理机构。法理上,国家海洋委员会的具体工作由自然资源部继受承担,即自然资源部应当同时是国家海洋委员会办公室。需要指出,本轮改革后,原国家海洋局的综合性海洋管理职能变得相对分散。①

从"塑造"层面来讲,塑造是更高层次、更具前瞻性的维护。对于海上安全体系领域来说,"塑造"层面的海上安全不仅包括海上军事安全、海洋国土安全、海上运输安全、海上贸易安全、生物渔业资源安全、石油能源资源安全等传统领域,还应当包括海洋生态安全、海上信息安全、海上国民安全、国际共同安全、国内政治文化安全、社会安全、沿海地区核安全等领域。从涉海方针政策的有效贯彻落实和政府行政职能体系的高效履职尽责来说,国家海洋工作和海上安全工作是一项需要统筹协调的复杂工作。当前国家海洋委员会"名存实虚"的状态,与海洋强国战略的加速推进及国际海洋竞争日趋激烈的形势不相匹配,②建议明确将国家海

---

① 《改革后,国家海洋委员会去哪儿》,载国际环保在线网,https://www.huanbao-world.com/a/zixun/2018/0508/14975.html。

② 参见崔野:《运转国家海洋委员会的若干问题研究》,载《大连海事大学学报(社会科学版)》2020年第4期。

洋委员会定位为高层次议事协调机构，激活和优化我国的海洋管理体制与机制，在海洋强国建设、经济建设、生态文明建设和国际海洋竞争中发挥应有的重要作用。

从“五大要素”来说，要加强国内海洋管理的制度建设，积极使用外交和法治手段解决海洋纠纷和领土争端；坚持以经济安全为基础，坚持扩大对外开放，反对贸易保护主义，推动海上丝绸之路建设和自由贸易区（港）建设向高质量发展走深走实；坚持以军事、文化、社会安全为保障，深入实施海洋强国战略，建设世界一流的现代化海军，提升远洋作战能力，发展海洋科学技术，繁荣海洋文化事业，严厉打击毒品等有毒有害物品的海上走私活动，保障社会安全；坚持以促进国际安全为依托，统筹国内国际两个大局，利用国际资源促进国内海洋发展的同时，加强国际合作与战略互信，推动国际海洋共同安全。

从“五对关系”来说，既要重视海洋产业发展问题，也要重视海上安全问题，在促进造船、港口、海上运输、海上贸易、海上钻井平台建设等涉海产业发展的同时，注重防患于未然，对海洋生态安全、海洋科技安全、海上航道安全、海洋经济安全等海上安全问题保持足够重视；要既重视领水外部安全，又重视领水内部安全，时刻关注领水安全环境的发展与变化；要既重视传统安全，又重视非传统安全，在重视海上军事安全、政治安全、经济安全的同时，对海洋生物生态安全、海洋能源资源安全、海洋科技安全、海外利益安全等新领域保持足够的关注；要既重视国内海上安全，又重视国际海上共同安全，在维护和拓展本国海洋利益的同时，尽可能兼顾周边国家海洋利益和全球公共海洋利益，例如打击海盗等，推动区域和全球海洋命运共同体的建设与发展。

第二节　海上安全面临的国际挑战

“明者因时而变，知者随事而制。”随着中国特色社会主义建设的不断深入，中华民族实现伟大复兴的中国梦前景可期。然而，随之而来的是以贸易保护主义、意识形态斗争等为代表的国际关系新矛盾、新变化，对我国的国家安全环境带来诸多新挑战。

从政治安全角度来看，政治安全在国家安全体系中处于核心位置，防范化解政治安全风险具有首要性、兜底性、关键性和根本性的重要地位，防范化解重大风险，首要任务是维护以党的执政安全和我国社会主义制度安全为核心的国家政治安全。① 政治风险虽然在所有安全风险中居于突出位置，但政治风险通常并非孤立出现，且不局限于政治领域，而是来自经济、文化、社会、军事等各方面。新形势下，我国面临复杂多变的国内国际安全环境，既有可预见的风险显现，也有难以预见的风险因素。

从国土安全角度来看，我国海岸线绵长，从近代以来一直面临抵御侵略、保卫国土完整的外部重压。例如，钓鱼岛及其附属岛屿位于我国东海，总面积约 6.3 平方公里，周围海域面积约为 17 万平方公里，自古以来属于我国固有领土。在中国近代史上，甲午战争的惨败，迫使中国签订了不平等条约《马关条约》，钓鱼岛及其附属岛屿作为台湾岛的附属岛一同割让给日本。1945 年，日本在第二次世界大战中战败，按照《开罗宣言》《波茨坦公告》等法律文件，我国台湾岛及附属岛屿，包含钓鱼岛及其附属岛屿回归中国。

从国民安全角度来看，保障从事远洋捕捞、海上运输、海洋科考、港口建设、海洋油气开发等涉海行业的企业和公民的合法权益不受别国非法侵害，是建设和完善国家海上安全保障体系的重要组成部分。此外，随着海上丝绸之路建设的不断深入，中国企业在境外涉海投资不断增多，维护中资企业和员工在境外的合法权益是当下和将来国家海上安全保障体系建设的重要内容。

从经济安全角度来看，改革开放以来，我国沿海地区作为改革开放的前沿，一直承担着推动国民经济发展的龙头作用，海洋经济日益成为国家经济可持续发展新的增长点。以国内生产总值（GDP）统计数据为例（我国港澳台地区除外），2021 年我国国内生产总值超过 114 万亿元，全国 GDP 十强省级行政区分别为广东省 12.44 万亿元、江苏省 11.64 万亿元、山东省 8.31 万亿元、浙江省 7.35 万亿元、河南省 5.89 万亿元、四川省 5.39 万亿元、湖北省 5.00 万亿元、福建省 4.88 万亿元、湖南省 4.61 万亿元、上海市 4.32 万亿元，沿海省份占据 2/3 并包揽了前 4 名；其余沿海省级行政区的国内生产总值分别为：河北省 4.04 万亿元、辽宁省 2.76 万亿

① 参见陈一新：《聚力防范化解政治安全风险》，载人民网，http://legal.people.com.cn/n1/2019/0405/c42510-31015294.html。

元、广西壮族自治区2.47万亿元、天津市1.57万亿元、海南省0.65万亿元;2021年所有沿海省级行政区(不含我国香港特别行政区、澳门特别行政区及台湾地区)的国内生产总值达到60.43万亿元,占比超过全国国内生产总值的53%。[①] 自然资源部2022年4月公布的《2021年中国海洋经济统计公报》显示,2021年全国海洋生产总值90,385亿元,比上年增长8.30%,[②]占国内生产总值的比重为7.93%。根据2014~2021年海洋生产总值情况来看(见图1-1),全国海洋生产总值从6万亿元提高至9万亿元,总体上呈不断上升趋势;海洋生产总值占国内生产总值的比重基本上保持在9%~9.5%,但相比海洋生产总值绝对值的总体上涨,海洋生产总值占国内生产总值的比重增长趋势却不甚理想。

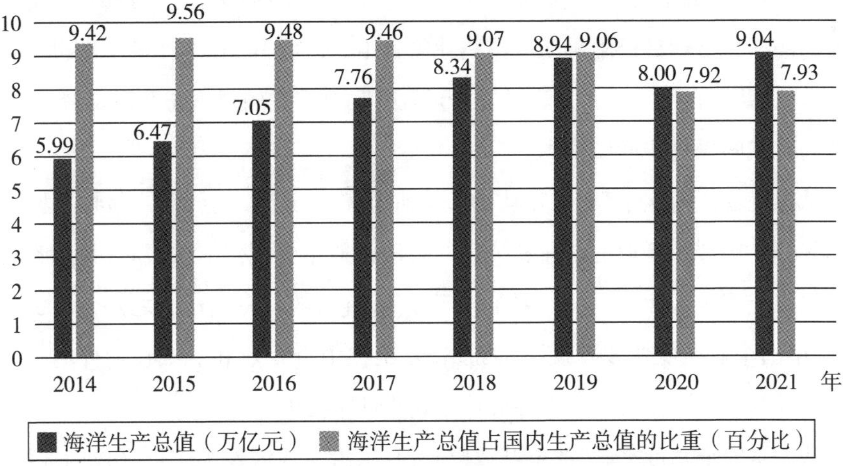

图1-1 2014~2021年海洋生产总值情况

根据2020年海洋生产总值产业分布情况来看(见表1-1),2020年海洋经济产业结构不断优化,海洋电力业、海洋生物医药业、海洋化工业等新兴产业和新型业态快速成长,海洋经济的"引擎"作用潜能巨大,海洋经济助推国民经济实现高质量转型发展的动能作用明显。保障涉海经济安全对保障国民经济安全有着无

① 参见《国民经济核算地区数据》,载国家统计局网,https://data.stats.gov.cn/easyquery.htm?cn=E0102。

② 参见《〈2021年中国海洋经济统计公报〉发布》,载自然资源部网,http://www.mnr.gov.cn/dt/ywbb/202204/t20220407_2732733.html。

可替代的重要意义。

表1－1　2020年海洋生产总值产业分布情况

指标	总量/亿元	增速/%
海洋生产总值	900,385	8.3
海洋产业	59,488	8.4
主要海洋产业	34,050	10.0
海洋渔业	5297	4.5
海洋油气业	1618	6.4
海洋矿业	180	－3.4
海洋盐业	34	－12.2
海洋化工业	617	6.0
海洋生物医药业	494	18.7
海洋电力业	329	30.5
海水利用业	24	16.4
海洋船舶工业	1264	7.7
海洋工程建筑业	1432	2.6
海洋交通运输业	7466	10.3
滨海旅游业	15,297	12.8
海洋科研教育管理服务业	25,438	6.4
海洋相关产业	30,897	8.0

从科技安全和信息安全角度来看，随着海底电缆铺设、地理信息测绘遥感技术、无线电、区块链、人工智能、无人驾驶船舶等科学技术的不断发展与成熟，在总体国家安全观下，保障和维护海洋国土范围内的信息网络传播安全必将成为海上安全保障体系建设的重要一环。因国际上以开发和占有海洋资源为核心的海洋维权斗争愈演愈烈，与之相伴的海洋科技实力的较量也日益凸显。以海底电缆安全为例，20世纪70年代末以来，海底光纤通信电缆系统逐渐连接起除南极洲和若干偏远岛屿外的世界所有地区，成为全球网络空间物理基础设施的“基干”。任何对于海底通信电缆系统的破坏都将可能对国家安全、经济安全和网络安全产生影响，海底通信电缆修复的时效性则因海洋环境的特殊性而面临挑战。此外，海底

通信电缆网络长期以来都是主要国家情报收集活动的重要平台，随着情报与监听技术的不断发展以及国际地缘政治对抗局势的日趋激烈，未来围绕海底通信电缆系统进行的情报和反情报对抗活动将更加频繁。在信息网络空间已与现实社会实现深度融合交织的背景下，海底通信电缆系统的重要作用和影响已从洲际通信服务安全扩展至国家安全问题的各个领域。① 综观当今世界海洋科技发展趋势，一方面，海洋与气候变化研究、海底动态与地震研究、海洋生态系统研究等全球尺度的海洋科学研究方兴未艾；另一方面，海洋生物技术和深海技术等海洋高科技领域快速发展，海洋立体监视、监测能力正在覆盖全球大洋，已经形成海空一体。此外，海洋铀、氘、氚、油气、可燃冰资源以及硫化物、金属矿球等贵金属资源的开发和利用，大陆架武器、战略核潜艇、5G 通信、卫星定位系统等科学实验的成功等，这一切在进一步证明科学技术在飞速发展和进步的同时，也在呼唤健全和完善新的全球海洋法律体系与制度。大量事实表明，海洋科技已进入全球科技竞争的前沿，并成为国家间综合实力较量的焦点之一。近年来，我国对海洋科技的投入逐步加大，硬件建设水平与先进国家的差距不断缩小。② 同时也要意识到，我们过去的很多工作，原创性、引领性成果偏少。目前面临的问题是，如何提出国际领先的科学问题并进行技术创新。保持持续的技术领先和创新需要强大的推动力，其中推动力之一就是全球性海洋基础科学问题的提出，以科学问题的需求驱动技术的进步。中国目前主要的海洋科技研究仍然与近海和海岸带相关，注重维护海洋生态系统的服务功能。与远洋深海相关的重要资源能源、环境效应和生命过程问题已成为海洋科技研究的新焦点。发展海洋经济、建设海洋强国，必须发展与远洋深海相关的海洋科技，这是未来的大趋势。

从生态安全和资源安全角度来看，无论是现在广泛关注和大力开发的海洋渔业资源、海盐资源、海底油气资源、海洋航道资源、海洋旅游资源、涉海港口资源等，还是未来有很大潜力可开发利用的潮汐资源、淡水资源、海底矿藏资源、生物医药资源等，均是国家公共资源的重要组成部分，也是维系和促进国民经济可持

---

① 参见《中国海底光缆面临哪些威胁 曾被越南渔船严重盗割》，载知远战略与防务研究所网，https://mil.sina.cn/sd/2018-01-22/detail-ifyqwiqi2785988.d.html。

② 参见吴立新：《发展蓝色科技 建设海洋强国》，载《人民日报（海外版）》2017 年 12 月 17 日，第 7 版。

续发展的重要基础。因海洋领土之争引发的渔业资源掠夺式捕捞、海上石油钻井平台的竞争式布设、人工岛礁的不断扩大以及海上货物和油料运输引发的船舶污染,均对海洋生态安全和资源安全造成严重影响。渔业资源枯竭、石油泄漏污染造成海洋生态灾难等新闻频见报端。以南海海域渔业资源为例,南海周边国家均有重视渔业经济开发的传统。自20世纪中后期以来,南海周边国家先后进入经济发展上升阶段。经济发展对渔业资源的需求和不断扩大的捕捞能力给南海渔业资源带来了不小的影响。同时,由于部分海域权利划界未明,基于利益驱动,南海渔业资源面临着被"掠夺式开发"的现实威胁。① 20世纪80年代以来,南海渔业资源出现了迅速萎缩的迹象,而且这种资源萎缩的状况一直延续至今。整个南海海域除中沙群岛和南沙群岛附近部分渔场部分海域还有较丰富的渔业资源外,其余海域(包括南海北部大陆架渔场、北部湾渔场、西沙海域渔场、南沙海域多数渔场)传统渔场的渔业资源数量和质量,相较20世纪中叶都呈现大幅度下降状态,而且部分海域渔业资源品种已经趋于枯竭。② 保障海洋生态安全和资源安全不可或缺、刻不容缓。

从核安全角度来看,国家核安全局公布的数据显示,截至2021年12月31日,我国大陆共有在建和运行核电机组71台,其中运行机组52台,③所有已建成和在建的核电站均分布在我国沿海地区。因此,总体国家安全观下的核安全同样与海上安全保障息息相关。

第三节　海上安全保障的国际法功能和需求

一、深刻理解国际法在全球治理中的重要地位和重大作用④

习近平总书记指出:"要提高国际法在全球治理中的地位和作用,确保国际规

① 石油能源开发等其他海洋资源亦面临类似窘境。

② 参见鞠海龙:《南海渔业资源衰减相关问题研究》,载《东南亚研究》2012年第6期。

③ 参见《核电厂总体安全状况》,载国家核安全局网,http://spi.mee.gov.cn:8080/spi/,最后访问日期:2022年5月2日。

④ 参见张晓君:《尊重国际法权威　维护国际秩序》,载《求是》2018年第20期。

则有效遵守和实施，坚持民主、平等、正义，建设国际法治。”①习近平新时代中国特色社会主义思想中关于全球治理和国际法的重要论述，在规则层面为国际秩序和国际体系演进贡献了中国智慧和力量，为中国发挥负责任大国作用、积极参与全球治理体系改革和建设提供了根本遵循。深入领会和贯彻这些思想，是新时代应对全球性挑战、推动构建人类命运共同体的重要前提。

国际法随着时代发展不断演进。习近平总书记指出：“数百年来列强通过战争、殖民、划分势力范围等方式争夺利益和霸权逐步向各国以制度规则协调关系和利益的方式演进。现在，世界上的事情越来越需要各国共同商量着办，建立国际机制、遵守国际规则、追求国际正义成为多数国家的共识。”②国际法正是实践这一共识的重要载体。从17世纪中期《威斯特伐利亚和约》确立平等和主权原则以来，国际法经历了长期的演变，积累了一系列公认的原则，如150多年前日内瓦公约确立的国际人道主义精神，70多年前《联合国宪章》明确的4大宗旨和7项原则，60多年前万隆会议倡导的和平共处五项原则等。与之相应，以国际组织、国际条约为主要载体的国际法体系不断完善，为处理国家间关系提供了一系列基本的法律规范和原则，为国际社会解决国际争端提供了具体的法律依据，为协调和处理全球性问题提供了一系列的治理机制。尤其是第二次世界大战结束后，国际法的原则和内容越来越朝着民主化、平等化的方向发展。过去国际法是大国为其垄断利益服务的工具，现在广大中小国家也逐渐把国际法作为反对强权政治、制约大国为所欲为、参与国际事务、维护自身利益和国际正义的重要武器。

现代国际法体系与全球治理机制相互依赖、相互促进。习近平总书记指出：“随着全球性挑战增多，加强全球治理、推进全球治理体制变革已是大势所趋。这不仅事关应对各种全球性挑战，而且事关给国际秩序和国际体系定规则、定方向；不仅事关对发展制高点的争夺，而且事关各国在国际秩序和国际体系长远制度性

① 《习近平在气候变化巴黎大会开幕式上的讲话（全文）》，载新华网，http://www.xinhuanet.com/world/2015-12/01/c_1117309642.htm。

② 习近平：《推动全球治理体制更加公正更加合理》，载新华网，http://www.xinhuanet.com/politics/2015-10/13/c_1116812159.htm。

安排中的地位和作用。”①国际法的基本原则及规则是构建和维系现代国际社会基本秩序的基石，是实施全球治理并推动国际社会实现“善治”的制度保障。因此，推动完善国际法是改变不公正不合理的全球治理体制、推动构建更加公正合理的国际秩序和国际体系的重要途径。当然，全球治理机制的变革反过来会促进国际法体系的发展和完善，促使其向更加公正合理的“良法”方向转型。

二、以国际法体系和全球治理机制建设推动构建人类命运共同体②

习近平总书记指出：“世界是一个地球村，各国相互依存、休戚与共。中国将推动构建新型国际关系，推动构建人类命运共同体。这是新时代中国外交追求的目标，也是世界各国共同努力的方向。”③实现这一目标意味着创造一个奉行法治、公平正义的国际秩序，需要各国在正确的国际法理念和全球治理观指导下，共同维护以《联合国宪章》宗旨和原则为基础的国际法体系，携手变革国际法体系和全球治理体制中不公正不合理的安排，合力推动建设新兴领域的国际法体系和全球治理机制。

树立公平正义的国际法理念和共商共建共享的全球治理观。习近平总书记强调：“中国将以更积极的姿态参与全球治理，坚持主权平等、公平正义，坚持共商共建共享、合作共赢，坚持多边主义、维护稳定，坚持循序渐进，改革创新。”④“我们应该共同维护国际法和国际秩序的权威性和严肃性，各国都应该依法行使权利，反对歪曲国际法，反对以‘法治’之名行侵害他国正当权益、破坏和平稳定之实。”⑤公平正义的国际法理念与共商共建共享的全球治理观，都建立在平等和主权原则基础上，具有内在的一致性。两者都强调世界的命运必须由各国人民共同掌握，世界上的事情应该由各国政府和人民共同商量来办，都要求平等适用国际

---

① 习近平：《推动全球治理体制更加公正更加合理》，载新华网，http://www.xinhuanet.com/politics/2015-10/13/c_1116812159.htm。

② 参见张晓君：《尊重国际法权威　维护国际秩序》，载《求是》2018年第20期。

③ 《习近平会见出席“2017从都国际论坛”外方嘉宾》，载共产党员网，https://news.12371.cn/2017/11/30/VIDE1512046501124953.shtml。

④ 《习近平会见出席“2017从都国际论坛”外方嘉宾》，载共产党员网，https://news.12371.cn/2017/11/30/VIDE1512046501124953.shtml。

⑤ 《习近平在和平共处五项原则发表60周年纪念大会上的讲话（全文）》，载新华网，http://www.xinhuanet.com/politics/2014-06/28/c_1111364206.htm。

法和全球治理规则,反对霸权主义和强权政治,反对搞双重标准。两者都蕴含着破解人类社会难题的智慧,体现了对公正、平等、开放和包容的追求。两者都与中华优秀传统文化中“天下为公”“和而不同”“求同存异”的文化特质相契合。要不断发掘中华文化中积极的处世之道和治理理念同当今时代的共鸣点,继续丰富构建人类命运共同体等主张,引领国际法治和全球治理建设,推动构建持久和平、普遍安全、共同繁荣、开放包容、清洁美丽的世界。

共同维护《联合国宪章》宗旨和原则的权威及其在国际法体系和全球治理机制中的核心地位。习近平总书记指出:“要坚定维护以联合国宪章宗旨和原则为核心的国际秩序和国际体系,维护和巩固第二次世界大战胜利成果,积极维护开放型世界经济体制,旗帜鲜明反对贸易和投资保护主义。”①维护《联合国宪章》宗旨和原则的权威,是弘扬国际公平正义和共商共建共享理念的必然要求,是推动构建人类命运共同体的重要基石。习近平总书记提出的推动构建人类命运共同体倡议,得到越来越多国家和人民欢迎和认同,并被写进了联合国重要文件,成为指导完善国际法体系和全球治理体制的重要指针。这就需要各国恪守和平共处五项原则等公认的国际关系基本准则,树立新安全观,抛弃冷战思维,建立有效的安全合作机制,通过建设性对话和协商解决分歧和争端,共同应对恐怖主义与极端势力等挑战,维护世界持久和平与普遍安全。

携手变革国际法体系和全球治理体制中不公正不合理的安排。习近平总书记指出:“全球经济治理应该以平等为基础,更好反映世界经济格局新现实,增加新兴市场国家和发展中国家代表性和发言权,确保各国在国际经济合作中权利平等、机会平等、规则平等。”②全球事务应由各国人民共同治理,国际规则应由各国人民共同书写。只有以平等为基础变革国际法体系和全球治理体制中不公正不合理的安排,才能更加有效地应对全球性挑战,推动构建人类命运共同体。要完善发展领域的国际法体系和全球治理机制,落实联合国2030年可持续发展议程,督促发达国家履行应尽的国际义务,向发展中国家提供支持。要加强新兴市场国

① 《习近平的全球治理观》,载新华网,http://www.xinhuanet.com/politics/2015-10/15/c_128320863.htm。

② 习近平:《共同完善全球经济治理》,载新华网,http://www.xinhuanet.com/world/2016-09/03/c_129268306.htm。

家和发展中国家在全球性和区域性组织中的参与度，推动上海合作组织、金砖国家、亚洲基础设施投资银行等合作机制建设，支持“一带一路”共建倡议和相关领域的全球治理机制建设，为拓展国际合作提供有力平台。

合力推动建设新兴领域的国际法体系和全球治理机制。国家主席习近平强调：“要秉持和平、主权、普惠、共治原则，把深海、极地、外空、互联网等领域打造成各方合作的新疆域，而不是相互博弈的竞技场。”①“要推动建设国际经济金融领域、新兴领域、周边区域合作等方面的新机制新规则。”②各国要坚持尊重主权、和平利用、共治普惠的原则，在新兴领域寻求公约数、扩大合作面，在《联合国宪章》《海洋法公约》等现有国际法的基础上，完善新空间、新领域治理的法律框架。

三、海上安全保障的国际法功能和需求

全球治理与国际法之间互为涵摄、互为载体的关系，决定了全球治理的基本模式是以国际法为主实现法治的“国际法之治”。借助法治的明确性、规范性、指引性等优势，实现“国际法之治”，需要进一步加快海上安全风险规制的区域协同法治建设。③ 总体国家海上安全观下海上安全保障体系的构建，需要秉持和平、主权、普惠、共治等原则，遵循各项国际法基本原则和国际惯例，以人类命运共同体理念和海洋命运共同体理念为指导，建设具有中国特色的国家海上安全保障体系，为实现全球治理和国际法治提供中国立场、中国方案和中国智慧。

1982 年《海洋法公约》以塑造世界海洋新秩序为宗旨，被誉为世界上最具综合性和共益性的海洋法典。从整体上看，《海洋法公约》的最高追求是致力于国际海洋事项的和平管理，每一个离岸的海域中，沿海国的权利与其他国家的航行权均受到公约设计的制度、规范的管理与约束。《海洋法公约》对国家利用海洋资源的权利、控制海洋污染与管理海洋环境的权利以及对国家以其他方式和平利用海洋

---

① 《习近平出席“共商共筑人类命运共同体”高级别会议并发表主旨演讲》，载新华网，http://www. xinhuanet. com/world/2017 -01/19/c_1120340049. htm。

② 《习近平的全球治理观》，载新华网，http://www. xinhuanet. com/politics/2015 - 10/15/c_128320863. htm。

③ 参见陈敬根、刘志鸿：《海上安全风险规制的范式安排——从单边管控到区域协同》，载《江淮论坛》2018 年第 5 期。

的权利等,提供了可以量化评估的可靠的法律基础。但在海上军事活动层面,仍有很多重要问题未能通过《海洋法公约》予以明确解决。例如,对于海洋的军事用途,公约没有直接而明确地作出规范,只是间接而含糊地提及;公约缔约国在海上使用武力或从事其他广义的海上军事活动享有的自由边界和承受的限制范围如何,公约没有直接回答;公约没有规定其他国家航行权与沿海国主权利益保护发生冲突时的强制性举措实施路径。公约本质上采用了“平衡法则”用以协调沿海国的主权利益与其他国家的航行权之间的权利冲突与欲求矛盾。这主要是源于“闭海论”(Mare Clausum)和“海洋自由论”(Mare Liberum)的激烈争论产生的历史沿革。哪些情形构成缔约国在海上使用武力正当而合理的根据?使用武力的“限度”在哪里?《海洋法公约》没有作出正面回答。① 在构建具有中国特色的国家海上安全保障体系中,我们需要利用已有的理论成果和实践经验取长补短,也需要研究解决现有的国际海上安全秩序体系中存在的问题和漏洞以完善己身。

国土安全方面,自《海洋法公约》生效以来,开辟了全球范围内大力开发海洋的新纪元。在这一进程中,因历史遗留问题和域外势力干预,我国约有一半左右的海洋国土面临安全风险。除渤海外,黄海、东海、南海这 3 大海域分别与 8 个邻海国家存在海域主权权利声索重叠区。为了有利、有理、有节地捍卫国家海洋权益,应当密切关注海域划界争端的发展态势,全面分析海洋国土面临的安全问题,针对性地提出应对方案,不断强化海洋权益管理机构,加快完善海洋法规体系,推进海上屯田战略,捍卫国家海域领土主权,多措并举,有效维护我国的海洋国土安全。

国民安全方面,关于渔民安全,因海域领土争端问题,自 20 世纪 70 年代以来,中国渔民在海洋作业生产过程中,经常面临被争端方非法驱赶、攻击、逮捕和拘留等问题,对渔民人身安全和财产安全形成重大威胁的同时,还可能引起外交纷争。《海洋法公约》、《遵守协定》和《鱼类种群协定》为渔业资源的养护与管理提供了国际法依据。如果说《海洋法公约》将公海捕鱼的执行权赋予船旗国(flag states),《遵守协定》则为相关国家在公海捕鱼设立了一系列相关的义务与责任。此外,国

① 参见王建廷:《海上军事活动的自由与限制——基于〈联合国海洋法公约〉的考察和分析》,载《南京师大学报(社会科学版)》2012 年第 1 期。

际软法,如联合国粮食与农业组织的《负责任渔业行为守则》及"IUU 捕捞国际行动计划"等,也对渔业资源的使用和管理进行了规范。但遗憾的是,基于渔业国际法律规则本身存在的疏漏及强制执行力的匮乏,渔业争端引发的渔民安全问题并未得到根本解决。关于海盗威胁,如果说传统海盗的目的只是抢劫财物,现代海盗则在一定程度上成为一部分恐怖分子的藏身之所。特别是随着各国反恐力度的加大,恐怖分子在陆上的"地盘"已经丧失殆尽,不得不将其"阵地"转向海上。这种专门在广袤的海域上制造恐怖活动的恐怖分子被专家称为"现代海盗"①。海盗及海上恐怖主义对我国海事安全和国民安全的威胁也已经显现,我国船只遭受海盗和海上恐怖分子攻击的事件时有发生。根据国际商会(ICC)和国际海事局(International Maritime Bureau,IMB)联合发布的《针对船舶的海盗及武装抢劫报告(2020)》统计,2017 年至 2021 年,中国区域内共发生 8 件、全球范围内共发生 870 件针对船舶的海盗或武装抢劫事件。② 尽管 2021 年的海盗事件发生率是自 1994 年以来的最好纪录,但国际海事局主任迈克尔·豪利特(Michael Howlett)仍然敦促沿海国家不可轻忽海盗和武装抢劫的固有风险。③ 我国作为一个负责任的海洋大国,应当以推动构建海洋命运共同体的国际责任担当为己任,切实打击海盗,维护本国国民海上安全和国际海上商路安全。我国国内法律并未对海盗犯罪加以明文规定,只是在刑法等相关章节提出类似海盗行为的立法,但并非属于海盗罪的构成要件。有必要完善相关法律法规,切实保障国民安全。

经济安全方面,作为全球制造业规模最大的国家,采取外向型经济发展模式的中国已成为国际体系中的举足轻重的一员。随着改革开放 40 多年来持续稳定的高速发展,中国经济与全球经济的联系程度日益紧密。随着"一带一路"建设的不断推进落实和中国企业"走出去"战略的深度实施,中国的经济结构和产业类型

---

① 参见《恐怖"阵地"转向海洋》,载新浪新闻网,http://news. sina. com. cn/w/2002 - 11 - 18/0848810072. html。

② *ICC International Maritime Bureau Piracy and Armed Robbery Against Ships Report for the Period 1January – 31 December 2020*,载国际商会网 2020 年 12 月 31 日至 2021 年 1 月 1 日,https://www. icc-ccs. org/reports/2020_Annual_Piracy_Report. pdf。

③ *Caution Urged Despite Lowest Reported Maritime Piracy Incidents Since 1994*,载国际商会网,https://www. icc-ccs. org/index. php/1314 – caution-urged-despite-lowest-reported-maritime-piracy-incidents-since – 1994。

发生了巨大变化。当前中国在商品出口、原料进口、吸引外资、引进技术、国际旅游、工程承包、劳务出口、境外投资和技术出口等方面均有了长足进展,海外市场和海外利益的重要性与日俱增。但与此同时,中国外贸的依存度问题也引起人们关注。根据商务部2017～2021年货物进出口年度统计(不含港澳台地区,见图1－2),中国2021年货物进出口总额是391,009亿元,比上年增长21.40%,其中,出口217,348亿元,增长21.20%,进口173,661亿元,增长21.50%。2021年中国国内生产总值为1,143,670亿元。经计算,2021年中国的外贸依存度(进出口总额占国民生产总值或国内生产总值的比重)为34.19%。与之相比,改革开放之初的1981年,中国货物进出口总额为440.22亿元,其中出口总额220.07亿元,进口总额220.15亿元,当年国内生产总值4935.80亿元,外贸依存度为8.92%。[①] 换言之,改革开放40多年来,中国的外贸依存度增长到1981年的3.5倍。海运领域作为维系国际货物进出口贸易的物流运输"大动脉",其安全与否直接关乎中国经济整体运行与发展的安全大局。在国际法体系下寻求利益平衡与协调,加强区域和全球经济合作与布局,是保障我国海洋经济安全的重要途径。

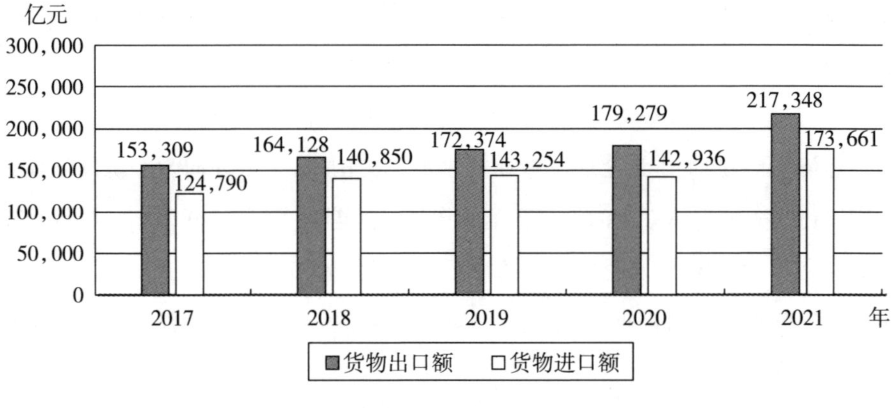

图1－2　2017～2021年货物进出口年度统计

信息安全和科技安全方面,科学技术进步极大地促进了国际法的发展,尤其

① 参见《货物进出口年度统计》,载中国商务部网,http://data.mofcom.gov.cn/hwmy/imexyear.shtml;《全国年度统计公报》,载中国统计局网,http://www.stats.gov.cn/tjsj/tjgb/ndtjgb/qgndtjgb/。

是促进了海洋法的发展。科学技术为人类提供了进一步全面利用和开发海洋空间的工具和手段。与此同时,国际和国内的海洋政策也在发生变化。只要海洋科技在继续发展,海洋法和海洋政策就一定会随之变化。而且事实证明,技术的新发展影响和促进了海洋法的发展。[①] 科学技术和海洋法之间的相互作用是新时代最重要的问题之一。现代科学技术的高速发展为人类深度开发和利用海洋资源提供了技术支撑。各国都想在这一新的海洋工业革命中分享利益,其动机和行动便成为建立国际新的海洋法律秩序的基础。现在,我们处于历史的转折关头,科技发展是如此迅速,以致海洋传统法律秩序已不能适应技术的发展。海洋资源利用技术和海洋安全科技发展带来的变化,迫使海洋法必须作出相应的改变和发展。海洋勘探技术、卫星导航系统、核动力航母和潜艇、光纤维传导技术等,为人类进军海洋开辟光明前景的同时,也给国家安全、特别是海上安全带来了严重威胁。[②] 例如,在海底铺设的光纤能够提供永久性海洋物理和化学监测变数,这种情报汇集对于开发利用海洋资源具有极为重要的价值,但这种功能一旦被滥用,则会对其他国家的海洋安全构成极大威胁,且因技术领先带来的优势地位,这种海洋安全威胁更具隐蔽性和长期性。在积极鼓励信息科技运用参与我国现代化海军和海防建设的同时,利用好现有的国际法体系以维护和保障我国的海洋利益不受侵害,对我国海上安全保障体系构建的科学性、合法性、持久性具有重要意义。

资源安全和生态安全方面,从能源资源来看,中国虽然领土广袤,能源丰富,种类齐全,但除煤炭、稀土等少数矿产种类外,很多矿种储量不丰,质量不佳,又分布不均,开采成本居高不下。更重要的是,中国作为全球最大的工业国家,国内储藏无法充分满足工业生产发展所需,对外能源资源依存度不断提高。以原油为例,中国在20世纪90年代初仍是原油出口国,而之后尽管国内原油产量大幅增长,但与国内经济发展产生的巨大的原油消费需求相比,依然存在缺口。自2016年起,中国已成为全球最大的原油进口国,[③]原油进口成为保障供应的重要来源,

① 参见周忠海:《科技与海洋法》,泰山出版社1998年版,第1页。

② 参见周忠海:《论海洋科技发展与国家安全》,载《法学杂志》2010年第10期。

③ 参见《世界最大石油进口国——中国》,载中国石油天然气集团有限公司网,http://www.cnpc.com.cn/syzs/sysh/201808/0be99ca106634c069f2c412ead87db11.shtml。

原油对外依存度逐年攀升。《中国能源统计年鉴 2020》显示,2019 年,中国原油消费量达到 6.73 亿吨,中国产仅有 2.71 亿吨,进口量高达 5.06 亿吨;相比 2018 年,产量增加 99.23 万吨,增幅仅为 0.37%,但进口量却增加了 4379 万吨,增幅达 9.48%,对外依存度高达 75.19%,创历史新高。① 中国石油集团经济技术研究院发布的 2021 年度《国内外油气行业发展报告》指出,中国炼油能力继续较快增长,到 2021 年年末已赶上美国,达到 9.10 亿吨/年,预计 2022 年,中国将成为世界第一大炼油和乙烯生产国。2021 年,国内石油表观消费量呈现近年来少见的负增长,石油对外依存度降至 72.20%,预计 2022 年国内石油消费增长由负转正,对外依存度将再次恢复增长。同期,国内天然气消费增长 12%,对外依存度升至 46%,预计 2022 年天然气消费增速放缓。② 从进口方面来看,我国原油进口来源多元化程度相对较低,集中于中东地区和俄罗斯。中东地区地缘政治复杂,形势不稳,我国从中东地区进口石油高度依赖海上运输,运输通道则高度依赖马六甲海峡等敏感航线,安全保障能力与现实需求存在一定差距,原油供应安全保障面临很大风险。从生产方面来看,加大国内油气资源供应是防范能源安全风险的重要保障,然而,近几年国内原油和天然气的自给率却逐年下降,加大开发利用海洋油气资源成为解决我国油气潜在危机的重要举措。中国海洋石油集团有限公司(以下简称中海油公司)《2021 年可持续发展报告》显示,2021 年,中海油公司海洋油气勘探开发取得重大成果,成功探获“垦利 10 - 2”等 4 个大中型油气田,上游 18 个重点产能建设项目如期建成,特别是“深海一号”超深水大气田的成功投产,标志着我国海洋石油勘探开发能力实现了向 1500 米超深水开发的重大历史性跨越;渤海油田原油年产超 3000 万吨,成为我国第一大原油生产基地;公司国内原油增产量连续两年占全国总增量 80% 左右,经营业绩创历史最好水平,增储上产主力军地位愈加彰显。③ 中海油公司的生产数据表明,开发利用好海洋油气能源资源是解决我国能源困局的关键突破口之一。从渔业资源来看,以南海为例,自 20 世纪 70

---

① 参见国家统计局能源统计司编:《中国能源统计年鉴 2020》,中国统计出版社 2021 年版,第 3 ~ 5、11、34 ~ 35、58 ~ 59 页。

② 齐慧:《我国炼油能力延续增长态势》,载《经济日报》2022 年 4 月 19 日,第 6 版。

③ 《中国海油发布 2021 年可持续发展报告》,载中国海洋石油集团有限公司网,https://www.cnooc.com.cn/art/2022/4/18/art_191_15326175.html。

年代以来,南海渔业资源一直处于逐渐衰减的状态,南海主权争议制约了南海周边各国共同推动南海渔业合作机制的发展。目前,国际社会已有《海洋法公约》等国际法规范和相对成熟的共同海域渔业资源保护机制。然而,能否推动在南海地区发挥这些已有机制的积极作用仍有赖于各方对南海共同渔业资源的政策和态度。① 从生态安全来看,党的十九大报告提出,要加快建设海洋强国,而所谓海洋强国,不仅要求海洋经济高度发达,海洋对经济增长的贡献率和在经济总量中的比重都较高,还要求必须具有强大的海洋开发和保护能力。与其他方面的安全相比,海洋生态安全具有全球性、长期性、滞后性、不可逆性等独有的特征。近年来,我国海洋生态总体处于基本稳定的状态,生物多样性保持稳定,海水质量总体较好,海洋功能区部分区域环境质量稳中趋好,能基本满足生产生活用海要求,但我国近岸海域环境问题依然突出,表现为海洋灾害频发、入海排污口邻近海域环境状况较差、典型海洋生态系统健康状况不理想等方面。应将海洋生态安全置于国家安全框架下加以统筹考虑,将海洋生态安全问题纳入国家发展战略和国家安全战略,确立海洋生态安全保护法律制度,进一步完善海洋生态安全保护法律法规体系,建立健全海洋生态安全防范预警、补偿、危机反应、部门协调、国际合作等方面的制度与机制,科学规划和管理海洋,提高海洋生态安全保障能力,为海洋生态安全保驾护航。②

核安全方面,随着核能的不断开发和核技术的广泛应用,沿海核电站和船用核动力装置排放的核废物,以及核事故造成的核泄漏对海洋环境,甚至人类社会造成了巨大的破坏,其影响可长达几百年乃至数千年,甚至更长的时间。因此,大部分国家都已经把防止和控制海洋核污染作为人类面临的一项重要任务。③ 2011年3月11日,日本发生了9级地震,并次生了巨大的海啸,福岛核电站随之发生大规模的核物质泄漏。2011年4月5日,福岛第一核电站向太平洋排放了一万多吨污水,放射性物质含量是法定标准的500倍,海洋核污染问题引起了包括我国在内的世界各国尤其是临近各国的高度关注。2011年4月12日,日本政府将福岛核

① 参见鞠海龙:《南海渔业资源衰减相关问题研究》,载《东南亚研究》2012年第6期。

② 参见易爱军:《我国海洋生态安全问题探讨》,载《环境保护》2018年第11期。

③ 参见郭皓、杜金秋:《海洋核污染与核素迁移》,载《海洋开发与管理》2014年第7期。

事故的级别提高到 7 级，后被调整为 9 级。按照国际原子能机构划分，福岛核事故严重性达到国际核事件最高级别，与 1986 年切尔诺贝利事件同级。根据媒体统计，自 2011 年福岛事故发生 10 年来，其灾难性的后果仍在延续，超过 16 万日本居民因核辐射而逃离，日本政府已花费约 3000 亿美元重建遭受海啸重创的东北部灾区，但福岛核电站周边地区仍然禁止入内，福岛地区面积约 337 平方公里区域被化为禁区。① 除直接损失外，福岛核事故对日本的间接影响是深刻而长远的：第一，日本的核电产业遭到了毁灭性的打击，日本的能源结构发生了根本改变，进而影响了日本的气候目标。在福岛核事故之前，核电几乎占日本发电总量的 30%，是日本最便宜的电力来源之一。福岛核事故后的 3 年里，日本在化石燃料进口上花费了约 2700 亿美元——比前几年增长了约 58%。② 第二，日本的国际信誉和国际形象遭受重创，不仅仅是经济产业输出的质量口碑等软实力，还涉及国际政治方面的责任担当问题。特别是自 2021 年 4 月 13 日日本政府宣布要将福岛核污水直排入海的决定后，激起了亚太各国的强烈谴责和反对。日本福岛核事故对世界、对中国的影响都是深刻而长远的，主要是集中在对能源政策的调整方面，包括今后还要不要发展核电、如何发展核电、如何对待超期服役的核电站等。③ 近年来，我国沿海不断建起新的核电站，为掌握海洋核污染的现状和变化情况，原国家海洋局每年都组织开展我国近海及各核电站临近海域放射性水平检测。2017 年 3 月 23 日，环境保护部举行专题新闻发布会，发布《核安全与放射性污染防治“十三五”规划及 2025 年远景目标》（以下简称《核安全“十三五”规划》）。《核安全“十三五”规划》是国家安全顶层设计的一个重要组成部分，是环境保护工作的一个重要内容，也是指导我国核安全与放射性污染防治工作的一个专项规划。《核安全

---

① 参见《“人祸”贻害深远：福岛核泄漏十周年伤痛犹在》，载参考消息网，http://www.cankaoxiaoxi.com/world/20210311/2437035.shtml；《日本福岛十周年 你应该知道的一组数字》，载德国之声中文网，https://www.dw.com/zh/%E6%97%A5%E6%9C%AC%E7%A6%8F%E5%B2%9B%E5%8D%81%E5%91%A8%E5%B9%B4-%E4%BD%A0%E5%BA%94%E8%AF%A5%E7%9F%A5%E9%81%93%E7%9A%84%E4%B8%80%E7%BB%84%E6%95%B0%E5%AD%97/a-56807295。

② *Analysis: The Legacy of the Fukushima Nuclear Disaster*, Carbon Brief, https://www.carbonbrief.org/analysis-the-legacy-of-the-fukushima-nuclear-disaster[2021-06-18].

③ 参见杨朝飞：《对日本福岛核事故的生态思考——在全国核能行业协会年会的发言》，载《核安全》2011 年第 2 期。

“十三五”规划》强调,要坚持理性、协调、并进的核安全观,坚持安全第一、质量第一的根本方针,以风险防控为核心,以依法治核为根本,以核安全文化为引领,以改革创新为驱动,以能力建设为支撑,落实安全主体责任,持续提升安全水平,保障我国核能与核技术利用事业安全高效发展。为保障核安全,预防与应对核事故,安全利用核能,保护公众和从业人员的安全与健康,保护生态环境,促进经济社会可持续发展,经 2017 年 9 月 1 日第十二届全国人民代表大会常务委员会第二十九次会议通过,由全国人民代表大会常务委员会于 2017 年 9 月 1 日发布《中华人民共和国核安全法》(以下简称《核安全法》),自 2018 年 1 月 1 日起施行。《核安全法》第 13 条明确规定:“国家组织开展与核安全有关的国际交流与合作,完善核安全国际合作机制,防范和应对核恐怖主义威胁,履行中华人民共和国缔结或者参加的国际公约所规定的义务。”2021 年是“十四五”发展规划的开局之年,《中华人民共和国国民经济和社会发展第十四个五年规划和 2035 年远景目标纲要》明确指出,要安全稳妥推动沿海核电建设,建成华龙一号、国和一号、高温气冷堆示范工程,积极有序推进沿海三代核电建设;推动模块性小型堆、60 万千瓦级商用高温气冷堆、海上浮动核动力平台等先进堆型示范;建设核电站中低放废物处置场,建设乏燃料后处理厂;开展山东海阳等核能综合利用示范;核电运行装机容量达到 7000 万千瓦;严格核与辐射安全监管,推进放射性污染防治。[①]

---

① 参见《中华人民共和国国民经济和社会发展第十四个五年规划和 2035 年远景目标纲要》,载中国政府网,http://www.gov.cn/xinwen/2021-03/13/content_5592681.htm。

第二章　海上安全保障的国际法体系

第一节　国际法体系概述

一、国际法体系的结构分析①

自《威斯特伐利亚和约》签订以来，国际法经过3个多世纪的演变和扩展，已形成一个区别于国内法的庞大法律体系。构成这个体系的国际法规范，作为以权利义务关系为内容的国际法主体的具体行为规则，具有不同的形态，分属众多的部门，归于若干板块，由此形成了国际法规范的3种体系结构，即形态结构、部门结构和板块结构。

从国际法规范的形态结构来看，根据规范的性质和特点，可以将多种多样的国际法规范划分为不同的形态，如条约规范和习惯规范、一般规范与特殊规范、强行规范与任意规范、实体规范与程序规范等。从国际法规范的部门结构来看，以国际法规范的调整对象和方法为根据，可以将国际法体系中的众多规范归为诸多不同的法律部门，如战争法、海洋法、领土法、国际组织法、外交与领事关系法、

① 参见古祖雪：《国际法体系的结构分析》，载《政法论坛》2007年第6期。

战争与和平法、空间法、极地法、原子能法、环境法、人权法、知识产权法、贸易法、金融法、投资法、产品责任法、劳工法、旅游法、刑法等,这些部门法之间的联系与结合形成了现代国际法规范的部门结构。从国际法规范的版块结构来看,根据其价值和功能可以将不同的规范形态和法律部门划分为不同板块,如国内学者古祖雪将国际法分为共存国际法、合作国际法、人权国际法;国外学者弗里德曼将国际法分为共存国际法与合作国际法;施瓦曾伯格把国际法分为权力的法律(主要用于处理冲突的利益)、互惠的法律(主要用于处理相互兼容的利益)和协调的法律(主要用于处理相同的利益);霍夫曼将国际法分为关于政治结构的国际法、关于互惠的国际法和关于共同体的国际法等。

二、国际法体系演进与国际法作用之机理①

国际体系与国际法作用的价值机制国际体系的演进是一个客观历史进程,内在包含了秩序逻辑。国际法作为国际体系的规则载体,既是体系构成要素相互作用的产物,同时也是调整、促进体系发展的制度性工具。国际体系演进与国际制度调整之间存在一种日渐紧密的正相关关系,表现出具有内在逻辑性的发展规律:大国在体系演进与秩序发展中发挥主导作用,国际体系政治经济互动的一体化、机制化趋势日益明显,国际共同体观念和法治意识渐次加强。

从国际体系演进的内在秩序逻辑来看,秩序与法是人类社会化发展进程中的内在本性要求。就人类社会的结构而言,一定的政治、经济基础与价值观念决定一定的社会秩序,进而表现为一定的法律制度形式。国际社会作为国内社会的延伸,也是在一定的国际(特别是大国)政治、经济与价值关系上形成的一定秩序与法制的社会。从国际体系与国际法作用的价值机制来看,国际体系演进与国际法发展之间存在的紧密联动关系,既由其互为表里的逻辑结构所决定,也与其总体一致的价值追求相契合。国际法律体系由于所辖领域宽广、内容蕴含丰富,并且国际交往中的合作与冲突交织并存,相比国内法更易变动不羁,因此国际法的原则性构成规范较之其技术性调整规范更富于现实意义。从国际体系演进与法律

① 参见李杰豪:《国际法体系演进与国际法作用之机理》,载《湘潭大学学报(哲学社会科学版)》2014年第5期。

秩序作用的发展规律来看,国际体系演进与法律秩序发展之间存在一种正相关关系。一方面,国际体系的存在变迁决定了国际制度的形成发展;另一方面,国际制度的运行也调整、规范了国际体系的演变。从历史长河来看,国际体系的进化既受制于一定的社会结构和经济发展条件、文明程度,同时也是一个不断超越自身、向着更文明理性的法制秩序发展演进的过程。

国际体系演进与秩序发展的认同保障,对国际共同体观念与法治意识的持续增强起到了积极作用。国际共同体观念的源头最早可以追溯到威斯特伐利亚体系形成时期。威斯特伐利亚体制不仅确认了国家的主权,而且开启了通过谈判、和约等法律制度方式处理国际争端的先河。《威斯特伐利亚和约》成为后来直至法国大革命前所有国际协定的法律基础。紧接着威斯特伐利亚体系的发展,法国大革命以及大革命以后确立的"欧洲协调"将国际共同体意识与国际法的发展推向了一个新的阶段,"整个19世纪,即给予全人类以文明和文化的世纪,都是在法国革命的标志下度过的"①。法国大革命所宣布的首要原则是承认人民主权的原则。② 人民主权原则的普及、"自由、平等、博爱"等人权思想的深入,以及其后出现的欧洲协奏(大国共治)进一步促进了欧洲国际共同体观念和法治意识的形成。如果说威斯特伐利亚体系崇尚的是国家主权的独立,法国大革命颂扬的是人权的神圣,那么20世纪两次世界大战后建立起来的集体安全制度则集中表达了对主权、人权与和平、发展的强烈关注。第一次世界大战的爆发说明了世界经济的发展趋势与政治现实都迫切要求各国寻找新的更合理的方法来规范国际体系,这需要把一个无序的国际体系过渡到一个以经济合作、政治协调为目的的有序社会。第二次世界大战后,以追求安全、发展、人权为宗旨的联合国组织以及世界贸易组织、国际刑事法院等机构也逐步建立。国际体系真正扩展到了世界范围,联合国组织(如安理会)的一些功能甚至开始具有了"超国家"的性质。

① 《列宁全集》(第36卷),人民出版社1985年版,第254页。
② 1791年《法国宪法》明确规定,主权属于全体国民。

第二节　第二次世界大战后国际法体系的演变[①]

第二次世界大战结束70年来,国际法体系发生了巨大变化。一方面,国际法主体持续增加并日渐多元,国际法客体也不断扩大,一批国际法新分支陆续形成,国家权利义务范围也并行扩展;另一方面,国际法体系"从主权优先到人权优先"、"从同意导向到强制导向"以及"从整体性到分散性"的转变日趋明显。第二次世界大战结束前后召开的一系列重要国际会议,从总体上为国际社会规划了包括政治秩序、经济秩序、军事秩序和法律秩序等在内的战后秩序。作为第二次世界大战结束后形成的整体战后体系的一个组成部分,国际法体系对世界历史和整个战后国际秩序产生了重要影响。

从国际法体系发展的特点来看,第一,在第二次世界大战后国际法体系中,国际法主体增多,国际法客体扩大。特别是冷战结束以来,国际组织、非政府组织和个人在国际政治舞台上的地位和作用不断上升。与国际法主体增多相对应,国际法的客体也在不断扩大,从传统的国家领土逐步扩展到外层空间、海床洋底、南北极地甚至网络空间等。[②] 第二,国际法新分支(部门法)层出不穷,国家的权利与义务范围并行扩展。在当代国际法体系中新涌现出诸如国际行政法、国际旅游法、核法和极地法等数十个新分支(部门法),而传统意义上的国际法分支从未超过10个。国家管辖内部事务的外部边界越来越不清晰,诸多传统意义上的内政成为国际事务且范围一再拓展,如人权保护、卫生健康、环境保护、反恐和打击跨国犯罪等,国家很难再以"内政"为由排斥国际管辖,即"国家保留"的范围在缩小。第三,国际人权法和国际人道法对暴力使用施加限制,无论未来出现何种新的作战手段和方法,"人道原则"都将居于首位。第四,国际刑法复兴和快速发展以及国际法制裁功能加强,在一定程度上使国际法出现了从"弱法"逐步向"强法"转变的势头,逐渐改变国际法的"弱法"性质,强化其实际效能,并促使国际法体系不断丰富和完善。

---

① 参见盛红生:《战后国际法体系演变与中国角色》,载《国际展望》2015年第5期。

② 参见梁西主编:《国际法》,武汉大学出版社2000年版,第31页。

从国际法体系的中长期发展趋势来看,冷战结束后,世界经济和国际政治格局都发生了复杂而深刻的变化。与此相适应,国际法体系也在经历一场重大的重构过程,以适应这个不断变化的世界。以冷战结束后的国际法新理论和新规范为基础,在未来较长历史时期内,整个国际法体系可能呈现如下发展趋势:第一,从"重国际和平安全"到"和平安全与经济社会发展并重",国际法将从传统"高政治"向非传统"低政治"领域拓展。第二,从"重主权"到"重人权",国际法的价值基础正发生重大变化。第三,从"重意愿"到"重规范",国际法由"同意导向"逐步向"强制导向"转变。例如,传统上,维和人员只能使用最低限度的武力而且仅限于自卫,然而2008年年初由联合国维持和平行动部颁布的《联合国维持和平行动原则与指针》已经将"除自卫外不得使用武力"修改为"除自卫和履行授权外不得使用武力"。[①] 第四,从"整体性"到"分散性",国际法部门法之间冲突增多。这些问题突出表现在"个人刑事责任与外交特权豁免"、"保护的责任与不干涉内政原则"和"国际管辖与国内管辖"等几对关系上的矛盾冲突上。第五,法律强国的国内法向国际法"外溢",从"国际道德"向"国际法"转化的速度加快。突出表现在将道德转化为立法的趋势十分明显,许多原本属于道德规范尤其是个人层次的道德规范正上升为法律。

中国应当在变动的国际法体系和国际秩序中努力塑造负责任的大国形象,积极面对以前可能并不需要直面的问题。应当重视构建新的国际法体系,把中国的合理权益和主张上升为新的国际法规则,将人类命运共同体、习近平法治思想等中国价值、法治观念和法律思想注入新的国际法体系。

第三节　海上安全保障相关国际法体系形成与发展

国际海洋法的产生和发展是国际海洋法治的重要内容。国际海洋法是关于各种海域的法律地位和调整国与国之间在海洋活动中发生的种种关系的原则、规则和制度的总称,是当代国际法的组成部分。鉴于国际海洋法调整的国际关系与

---

① 参见齐三平、徐新编:《和平行动中的国际人道法研究》,军事科学出版社2012年版,第225页。

国际法其他分支调整的国际关系有所不同,国际海洋法具有一些特殊的概念、原则和制度。国际法的基本原则,包括国家主权平等、不干涉内政、不使用武力或武力威胁以及和平解决国际争端等原则,与人类命运共同体、海洋命运共同体的精髓相辅相成、并行不悖。[①]

纵观国际海洋法的发展史,实际上是不同历史时期的利益考量和发展需求对海洋法原则、规则和制度不断选择和适用的过程。古罗马时代,海洋被视为"共有之物",随着罗马势力的扩张,统治者试图对海洋进行管辖。中世纪以后,封建君主对海洋提出了领有权或主权主张,产生了"领水"的概念。1609 年,荷兰法学家雨果·格老秀斯(Hugo Grotius)发表了《海洋自由论》,提出海洋自由原则。海洋自由原则打破了海洋为各国君主割据的局面,符合航海贸易的利益需求,符合资本主义时期的发展方向,逐渐获得普遍支持。公海制度逐渐形成的同时,沿岸国对沿岸一带海域享有的权利也得以被普遍承认和不断发展。至 20 世纪中叶,世界海洋基本上处于"领海以外即公海"的格局。

第二次世界大战结束后,一方面,由于战后经济的恢复刺激了对自然资源的需求;另一方面,科学技术的进步为人类控制和利用更广阔的海洋空间提供了条件,国际社会迎来了传统海洋法律制度的变革。1945 年 9 月 28 日,美国总统杜鲁门发布了《大陆架公告》。同时,崛起中的发展中国家,也有改变曾有利于海洋大国的旧的法律制度、建立新的海洋法律秩序的要求。继大陆架概念之后,发展中的拉丁美洲国家提出了 200 海里海洋权主张,[②]得到了亚洲和非洲发展中国家的广泛支持,催生了"专属经济区"的概念。

在国家管辖范围以外的海床洋底建立国际海底区域制度,也是不同利益需求相互作用和妥协的结果。进入 20 世纪 60 年代,经济的需求、科技的进步促使一些发达国家开始进行锰结核的勘探和试采活动,同时深海底用于军事目的的危险增加,从而引发了一些发展中国家的关注。1967 年 8 月,马耳他代表团出席第 22 届联合国大会期间,提出了"关于保留现行国家管辖范围以外的海床洋底及其底土

---

① 参见密晨曦:《海洋命运共同体与海洋法治建设》,载《中国海洋报》2019 年 9 月 17 日,第 2 版。

② 关于"200 海里海洋权",参见《支持拉丁美洲国家和人民捍卫民族独立和国家主权的斗争》,载中国外交部网,https://www.mfa.gov.cn/web/ziliao_674904/wjs_674919/2159_674923/200011/t20001107_7950047.shtml。

专用于和平目的及其资源用于人类福利的宣言和条约”的提案，建议将国家管辖范围以外的海床洋底及其底土视为人类共同继承财产。

第三次联合国海洋法会议历经 9 年 11 期 16 次会议的讨论，于 1982 年由各缔约国缔结《海洋法公约》，将领海、专属经济区、大陆架、区域权利、海洋环境保护、海洋科学研究以及海洋技术的发展和转让等重要的国际海洋法律制度纳入其中，对国际海洋事务涉及的各方面问题作了较全面的编纂和规范，成为当前全球海洋治理的重要法律文件。

随着经济全球化和海洋开发能力的提高，海上传统和非传统安全、气候变化和生态环境等跨区域问题压力增大，新的海洋问题不断涌现，全球海洋治理面临严峻挑战。海洋的可持续发展涉及人类的共同利益，已成为当今全球海洋治理和法治建设的重点。现有的包括《海洋法公约》在内的国际法框架，尚不能完全覆盖海洋可持续发展各个领域的问题。“构建海洋命运共同体”理念的提出，符合全球海洋治理的总体目标，符合海洋有序、健康和可持续发展的实际需求，符合全人类的共同利益。在海洋法治建设中，具体到国际海洋规则的制定、发展与完善中，有必要将“构建海洋命运共同体”理念贯穿始终。

一、海洋法权起源与国际法秩序初建①

作为海洋自由论的首倡者和国际法的奠基者，格老秀斯关于海洋法权与国际法的思考至今仍有着重要的意义。

广阔无垠的自由海洋究竟意味着什么，这是格老秀斯穷其一生所着重思考的一个问题。海洋自由论的提出，将自由海洋囊括进现代世界秩序之中，在人类法权思想史上具有重大的历史意义，并对荷兰乃至英国等海洋政体之兴衰产生现实意义。作为自然世界的海洋和陆地，亘古存在，但作为一种法权，尤其是海洋法权，则是经由格老秀斯的创设才进入人类的视野，进入由他新创的国际法所构建

① 参见高全喜：《格老秀斯与他的时代：自然法、海洋法权与国际法秩序》，载《比较法研究》2008 年第 4 期。

的世界秩序之中。[①] 从此以后,海洋与人类的关系就不再是单一的自然关系,而是加入了政治与法律的权利—权力关系,海洋与陆地、战争与和平、自由与奴役,以及与此相关的正义与利益、自然法则与国家强力等诸多问题。

格老秀斯一生思想的突出标志,在于他创建了现代形态的国际法体系。国际法是他的理论中心,可以说,《战争与和平法》、《捕获法》与《海洋自由论》奠定了现代国际法的基础。格老秀斯的伟大贡献,在于他的3部著作系统地构建了一个有关新的现代世界秩序的法律体系,对于现代社会来说,格老秀斯的这个国际法体系以及贯穿其中的诸原则,使当时的人们摆脱了现代民族国家草创时期的混乱朦胧,毋宁具有“创世纪”的意义。[②]

倡导自由的海洋法权,这是格老秀斯国际法思想的一个关键理论,所谓现代国际秩序的一个突出特征就是海洋作为一种法权进入了现代世界。格老秀斯敏锐地发现了这个新契机,并且把维护自己(荷兰)国家利益的诉求有效地纳入构建一个普世性的国际新法律秩序之中。尽管《海洋自由论》的理论主旨是为荷兰的捕获行为辩护,证明捕获凯瑟琳商船是一桩属于正义战争中的正义行为,但是,格老秀斯在著述中远远超越了这份司法辩护词的具体目的,而是开辟了一个有关海洋法权的新视域。就具体的论述来看,格老秀斯的《海洋自由论》集中在有关海洋自由的所有权、航海权和贸易权三个方面加以论证,为此他调用了大量的古典罗马法的文献和基督教神学教义,并独创性地提出了一些新的观点,赋予一些重要

---

① 卡尔·施米特指出:“当海洋这一根本能量在16世纪突然爆发后,其成果是如此深巨,以至于在很短的时间里它就席卷世界政治历史的舞台。与此同时,它也势必波及到了这一时代的精神语言。”“当法国、荷兰和英国开始反对西班牙和葡萄牙的海上霸权的垄断性诉求时,对于世界诸大洋的争夺已经激烈地在我们所关注的时间段即16世纪中叶展开了。由此开始了一个在陆地和海洋之间截然对立、在封闭与开放两极分化的空间秩序观念的发展过程。坚实的陆地成为国家的领土,而海洋则保持自由,也就是说独立于国家,不是国家领土。”“荷兰人格老秀斯由于其1609年匿名发表的作品《海洋自由论》,从而成为倡导海上自由的第一个先行者。”参见[德]卡尔·施米特:《陆地与海洋——古今之“法”变》,林国基、周敏译,华东师范大学出版社2006年版,第49、76~77、82页。

② 参见[荷]格老秀斯:《战争与和平法》,何勤华等译,上海人民出版社2005年版,“序言”。另外,西蒙兹(K. R. Simmonds)在“格老秀斯的一些英国先驱者”一文中从“海洋法”和“战争法”两个方面考察了格老秀斯之前的英国思想家,如约翰·迪伊(John Dee)、尼古拉斯·卡尔(Nicholas Carr)、罗伯特·科普兰(Robert Copeland)、阿尔贝里科·根蒂利(Alberico Gentili)等人,他们的思想对于我们理解格老秀斯具有一定的启发意义。See K. R. Simmonds, *Some English Precursors of Hugo Grotius*, Problems of Public and Private International Law 43, 1957, p. 143 – 157.

的法学概念以新的内涵。例如,关于航海权问题,格老秀斯细致考察了有关航海的法权理论,认为海洋(外海)属于自由流动的世界,广阔无垠的海洋不能成为某一国的附属物,根据国际法,任何人都可以自由航海到任何地方。此外,他还辨析了有关海洋、海滨、海滩、港口等概念的含义,以及它们在海洋法权中适用的范围和界限。

格老秀斯以其雄辩的理论和丰厚的学养,通过细致的概念和事实的辨析,以及对古典文献清晰与从容的驾驭,为那个时代构建了一个自由的海洋法权。从历史的视角看,自罗马法以来,海洋还是第一次如此具有了法权的意义,并且成为现代新的世界秩序的一个中心内容,如果说罗马法以及大陆—罗马法的继受表述的乃是一个陆地世界或陆地政体的话,那么格老秀斯开辟出来的海洋法以及自由的海洋法权,表述的乃是一个海洋世界或海洋政体的开始,这无疑具有划时代的意义。

二、海洋自由理论的发展及其对国际法的影响①

格老秀斯的海洋自由理论引发了当时海洋强国有关"海洋自由"的讨论,威尔伍德、弗莱塔、塞尔登 3 位学者代表海洋强国利益加入这场讨论,致使海洋自由理论在不断的修正中成为重要的国际法理论,逐步发展为海洋法的重要原则。

从海洋自由理论的发展来看,格老秀斯的海洋自由理论虽然遭到封建国家统治者的强烈反对,但满足了 17 世纪新兴资产阶级的利益,随着资本主义经济的繁荣发展,资产阶级取代封建贵族统治国家,海洋自由理论得到了资本主义国家的支持。18 世纪初,欧洲国家相继放弃大范围的海洋水域的所有权主张,改为小范围的水域主张,即各国将本国附近水域划为主权范围水域,但并未统一规定沿岸国可控制的沿海海域——领海的宽度。② 从理论发展角度来看,领海宽度的主张是对塞尔登"闭海论"的继承与发扬。从历史发展角度来看,各国出于安全、渔业规制、关税及移民控制等不同目的而主张不同宽度的海域控制权。③ 综观各种主

---

① 参见白佳玉:《论海洋自由理论的来源与挑战》,载《东岳论丛》2017 年第 9 期。

② 参见黄异:《海洋秩序与国际法》,台北,学林文化事业公司 2000 年版,第 125 页。

③ 参见[美]路易斯·B. 宋恩等:《海洋法精要》,傅崐成等译,上海交通大学出版社 2014 年版,第 115 页。

张,主要有“航程说”“视野说”“专属捕鱼权说”“大炮射程说”“三海里规则”等主张。为确定统一的领海宽度,历经3次联合国海洋法会议,与会国于1982年通过了全球性公约——《海洋法公约》。公约吸收了塞尔登的“闭海论”,规定沿海国的领海宽度为12海里,将海洋划分为领海、毗连区、专属经济区、公海等不同海域,规定沿海国的领海宽度为不超过12海里,借鉴了格老秀斯的海洋自由理论,规定了公海自由制度。

从海洋自由理论对近代国际法的影响来看,格老秀斯的海洋自由理论在17世纪的欧洲创建了一种新的国际法秩序。在海洋自由理论产生之前,欧洲强国对海洋的控制是基于其国家政策或教皇授权。格老秀斯是首个将国际法作为独立的整体法律框架的学者。他的海洋自由理论加深了国际法与海洋法的联系,较之其他国际法分支,海洋法与国际法的联系更为紧密①。

从海洋自由理论对现代国际法的影响来看,海洋自由理论主要体现在国际条约与习惯国际法的内容中,并奠定了公海自由原则的理论基础。受格老秀斯海洋自由理论的影响,现代国际法中海洋秩序不断完善。以《海洋法公约》为例,格老秀斯提出的海洋自由强调海洋的航行自由与捕鱼自由。而《海洋法公约》发展了格老秀斯的海洋自由,规定了“六大公海自由”。② 公海自由吸收了海洋自由理论中符合现代国际法理念的内容,又发展了海洋自由理论。除此之外,海洋自由理论还引导领海内无害通过权的建立,国际海底区域制度的设立,有利于采用和平的方式解决当今的国际争端。同时,海洋自由理论在一定程度上限制了当今国际法的发展。目前,在公海上,环境面临严重挑战,渔业资源管理方式不当、生物多样性锐减、国际航行争端数量增加。从法律角度看,这些问题的根源在于海洋自由理念的滞后、人们对公海自由的狭隘理解以及公海自由的模糊界限。与17世纪的海洋法秩序不同,21世纪的海洋法秩序存在于各国和平共处的时代,并非海洋争霸的时代。因此,海洋自由理论不应只满足少数海洋强国的利益,更应满足各国的共同利益,才符合当今国际法的发展趋势。

---

① Treves T., *Human Rights and the Law of the Sea*, Berkeley Journal of International Law 28, 2010, p. 1.

② 参见《海洋法公约》第87条。

三、海洋自由与国家主权

进入20世纪以后，随着现代海洋法的建立与发展，沿海国的主权开始试图跨越领海的边界，进一步向近代公海内的航行自由发起挑战。然而，这种挑战并非要拓展领海的空间范围，而是从权利的角度限制海洋自由的内容。在现代国际法上，《海洋法公约》成为各国博弈与妥协最重要的载体之一。它不但确认了领海宽度从3海里拓展到12海里，还正式建立了毗连区、专属经济区等其他海洋划界制度。

进入20世纪后半叶以后，随着科技的进步，远海的人类活动也可能对沿海国产生重要影响。于是，在沿海国的推动下，现代海洋法的晚近发展又对海洋自由作出更进一步的限制，其中比较典型的领域是污染防治与资源养护。在这新一轮的限制中，既有对专属经济区等新海域分权规则的挑战，也有对公海自由的挑战。在污染防治方面，根据1969年《国际油污公约》的规定，缔约国可以在公海上采取必要措施，以防止、减少对其海岸造成的严重的损害危险。1973年《MARPOL公约》及其1978年议定书也涵盖了所有由船舶排放的废弃物，并将船舶的适用范围扩大到在海上航行的任何船舶。在资源养护方面，作为《海洋法公约》的执行性文件，1995年"鱼类种群协定"将沿海国组成的区域性渔业组织对专属经济区和公海渔业资源安排的管辖效力扩大适用于非组织成员和非安排参与方。[①] 由此可见，不论是在专属经济区等新海域还是在公海，沿海国限制航行自由的重要手段是扩张自己对船舶的管辖权，其合法性的依据是有关污染防治、资源养护等方面的国际条约。与之相应的是，船旗国的管辖权作了重大退让。在这样的进退之间，航行自由在实质上进一步受到较大的限制。更重要的是，现代的公海自由已经不再是绝对的了，而是可以有各种各样的例外情况。尽管"海洋自由论"在近代成为国际习惯并成为现代海洋法的基础，但从历史发展的角度来看，国家主权是不断地向海洋纵深推进的。换言之，海洋自由受到国家主权越来越大的限制。同时，国家主权对海洋自由的限制不是迅速推进的，更不是没有节制的。相反，限制海洋自由的进程是相当缓慢的，沿海国与船旗国在不同的历史时期都会形成一定的均

---

① 参见傅崐成：《海洋法相关公约及中英文索引》，厦门大学出版社2005年版，第221～225页。

势,进而构建起那个时期的航行制度并维持相当长的时间。尽管国家主权在向海洋纵深推进,但海洋自由是现代海洋法的基础这一点没有受到根本性动摇。因此,在可预见的未来,国家主权与海洋自由必须在共存的前提下进行博弈,因为任何一方都无法彻底克服另一方。[①]

四、国际政治力量博弈对国际海洋法的影响[②]

国际法规则是国家权利的根据,“共同同意”可以说是国际法作为法律体系的根据。[③] 国际海洋法作为国际法的一个分支,是调整国家在海洋活动中发生的各种关系的原则、规则和制度的总称,包括对不同类型的海域、海岛、海底的法律地位和与之相关的国家主权权利与管辖权标准加以设定,规范海洋航行、划界、资源分配与开发利用、合作、保护与争端解决等诸多内容。国际海洋法作为国际法的重要组成部分,地区与国别的差异性角色及影响深刻体现在海洋法规则的形成与运作等造法活动进程中,显示出国际法作为国际政治的规范性表达的典型特征。

发展中国家的意志与部分主张在第三次联合国海洋法会议上得以具体体现。在第三次海洋法会议召开时,145 个与会国家与地区(后增加到 150 多个)中,有 79 个是亚非国家,构成与会国半数以上,如果再加上拉美发展中国家,则占与会国的 2/3。在介入国际造法的意愿上,这些国家集中体现出独立意识。在第三次联合国海洋法会议上,他们努力争取本国合法权益。

超级大国对国际海洋法的形成与发展仍有重大影响。尽管第三次联合国海洋法会议的召开及《海洋法公约》的签订,被认为是超级大国影响力减弱和第三世界国家崛起的标志,但不能忽略的是,美国作为超级大国的首要代表,自始至终参与了会议的谈判与协商过程,虽然最后没有签约成为缔约国,但其影响力却一直举足轻重。

---

① 参见张磊:《论国家主权对航行自由的合理限制——以“海洋自由论”的历史演进为视角》,载《法商研究》2015 年第 5 期。

② 参见罗欢欣:《国家在国际造法进程中的角色与功能——以国际海洋法的形成与运作为例》,载《法学研究》2018 年第 4 期。

③ 参见[英]詹宁斯、瓦茨修订:《奥本海国际法》(第 1 卷),王铁崖等译,中国大百科全书出版社 1995 年版,第 7 ~8 页。

国际组织对国际海洋法规则的形成发展起着重要的推动作用。联合国大会对三次海洋法会议的召开起到了直接推动作用，安理会、国际法院、联合国海洋法法庭等重要国际组织的造法功能均举足轻重。随着国际法的发展和细化，国际法律体系的分支不断增多，规范层次和治理机制日趋复杂，“全球规则制定的组织化”已是大势所趋。联合国成立后，又成立了诸多职能机构与协商平台，其中联合国大会的多次决议促成了海洋法造法会议的召开，《海洋法公约》即多边造法会议的成果。

国际法院等机构的“司法造法”是不可回避的现实。在20世纪后半叶，国际法发展的一个新的动向是国际司法机构的数量迅速增长。① 事实上，在国际海洋法领域，很多重要规则都是国际法院“司法造法”的结果，如海洋法中最核心的“陆地决定海洋原则”。国际法院早在1951年“英挪渔业案”中就指出，“沿海国是根据陆地获得主张从岸边延伸出的水域的权利”。此后，国际法院在“北海大陆架案”中进行了引用与重述，又在“爱琴海大陆架案”中再次确认。之后，这个原则没再受到任何挑战地成为习惯国际法，并被纳入1982年的《海洋法公约》。当然，因为《国际法院规约》第38条的限制，除自愿接受法院管辖的案件当事国以外，国际法院等司法机构的“司法造法”效果，还在于国家是否同意接受，其造法内容与效力在理论上仍有质疑空间。

五、海权与国际海洋法

有学者认为，海权主要有两种含义：一是狭义的海权，是指通过各种优势力量来实现对海洋的控制；二是广义的海权，它既包括那些以武力方式统治海洋的海上军事力量，也包括那些与维持国家的经济繁荣密切相关的其他海洋要素。② 传统海权的核心构成要素，在于国家控制、利用和开发海洋的能力。传统海权以国

① 20世纪50年代，欧洲人权法院、欧洲法院成立；20世纪70年代，美洲人权法院、比荷卢经济联盟法院成立；20世纪80年代，欧洲初审法院、安第斯法院、阿拉伯石油输出国组织法庭、马格里布联盟法院成立；20世纪90年代，国际海洋法法庭、世界贸易组织上诉机构、前南斯拉夫国际刑事法庭、卢旺达国际刑事法庭、欧洲自由贸易联盟法院、美洲法院、东非和南非共同市场法院、非洲公司法统一组织司法与仲裁共同法院成立；在21世纪初的短短几年中，又有国际刑事法院和非洲人权法院成立。

② 参见［美］A. T. 马汉：《海权对历史的影响》，安常容、成忠勤译，解放军出版社2006年版，第1、55页。

家军事实力为核心,通常被理解为一种权力。而在这一时期,海洋法的渊源集中表现在国内法的规范之中,其中以当时英国为殖民扩张而塑造外部秩序的系列《航海法案》以及《捕获法》相关的规则为代表。最初的海洋法对外而言具有霸权或权力规范的作用。海权的国际性和海洋的流动性,使这种与海权相对应的法律对外表现出了一种管辖权力意义上的霸权性质。

随着国际法的社会基础发生演变,海洋法在大国政治和国家主权原则的互动中得以发展,在这种背景下,传统海权逐渐向现代海权过渡。现代国际法使海权的权力属性逐渐削弱,而逐步显露出以现代国际法为基础的权利属性。国际海洋法在创设更多海洋权利的同时,也逐渐对海上军事活动和海洋开发活动进行规制。现代海权的权利转向意味着,海权必然受到国际海洋法的调整;反之,对国际机制(包括国际组织)的程序控制也就会影响国际权利的设置和保护。基于权利的平等性,各国间的海权争端同样也需要依据国际海洋法来获得公平合理的解决。现代海权的双重属性是以现代国际法的双重法理和全球化时代国家主权的双重属性为理论基础的。因为其社会基础的限制,除国内法层面的法理外,国际政治的基本原理构成了国际法法理的另一个维度,前者决定了国际法是法,后者决定了国际法是不同国内法的特殊法律体系。①

六、海洋命运共同体与国际法

2019 年 4 月 23 日,习近平总书记在山东青岛集体会见应邀参加中国人民解放军海军成立 70 周年多国海军活动的外方代表团团长时指出,"海洋孕育了生命、联通了世界、促进了发展。我们人类居住的这个蓝色星球,不是被海洋分割成了各个孤岛,而是被海洋连结成了命运共同体,各国人民安危与共"。在这一讲话中,习近平总书记首次鲜明提出构建"海洋命运共同体"的理念。习近平总书记"海洋命运共同体"理念的提出,为全人类的海洋合作交流与资源共治共享提供了"最大公约数",体现了中国的国际责任感与大国担当。

"海洋命运共同体"不仅关乎人类命运,而且关乎地球上所有海洋生物的命

① 参见江河:《海洋法的特性演变与中国的海洋权益——以海洋基本属性为框架》,载《人民论坛·学术前沿》2016 年第 23 期。

运。因为广阔而深邃的海洋,代表的不仅是人类的命运,更代表着其他生物的命运和整个地球的命运。由于人类的活动,尤其是人类的经济开发活动和不考虑其他生物命运的海洋科学和技术的开发已经极大地改变了地球、改变了海洋。除人类外的地球生命,尤其是海洋生物,其多样性存在已经和正在遭到残酷的打击。各种国际组织持续发出海洋危机信号,海洋"公域悲剧"或者全球海洋问题在持续恶化。为了应对全球海洋问题,联合国主导下的全球海洋治理正在进行,至少有三大方面涉及"海洋命运":一是鼓励将人类在海洋领域缺少可持续性的传统开发模式转化为新的可持续发展模式。2015 年,在联合国成立 70 周年时,隆重推出了新的可持续发展计划《2030 年可持续发展议程》,[①]该纲领性文件包括 17 项可持续发展目标(SDGs)和 169 项具体目标,其中第 14 项目标正是关于海洋领域的可持续发展。这是对那些掠夺性的、不可持续开发海洋行为的警告和规范。可持续发展成为全球治理的最重要国际规范,海洋亦不例外。二是关于气候变化。《联合国气候变化框架公约》(UNFCCC)于 1994 年 3 月 21 日生效,至 2022 年有 197 个缔约方,包括 196 个国家和 1 个区域经济一体化组织(欧盟),[②]公约的最终目标是"将大气中温室气体的浓度稳定在防止气候系统受到危险的人为干扰的水平上。这一水平应当在足以使生态系统能够自然地适应气候变化、确保粮食生产免受威胁并使经济发展能够可持续地进行的时间范围内实现"。由于海洋是地球的主体,全球气候变化治理与海洋治理息息相关。三是关于生物多样性。联合国《生物多样性公约》以及国家管辖范围以外地区的海洋生物多样性(BBNJ)养护和可持续利用法律文书的政府间谈判等国际公约和国际行动,对于保护海洋生物多样性、维护海洋生态平衡,具有重要意义。

如果说"一带一路"倡议标志着中国认识海洋、经略海洋进入新阶段,"构建海洋命运共同体"理念则进一步承继并发展了中国的"天人合一"思想,创新性地将马克思主义理论中人与自然和谐共生的自然观和生态观融入海洋发展中来,为世界海洋理论的发展贡献了中国智慧。从发展的角度、从治理的角度、从

① 公约中英文版本,载中国商务部网,http://genevese.mofcom.gov.cn/article/wjysj/201604/20160401295679.shtml。

② 公约的批准情况,载联合国气候变化(United Nations Climate Change)网,https://unfccc.int/process-and-meetings/the-convention/status-of-ratification/status-of-ratification-of-the-convention。

人与海洋和谐共生的角度,深入全面认识海洋,丰富海洋领域的国际法理论、规范和实践,有助于协调解决各国开发利用海洋产生的矛盾冲突,早日实现海洋全球治理。

第三章　海上安全保障的国际法律制度、机制与规则

第一节　海上政治安全、国土安全、军事安全与核安全

在调和国家主权和海洋自由矛盾过程中形成的领海、经济专属区、大陆架、公海等海域的划分标准，奠定了国际法中的海域制度。3 次联合国海洋法会议及 1982 年《海洋法公约》，是有关海上政治安全、海上国土安全、海上军事安全最重要的国际海洋法律制度。

一、海上政治安全相关国际法律制度、机制与规则

国际海上政治或者说国际海洋政治，顾名思义，是指发生于海洋空间或与海洋相关的国际关系互动。它是立足主权国家之间围绕海上权力、海洋利益和海洋责任，就海洋控制、海洋发展和海洋治理等问题而发生的切磋与合作。纵观世界历史，国际海洋政治大致经历了权力政治至上、权力与利益政治均衡分布、权力、利益和责任政治全面发展三个阶段。第二次世界大战后，由于大国间的大规模

战争日渐稀少，加之发展中国家纷纷独立和崛起，发展诉求变得更加迫切重要。第二次世界大战后的 3 次海洋法谈判进程充分反映了世界大多数国家求和平、谋发展的诉求。《海洋法公约》更是凸显了人类在发展问题上对于海洋的殷切期待。3 次海洋法会议谈判的核心是全球海洋空间及资源管辖权的分配问题。围绕专属经济区、大陆架、国际海底区域、公海等制度，不仅所有的沿海国，就连大多数内陆国都参与到规则的谈判和制定过程之中。①《海洋法公约》又被称为"和平公约"，其内容和条款的设定突出体现了世界各国和平、平等地利用海洋的最高宗旨。《海洋法公约》"序言"的第一段开宗明义："本公约缔约各国，本着以互相谅解和合作的精神解决与海洋法有关的一切问题的愿望，并且认识到本公约对于维护和平、正义和全世界人民的进步做出重要贡献的历史意义。"《海洋法公约》强调国际合作的重要性，要求各缔约国本着相互谅解和合作的精神解决与海洋法有关的一切问题。《海洋法公约》鼓励开发、利用和保护海洋方面的国际合作，其中有近 1/3 的条款包含对国际合作的倡导和建立合作关系的具体规定。为加强合作，《海洋法公约》建立了合作管理资源的一般性法律框架，促使国际社会努力推动合作，协调各自的海上活动。《海洋法公约》较好地处理了与其他海洋有关公约的关系。缔结或参加《海洋法公约》的国家仍可参加其他海洋方面的专门公约，如 1958 年日内瓦四公约、②保护海洋环境方面的国际油污民事责任公约、公海污染事故干预公约等，但这些国家仍需履行其他海洋专门公约规定的权利和义务，也可为推行《海洋法公约》一般原则而缔结新的协定，但必须符合《海洋法公约》的一般原则和目标，而不得违反其原则和目标。这体现了《海洋法公约》和其他海洋有关公约的关系是总原则与具体规定的关系，彼此相互联系、补充，相辅相成。《海洋法公约》还确定了用和平方法解决争端的原则。由于国家间的矛盾和利益冲突，海上冲突和争端从未间断。《海洋法公约》又是各国利益折中的"一揽子"交易的产物，各种新制度、新概念丛生，各国利益不同，对公约的解释和适用不同，会带来更多的矛

---

① 参见胡波：《国际海洋政治发展趋势与中国的战略抉择》，载《国际问题研究》2017 年第 2 期。

② 1958 年 4 月 24 日至 27 日，联合国在日内瓦召开第一次海洋法会议，86 个国家的代表参加了会议。这次会议通过了四个海洋法公约（以下简称 1958 年日内瓦四公约），即《领海及毗连区公约》《公海公约》《捕鱼及养护公海生物资源公约》《大陆架公约》。此外，本次会议还通过了一项《关于强制解决争端的任择签字议定书》。

盾和争端，沿海国家间便有370多处划界分歧和10余个群岛的主权争端。《海洋法公约》的协商过程中，高度重视防止发生争端的议程，从会议开始便在全体会议上进行审议，强调“以互相谅解和合作的精神解决与海洋法有关的一切问题”，将“以和平方法解决有关公约的解释或适用的任何争端”作为缔约国的义务，并专门组成了国际海洋法法庭，制定了一整套强制执行的法律程序。《海洋法公约》的这些内容及相关规定对防止争端升级为战争，为维护世界的和平、正义和进步起到了积极作用。①

二、海上国土安全相关国际法律制度、机制与规则②

1958年日内瓦四公约及《海洋法公约》通过把海洋分成领海、毗连区、专属经济区、群岛水域、大陆架、公海、国际海底区域等具有不同法律地位的海域，基本确立了国际海洋国土划分的制度与规则。

领海制度方面，1930年海牙国际法编撰会议、1958年《领海及毗连区公约》以及1982年《海洋法公约》都对领海作出了正式的定义，并形成了基本一致的概念。《海洋法公约》第2条规定：“沿海国主权及于其陆地领土及其内水以外邻接的一带海域，在群岛国的情形下则及于群岛水域以外邻接的一带海域，称为领海。”“此项主权及于领海的上空及海床和地土。”领海的界限方面，领海的界限可分为内部界限与外部界限，内部界限即指领海基线，是领海与内水的分界线，外部界限也称领海线，是领海与毗连区、专属经济区或他国海域等的分界线。关于领海基线，按照《海洋法公约》规定，领海基线既是划定领海外部界限的起算线，也是划定领海、毗连区、专属经济区和大陆架的起算线。国际上领海基线的划法主要有三种：正常基线（normal baseline）也称低潮线（low-water line）、直线基线（Straight baseline）和混合基线（mixed baseline）。正常基线意即是海水退潮时退离海岸最远的一条线。《海洋法公约》第5条规定：“测算领海的正常基线是沿海国官方承认的大比

---

① 参见薛桂芳编著：《〈海洋法公约〉与国家实践》，海洋出版社2011年版，第24～25页。

② 参见王玫黎主编：《国际法学》（第2版），厦门大学出版社2015年版，第102～125页；参见薛桂芳编著：《〈海洋法公约〉与国家实践》，海洋出版社2011年版，第9～23页。

例尺海图所标明的沿岸低潮线。"①直线基线是指在海岸向外突出的地方以及海岸附近岛屿边缘上选择适当的基点，将这些基点用直线段两两连接所形成的一条折线。1951 年，国际法院对"英挪渔业案"作出判决，确认挪威王国在 1935 年划定的直线基线不违反国际法。在这一重要案例的支持之下，1958 年《领海及毗连区公约》以及 1982 年《海洋法公约》也都明确接受了直线基线法。不过，根据《海洋法公约》第 7 条的规定，直线基线法的采用需受到如下限制："直线基线的划定不应在任何明显的程度上偏离海岸的一般方向，而且基线内的海域必须充分接近陆地领土，使其受内水制度的支配；除在低潮高地上筑有永久高于海平面的灯塔或类似措施，或以这种高地作为划定基线的起讫点……一国不得采用直线基线制度，致使另一国的领海同公海或专属经济区隔断。"除上述两种基本划法外，1982 年《海洋法公约》在 1958 年《领海及毗连区公约》的基础上有所补充，增添"确定基线混合办法"。根据《海洋法公约》第 14 条的规定，为了适应不同情况，沿海国"可交替使用以上各条规定的任何方法以确定基线"。领海的外部界限是一条其每一点同基线最近点的距离等于领海宽度的线。1982 年《海洋法公约》没有就外部界限的具体划法作出规定。国际实践中，各国确定其领海外部界限的方法通常包括交圆法、共同正切线法和平行线法 3 种。关于领海的宽度，领海的宽度，是指领海基线与领海外部界限之间的距离。自形成领海概念以来，领海宽度就是领海制度中争论的核心问题。历史上不同时期，不同法学家对领海宽度提出了不同的主张，如"航程说""视野说""大炮射程说""海上要塞围墙说"等；各国领海宽度也出现了 3 海里、4 海里、10 海里、12 海里、13 海里、50 海里、200 海里等不同规定。从 1930 年的国际法编纂会议到 1958 年和 1960 年两次联合国海洋法会议，国际社会一直试图对领海宽度作出统一规定，在激烈争辩后均无结果。直到 1982 年第三次联合国海洋法会议通过《海洋法公约》，这一问题终于有所解决。《海洋法公约》第 3 条规定："每一国家有权确定其领海宽度，直至从按照本公约确定的基线量起不

---

① 历史上，正常基线法获得了较直线基线更为广泛的应用。早在 1825 年，英国与俄国为确认阿拉斯加的海岸基线而订立的条约中，平行海岸的正常基线法便已得到采纳。随后，在 1878 年英国颁布的《海水管辖权法》、1882 年的《北海渔业协约》、1839 年的《英、法捕鱼条约》以及 1924 年的《英美关于执行禁酒法案条约》中，也都对这一基线法进行了确认。通常认为，这种方法适用于沿岸平直、海陆界限明显的沿海国。参见王玫黎主编：《国际法学》(第 2 版)，厦门大学出版社 2015 年版，第 102 页。

超过12海里的界限为止。”关于领海主权,沿海国的主权及于领海的水域、上空、海床和底土,外国船舶可以在领海上无害通过,但外国飞机未经许可不得飞越他国领海上空。沿海国对领海的一切自然资源享有主权,任何外国未经沿海国许可不得从事自然资源的勘探和开发活动。沿海国在其领海内保留有“沿海航运权”,任何外国不得在领海内从事从一地到另一地的海上商事运输活动。沿海国在领海享有属地最高权,领海内之一切人和物(除享受外交特权和豁免者外)均受沿海国管辖。沿海国有权制定有关领海的航行、关税、卫生以及保护国家安全和经济利益的法律,并有权采取相应的措施。关于领海管辖权,《海洋法公约》第27条第1款规定,沿海国不应在通过领海的外国船舶上行使刑事管辖权,以逮捕在该船通过期间船上所犯任何罪行有关的任何人或进行与罪行有关的任何调查,但下列情形除外:(1)罪行的后果及于沿海国;(2)罪行属于扰乱当地安宁或领海的良好秩序的性质;(3)经船长或船旗国外交代表或领事官员请求,地方当局予以协助;(4)这些措施是取缔违法贩运麻醉药品或精神调理物质所必要的。第2款规定,上述规定不影响沿海国为驶离内水后通过领海的外国船舶上进行逮捕或调查的目的而采取其法律所授权的任何步骤的权利。在上述第1款、第2款情形下,如经船长请求,沿海国在采取任何步骤前应通知外交代表或领事官员,并应便利外交代表和领事官员与船上乘务人员之间的接触,遇有紧急情况,发出此项通知可与采取措施同时进行。地方当局在考虑是否逮捕或如何逮捕时,应适当顾及航行的利益。对于来自外国港口仅通过领海而不驶入内水的外国船舶,沿海国不得在该船舶上采取任何步骤,以逮捕与该船舶驶进领海前所犯任何罪行有关的任何人或进行与该罪有关的调查。《海洋法公约》第28条规定,沿海国不应为通过领海的外国船舶上某人行使民事管辖权的目的而停止其航行或改变其航向。沿海国不得为任何民事诉讼的目的而对船舶从事执行或加以逮捕,但涉及该船舶本身在通过沿海国水域的航行中或为该航行的目的而承担的义务或负担的债务,则不在此限。但上述规定不妨害沿海国按照其法律,为任何民事诉讼目的而对在领海内停泊或驶离内水后通过领海的外国船舶从事执行或加以逮捕的权利。无害通过权(right of innocent passage),是指外国船舶在不损害沿海国和平、安全和良好秩序的条件下,不须事先通知沿海国或取得许可而在该国领海内通过的权利。沿海国的领海主权不应妨碍外国船舶的无害通过,早已在海洋法的习惯性规则中确立起来。《海洋法公约》第 17 条规定，在本公约的限制下，所有国家，无论为沿海国或内陆国其船舶均享有无害通过领海的权利。

毗连区制度方面，毗连区是邻接领海并由沿海国对海关、移民、财政、卫生等特定事项行使必要管制的一定宽度的区域。毗连区从测算领海宽度的基线量起不得超过 24 海里。1930 年，由英国、法国、意大利、荷兰和智利组成的领海起草委员会在国际法编纂会议上正式提出“毗连区”的概念，许多拉美国家已经在会议期间开始了建立毗连其领海的管辖区域的实践。1958 年《领海及毗连区公约》规定了毗连区的条款，其宽度从领海基线量起不得超过 12 海里，并规定毗连区属公海。1982 年《海洋法公约》第 33 条再次确立毗连区制度，但扩大了毗连区的区域范围，规定毗连区的宽度为从领海基线量起不得超过 24 海里，同时取消了“毗连区属于公海”的提法。毗连区既不同于领海，也不同于专属经济区，其是为保护国家某些利益而设置的特殊区域，国家在该区域内对若干事项进行管制只是为了预防并惩治其领域内的某些违章行为。毗连区虽然与专属经济区有海域重叠，但在法律地位上这些不同海域有性质和程度上的差别。

专属经济区制度方面，1947 年智利首次提出了一个不同于领海的、受国家管辖的特定海域。为应对美国对其捕鲸作业的严重打击，智利在 1947 年 6 月 23 日的“总统声明”中宣称：“智利政府确认并宣布，其国家主权扩展到邻接其海岸的海域，不论其深度如何。”1952 年 8 月 18 日，智利、厄瓜多尔和秘鲁签署了《圣地亚哥宣言》，以“200 海里海洋区域”命名这一海域，并宣布对这一海域“享有专属主权和管辖权”。1970 年“承袭海”(Patrimonial Sea)概念在拉美国家签署的《蒙得维的亚宣言》(Montevideo Declaration)与《利马宣言》中出现。1971 年，肯尼亚代表在亚非法律协商委员会科伦坡会议上首次提出专属经济区概念。1972 年 6 月，加勒比沿岸 10 余国通过《圣多明各宣言》，进一步明确“承袭海”制度，宣称沿海国对“邻接领海称为承袭海的区域内的海床和底土中可更新的和不可更新的自然资源享有主权权利”。同年 6 月，阿尔及利亚等 17 个非洲国家在喀麦隆首都雅温得举行的非洲国家海洋法问题区域讨论上，正式建议非洲国家有权在其领海外“设立一个经济区”。同年 8 月，肯尼亚向联合国海底委员会提交《关于专属经济区概念的条款草案》，专属经济区的概念和制度得以确立和完善。1982 年，《海洋法公约》正式将专属经济区确立为一项新的海洋法制度。根据公约第 55 条、第 57 条规定,专属经济区,是指在领海以外并邻接领海、自领海基线量起宽度不超过 200 海里的海洋区域,在这个区域内,沿海国和其他国家都享有相应的权利和自由,其各自享有权利的程度和范围都受《海洋法公约》有关规定的支配。根据公约的规定,专属经济区制度包含三个组成部分:(1)专属经济区海洋权益分配制度;(2)沿海国与其他国家的权利行使规则;(3)专属经济区剩余权利的分配原则。在专属经济区内,沿海国与其他国家的权利并存;各方行使权利时要适当顾及对方的权利;专属经济区蕴藏的其他权益将再行分配。划界方面,根据公约规定,海岸相向或相邻国家间专属经济区的界限,应在国际法的基础上以协议划定,以便得到公平解决。有关国家如在合理期间内未能达成任何协议,即应在诉诸公约第十五部分所规定的程序,按照不同问题,或者将争端提交导致有拘束力裁判的程序,或就解释或适用本条约而发生的争端交换意见,或将争端提交调解等程序和平解决。有关国家在未就专属经济区界限正式划定达成协议以前,应基于谅解和合作的精神,尽一切努力做出实际性的临时安排,并在此过渡期间内,不危害或阻碍最后协议的达成。这种安排应不妨碍最后界限的划定。如果有关国家间存在现行有效的协定,关于划定专属经济区界限的问题,应按照该协定的规定加以决定。

群岛水域制度方面,根据《海洋法公约》第 46 条、第 121 条规定,所谓岛屿,是指四面环海并在高潮时高于水面而自然形成的陆地区域。群岛是由若干岛屿组成的一个在地理、经济和政治上密切联系的实体。群岛国,是指在一个或多个群岛上建立起来的国家。群岛有沿海群岛和远洋群岛。对于沿海群岛来说,参照 1951 年国际法院关于"英挪渔业案"的判决,可用直线基线来测算沿海群岛的领海或其他水域。对于远洋群岛即由若干岛屿组成的群岛国,在确定领海范围时,可使用连接群岛最外缘岛屿各点的直线把群岛封闭起来作为领海基线,包围其中的水域称为内水。群岛国的领海、毗连区、专属经济区和大陆架的宽度,应从群岛基线开始算起。群岛水域是一种具有特殊法律地位的海域。群岛国的主权及于群岛水域及其上空、海床和底土以及其中的资源。群岛国可在群岛水域的河口、海湾和港口等处用封闭线划定内水的界限。在不妨碍群岛国对群岛水域主权的情况下,群岛国应尊重与其他国家间的现有协定,并应承认直接相邻国家在群岛水域范围内的某些区域内的传统捕鱼权及其他合法活动。行使这种权利和进行这种活动的条款和条件,包括这种权利和活动的性质、范围和适用的区域,应由有关国家之间的双边协定予以规定，但此项权利不应转让给第三国或其国民，或与之分享。群岛国应尊重其他国家所铺设的通过其水域而不靠岸的现有电缆。群岛国在接到关于这种电缆的位置和修理或更换这种电缆的意图的适当通知后，应允许对其维修和更换。

大陆架法律制度方面，大陆架原是地质地理学上的概念，又称大陆棚、大陆台或大陆礁层，通常指从大陆海岸向外自然延伸，直至大陆坡的坡度平缓的海底区域。1945 年 9 月 28 日，时任美国总统杜鲁门发布的第 2667 号总统公告被称为"第一个对大陆架提出权利要求的文件"。这一名为《关于美国对大陆架底土和海床自然资源的政策宣言》的公告将海床的使用同上覆水域的使用截然分开，一方面，声称对处于公海下并邻接美国海岸的大陆架地土和海床的自然资源属于美国，受美国的管辖和控制；另一方面，又确认大陆架上的水域作为公海的性质以及公海自由和无碍通行的权利不受任何影响。随后众多拉美国家纷纷发表类似声明，宣布对其沿海大陆架甚至其上覆水域的主权权利，并开始对大陆架制度进行较为具体的规定。1958 年，联合国第一次海洋法会议出台《大陆架公约》，其第 1 条规定，大陆架，是指"邻接海岸但在领海范围以外，深度达 200 米或超过此限度而上覆水域的深度容许开采其自然资源的海底区域的海床和底土"。这意味着，缔约国可以在两项独立而平行的标准中选择其一来确定本国的大陆架范围：一是 200 米水深标准，二是可开发性标准。随着海底开采技术的迅速发展，可开发性标准在第三次海洋法会议上遭到广泛批评。经过反复磋商，1982 年《海洋法公约》对大陆架重新作出界定。公约第 76 条规定，沿海国的大陆架包括其领海以外依其陆地领土的全部自然延伸，扩展到大陆边缘的海底区域的海床和底土；如果从测算领海宽度的基线量起到大陆外边缘的距离不到 200 海里，则扩展到 200 海里的距离，但最大距离不应越过 350 海里。由此，确定大陆架的两项标准被替换为自然延伸原则与 200 海里距离，并以自然延伸为首要标准。自然延伸标准可以适当照顾宽大陆架国家的利益，但沿海国若要单方面划定 200 海里以外的大陆架界限，须将相关情报提交大陆架界限委员会，其划界权利将会受到委员会建议的限制。大陆架划界是一个涉及各方面因素的极其复杂的问题。虽然公约对大陆架划界作了原则性的规定，但实践中仍然不可避免地出现分歧。然而，按照自然延伸原则和公平原则来解决大陆架的划界问题，正在为越来越多的国家所接受，代表大陆架划界方面习惯国际法发展的总趋势。

公海法律制度方面，公海（High Seas）的概念早在19世纪就已经得到了普遍确认。按照当时之传统国际法，领海之外的海域便统称为公海。1958年《公海公约》第1条规定，公海是指不属于任何国家领海和内水的海洋的所有部分。随着新兴海洋制度的建立和发展，公海的范围事实上在不断缩小。首先，专属经济区的建立在领海与公海之间分割出一个新的水域；其次，群岛水域的建立令这部分水域被称为群岛国的内水；最后，国际海底区域的建立将公海的海床和底土剥离出去，公海制度因此只适用于海洋的上覆水域。由此，1982年《海洋法公约》第86条中，公海被规定为是“不包括国家的专属经济区、领海或内水或群岛国的全部水域的全部海域”。关于公海的法律地位，第一，公海不构成任何国家的领土部分，任何国家不得对公海的任何部分主张权利。《海洋法公约》第89条规定：“任何国家不得有效地声称将公海的任何部分置于其主权之下。”因此，任何国家不能以占领的方法取得公海的一部分权利，也不得将公海的任何部分归其主权支配和管辖。在所有其他海域中如内水、领海、大陆架、专属经济区等，国家均行使不同程度的权利和主权。这正是公海与海洋其他部分的重要差别。第二，公海对一切国家自由开放，供世界各国平等地、共同地使用。根据《海洋法公约》第87条的规定，公海“对所有国家开放，不论其为沿海国或内陆国”。公海自由应在《海洋法公约》和其他国际法规则容许的条件下行使。传统国际法上的公海自由只是航行自由和捕鱼自由。1958年《公海公约》列举了4项自由，增加了飞越自由、铺设海底电缆和管道自由。1982年《海洋法公约》将公海自由增加至6项，包括：航行自由、捕鱼自由、飞越自由、铺设海底电缆和管道自由、建造国际法所允许的人工岛屿和其他设施的自由、科学研究的自由。关于人工岛屿，各国有在公海上建造国际法所容许的人工岛屿和其他设施的自由。但是，人工岛屿等不能建造在国际航道上，人工岛屿不能形成领海，人工岛屿应顾及其他国家行使公海自由的利益。第三，公海应只用于和平目的。尽管公海为人类的共同财富，世界所有国家均享有在公海上的各项自由与便利，但这些权益的享有不应与《海洋法公约》第88条相违背，即“公海应只用于和平目的”。

国际海底区域制度方面，国际海底区域是国际法中的一个新概念。《海洋法公约》称，国际海底区域，是指国家管辖范围以外的海床、洋底及其底土。国际海底区域约占全部海洋面积的65%。国际海底制度的提出和产生，缘于在大洋底部发现了巨量的锰结核矿、热液矿床、富钴结壳等矿产。广大第三世界国家为了防止发达国家利用它们所有的科学技术和资金的优势，掠夺和霸占海底资源，开始要求对国际海底区域及其对海底资源的勘探和开发进行管制。1967 年 12 月，联合国大会通过决议，决定建立一个研究和平利用国家管辖范围以外海床洋底的特设委员会。1968 年，由 42 个国家组成的和平利用国家管辖范围以外的海床洋底委员会正式成立。1970 年 12 月 17 日，联合国大会第 25 届会议通过了《关于各国管辖范围以外海洋底床与下层土壤之原则宣言》，为国际海底制度的确立奠定了法律基础。在联合国第三次海洋法会议中，由于广大第三世界国家坚持不懈的努力和斗争，《海洋法公约》第十一部分对国际海底区域的法律地位作了规定，明确国际海底区域是全人类共同继承的财产。具体而言，主要包含以下几方面内容：第一，国家管辖范围以外的国际海底区域及其资源的所有权属于全人类。任何国家不应对国际海底区域的任何部分或其资源主张或行使主权或主权权利；任何国家或自然人或法人，也不应将国际海底区域或其资源的任何部分据为己有。任何国家或自然人或法人不应对国际海底区域矿物主张、取得或行使权利，否则，对于这种任何权利的主张、取得或行使不得予以承认。第二，国际海底区域内的一切自然资源由国际海底管理局代表全人类来行使。国际海底管理局不能成为让渡的对象，但从国际海底区域内回收的物质可按照公约和国际海底管理局的规定予以让渡。第三，国际海底区域的勘探和开发活动所取得的经济效益，应遵循公平原则由各国分享，并适当考虑发展中国家和尚未取得完全独立或其他自治地位的人们的利益和需要。第四，国际海底区域向所有国家开放，无论是沿海国还是内陆国，均不加歧视。国际海底区域内的活动，应专为和平的目的，为全人类的利益而进行。虽然公约对国际海底区域资源开发制度作了周密而详细的安排与规定，但主要发达国家认为，国际海底区域制度在限制生产、强制性技术转让的特殊地位、审查会议和管理局的表决程序等方面，无法保证投资者及其证明国的利益，并以此为由拒绝参加筹备委员会，并在公约体制外制定了以公海自由为基础的相关国内法和在拥有开发国际海底区域资源技术和资金的主要发达国家之间缔结了“小条约”，试图与《海洋法公约》国际海底区域制度相抗衡。为促进《海洋法公约》的普遍化进程，联合国秘书长主持召开了磋商会议，并于 1994 年在联合国大会通过了修改公约国际海底区域制度实质性条款的《关于执行1982年12月10日〈联合国海洋法公约〉第十一部分的协定》(以下简称《执行协定》)。《执行协定》主要对管理局机关设置问题、先驱投资者保护问题、决策方面的内容、技术转让方面的内容、关于生产政策方面的内容、关于合同财政条款方面的内容作了规定。《执行协定》符合国际政治经济形势发展需要,加速了《海洋法公约》的普遍化进程,进一步巩固和发展了人类共同继承财产原则,值得肯定的是,《执行协定》自通过以来,缔约国数量明显增加,公约及其执行协定的效力也在日益显现和提升。①

三、海上军事安全和核安全相关国际法律制度、机制与规则

海洋,自古以来就与军事活动密不可分。“海洋法一直都与海军战略密切地联系在一起,海洋法与海军力量之间的联系与紧张状态成为整个20世纪对海洋法的整理与编纂过程中一个非常突出的问题。”近代外交史上,使用海上军事力量是西方列强为实现其政策目标而对目标国炫耀武力并借此影响国际关系走向的强制性因素。这一政策被称为“炮舰外交”。正是由于海上军事力量具有强大的威慑力,那些拥有全球性或区域性海上军事实力的国家无不希望建立一套可以在世界各大洋上保障其自由航行的法律制度。根据《海洋大辞典》中对海上军事活动的解释,海上军事活动包括船舶操作、部队调动、飞机起落、操作军事装备、情报收集、武器演戏、军械实验以及军事测量等活动。根据活动时期的不同,海上军事活动可以分为武装时期的军事活动与和平时期的军事活动。对不同时期的军事活动的规范,应当适用不同的国际法规范。

关于武装时期海上军事活动的公约有1949年日内瓦四公约及其议定书和海战法。1949年日内瓦四公约分别为《改善战地武装部队伤者病者境遇之日内瓦公约》《改善海上武装部队伤者病者及遇船难者境遇之日内瓦公约》《关于战俘待遇之日内瓦公约》《关于战时保护平民之日内瓦公约》。附加议定书分别为《1949年8月12日日内瓦四公约关于保护国际性武装冲突受难者的附加议定书》《1949年8月12日日内瓦四公约关于保护非国际性武装冲突受难者的附加议定书》《1949年8月12日日内瓦四公约关于采用新增标志性徽章的附加议定书》。海战法规

① 参见金永明:《论国际海底区域制度》,载《商务与法律》2005年第4期。

主要源于有关的海战条约、海战时国际上已普遍遵循的原则、惯例以及具有参考价值的各国海军制定的海战法则。陆战法规、惯例和基本原则应适用于海战,是海战法规的组成部分,如 1907 年第二次海牙会议的最后议定书指出:在任何情况下,各国可尽量将关于陆战法规及惯例和条约的原则适用于海战。

关于和平时期海上军事活动的公约主要有 1958 年日内瓦四公约、1982 年《海洋法公约》和其他涉及军备数量控制、武器部署、海上执法、海上护航、渔业管制等的相关公约和规定。从军事角度来看,1958 年日内瓦四公约在内容上并没有直接对军事活动加以明确规定,但其中一些规定涉及了对军事活动的影响,例如,公海航行与飞越自由等,为 1982 年《海洋法公约》相关制度的形成与发展奠定了基础。

1. 领海制度方面

关于无害通过权,①在国际法委员会为第一次联合国海洋法会议拟定的草案中,第 24 条规定,外国军舰通过领海"须先经核准或通知";但在该次会议所通过的《领海及毗连区公约》中,却允许所有的外国船舶包括军舰,在沿海国领海享有"无害通过权"。在第三次联合国海洋法会议中,军舰的领海通过制度再度引发激烈讨论。发达的海洋大国通常要求军舰也可以获得无害通过权,而广大第三世界国家(包括中国)认为外国军舰通过领海应经外交途径取得许可或事先通知。② 最终,1982 年《海洋法公约》在这一问题上进行了调和,既没有规定军舰通过沿海国领海须经事先通知或批准,也没有禁止沿海国对外国军舰通过其领海必须经事先通知或批准进行立法。一方面,《海洋法公约》沿袭了《领海及毗连区公约》的相关内容。《海洋法公约》第 30 条、第 31 条在承认所有国家船舶都有无害通过权利的基础上,又对军舰作出了两项特别规定:若军舰不遵守沿海国关于通过领海的法律、规章,沿海国可要求其立即离开,并由船旗国对其所受损失承担国际责任。另一方面,《海洋法公约》又在上述第 19 条中列举出 12 项损害沿海国和平、安全或

---

① 1949 年国际法院"科孚海峡争端案"是在领海通行问题上的经典案例,该案涉及了许多重要的国际法问题,如延续管辖权问题、领海的法律地位问题、军舰的无害通过权问题、无害通过权与使用武力的界限问题以及用于国际航行的海峡问题等。最终,法院判决英国在别国领海内的强行扫雷是对别国主权的侵犯,国际法院的判决确定了领海的主权性质。参见杨瑛:《〈海洋法公约〉对军事活动影响的法律问题探析》,武汉大学国际法学院 2015 年博士学位论文,第 65 页。

② 参见邵津:《关于外国军舰无害通过领海的一般国际法规则》,载《中国国际法年刊》1989 年卷,法律出版社 1990 年版,第 134 ~ 135 页。

良好秩序的活动,[①]并在第21条中列举了8项可由沿海国制定的关于无害通过领海的法律和规章,[②]强调沿海国可在其领海内采取必要步骤以防止非无害通过。不能否认的是,在《海洋法公约》第19条所列举的12种非无害通过的情况中,许多都是军舰才可能作出的行为。因此,“外国军舰无阻碍地通过领海的权利并没有获得一般的承认”[③]。关于军舰豁免权,《海洋法公约》第32条规定了军舰的豁免权,[④]同时第31条又规定:“对于军舰或其他用于商业目的的政府船舶不遵守沿海国有关通过领海的法律和规章或不遵守本公约的规定或其他国际法规则,而使沿海国遭受的任何损失或损害,船旗国应负国际责任。”关于沿海国保护权,《海洋法公约》第25条规定:“a. 沿海国可在其领海内采取必要的步骤以防止非无害的通过。b. 在船舶驶往内水或停靠内水外的港口设备的情形下,沿海国也有权采取必要的步骤,以防止对准许这种船舶驶往内水或停靠港口的条件的任何破坏。c. 如为保护国家安全包括武器演习在内而有必要,沿海国可在对外国船舶之间在形式上或事实上不加歧视的条件下,在其领海的特定区域内暂时停止外国船舶的无害通过。这种停止仅应在正式公布后发生效力。”关于指定领海内海道和分道

---

① 根据《海洋法公约》第19条的规定,所谓“无害”是指:其一,不损害沿海国的和平、良好秩序或安全;其二,通过时应符合该公约和其他国际法规则,不从事任何一种公约所列举的与通过无关的活动。其第2款中所列举的损害沿海国和平、良好秩序或安全的行动有:(1)对沿海国进行武力威胁或使用武力;(2)进行武器操练或演习;(3)收集情报;(4)进行影响沿海国防务或安全的宣传行为;(5)在船上起落或接载任何飞机;(6)在船上发射、降落或接载任何军事装置;(7)违反沿海国海关、财政、移民或卫生法律和规章,上下任何物品、货币或人员;(8)违反本公约规定的任何故意的和严重的污染行为;(9)任何捕鱼活动;(10)进行研究或测量活动;(11)干扰沿海国通信系统或任何其他设施或设备的行为;(12)与通过没有关系的其他任何活动。

② 根据《海洋法公约》第21条,沿海国可依公约规定和其他国际法规则,对下列各项或任何一项制定关于无害通过领海的法律和规章:(1)航行安全及海上交通管理;(2)保护助航设备和设施以及其他设施或设备;(3)保护电缆和管道;(4)养护海洋生物资源;(5)防止违犯沿海国的渔业法律和规章;(6)保全沿海国的环境,并防止、减少和控制该环境受污染;(7)海洋科学研究和水文测量;(8)防止违犯沿海国的海关、财政、移民或卫生的法律和规章。

③ 参见[英]劳特派特修订:《奥本海国际法》(上卷)(第二分册),王铁崖、陈体强译,商务印书馆1989年版,第31页。中国在批准《海洋法公约》时所附的声明中提出,公约有关领海内无害通过权的规定,不妨碍沿海国按其法律规章要求外国军舰通过领海必须事先得到该国许可或通知该国的权利。1992年我国出台《领海及毗连区法》第6条明确规定:“外国非军用船舶,享有依法通过中华人民共和国领海的权利。外国军用船舶进入中华人民共和国领海,须经中华人民共和国政府批准。”参见王玫黎主编:《国际法院》(第2版),厦门大学出版社2015年版,第106页。

④ 《海洋法公约》第32条规定:“A分节和第三十条及第三十一条所规定的情形除外,本公约规定不影响军舰和其他用于非商业目的的政府船舶的豁免权。”

通航制,《海洋法公约》第 22 条、第 23 条规定,沿海国考虑到航行安全认为必要时,可要求行使无害通过其领海权利的外国船舶使用其为管制船舶通过而指定或规定的海道或分道通航制;特别是沿海国可要求油轮、核动力船舶、载运核物质(材料)及其他本质上危险或有毒物质(材料)的船舶只在上述海道通过;外国核动力船舶、载运核物质以及其他本质上危险或有毒物质的船舶,在行使无害通过领海的权利时,应持有国际协定为这种船舶所规定的证书并遵守国际协定所规定的特别预防措施。

2. 用于国际航行的海峡及其通行制度方面①

关于过境通行权,《海洋法公约》第 37 条、第 38 条规定,在公海或专属经济区的一部分和公海或专属经济区的另一部分之间的用于国际航行的海峡中,所有船舶和飞机享有过境通行的权利,过境通行不应受阻碍,但如果海峡是由海峡沿岸国的一个岛屿和该国大陆形成,而且该岛向海一面有在航行和水文特征方面同样方便的一条穿过公海,或穿过专属经济区的航道,过境通行就不应适用;对继续不停和迅速过境的要求,并不排除在一个海峡沿岸国入境条件的限制下,为驶入、驶离该国或自该国返回的目的而通过海峡。《海洋法公约》第 39 条第 1 款规定,船舶和飞机在行使过境通行权时应遵守以下规定:(1)毫不迟延地通过或飞越海峡;(2)不对海峡沿岸国的主权、领土完整或政治独立进行任何武力威胁或使用武力,或以任何其他违反《联合国宪章》所体现的国际法原则的方式进行武力威胁或使用武力;(3)除因不可抗力或遇难而有必要外,不从事其继续不停和迅速过境的通常方式所附带发生的活动以外的任何活动;(4)遵守该部分的其他有关规定。《海洋法公约》第 41 条第 7 款规定,过境通行的船舶应尊重按照本条制定的适用的海道和分道通航制。关于过境通行制与无害通过制的区别,过境通行制是介于无害通过制与自由航行制度之间的一种特殊制度。根据这种制度,一方面沿岸国的主

---

① 在"科孚海峡争端案"的判决中,国际法院认为:"各国有权利享有在和平时期不用事先通知或取得沿海国的许可而派军舰通过用于国际航行的海峡,这种用于国际航行的海峡应当是位于两面连接公海之间的海峡,当然这种通过行为首先应当是无害的。关于这种通过用于国际航行的海峡的无害通过权是已经获得国际社会的普遍承认的,也符合国际惯例。因此,除了国际条约另有规定的以外,沿海国并没有权利在和平时期禁止其他国家在这样的海峡行使无害通过权的通过行为"。参见国际法院 1949 年 4 月 9 日关于"科孚海峡争端案"的判决,载国际法院网,https://www. icj-cij. org/public/files/summaries/summaries – 1948 – 1991 – ch. pdf。

权和管辖权得到维护，另一方面又考虑到了外国船舶和飞机通过的权利。二者存在以下区别：(1)无害通过制不适用于外国飞机；过境通行制则要求外国飞机在遵守航空规则以及其他有关国际法规则的条件下，在海峡过境飞越。(2)无害通过制度要求在领海通过的外国潜水艇浮在水面行使并展示国旗；过境通行制无此要求，潜水艇可以在水下行驶。(3)与无害通过制相比，过境通行制为外国船舶和飞机规定的义务少且宽松。此外，《海洋法公约》规定，沿岸国可采取必要的措施以防止非无害通过行为；过境通行制中不仅没有这方面的规定，而且还规定过境通行不应予以停止。(4)从管辖权方面看，沿岸国对适用无害通过的海峡，拥有广泛的管辖权；可以就公约列举方面制定符合一般接受的国际规则的法律法规，以对通过海峡的外国船舶进行管理和限制，从而确保沿岸国的安全和利益以及外国船舶的通过；而在适用过境通行的海峡内，沿岸国的管辖是有限的，这种权利仅限于为海峡航行指定海道和规定分道通航制，防止、减少和控制海峡环境污染等。

3. 群岛水域通过制度方面

关于群岛水域航行问题，①《海洋法公约》规定了两种通过制度，分别为无害通过和群岛海道通过制度。所有国家的船舶均享有通过群岛水域的无害通过权，群岛国也可制定适当的海道和其上的空中航道，以便外国船舶和飞机继续不停和迅速通过或飞越其群岛水域和邻接的领海。群岛国可为群岛海道的通过制定有关航行、防止污染、捕鱼和海关、财政、移民、卫生等方面的法律和规章。通过群岛海道的船舶和飞机应当遵行这些法律和规章，并不得损害群岛国的和平、良好秩序或安全，不得对群岛国的主权、领土完整和政治独立使用武力威胁。未经群岛国事先同意，也不得进行任何研究和测量活动。群岛水域不同于内水，因它允许外国船舶无害通过；它不同于领海，因为在水域内有指定的海道和航道，供外国船舶和飞机过境通行，这是为群岛国设置的一种特殊的制度。②

4. 专属经济区制度方面

《海洋法公约》第56条第1款规定了沿海国在专属经济区内所享有的主权权

---

① 王玫黎主编：《国际法学》(第2版)，厦门大学出版社2015年版，第115~116页。

② 参见[英]R. 詹宁斯：《奥本海国际法》(上卷)(第二分册)，王铁崖等译，中国大百科全书出版社1998年版，第52页。

利,即“以勘探和开发、养护和管理海床上覆水域和海床及其底土的自然资源(不论为生物或非生物资源)为目的的主权权利,以及关于在该区内从事经济性开发和勘探,如利用海水、海流和风力生产等其他活动的主权权利”。还规定了沿海国的管辖权,即“人工岛屿、设施和结构的建造和使用;海洋科学研究;海洋环境的保护和保全”。外国军舰和军用飞机在沿海国的专属经济区内行驶航行自由和飞越自由的权利的时候应不得影响沿海国在这一海域的主权权利以及专属管辖权的行使。

5. 大陆架法律制度方面

根据《海洋法公约》的规定,其他国家在沿海国大陆架范围内的权利除应当享有海洋自由权利外,主要就是铺设海底电缆以及管道的权利。但就整个专属经济区和大陆架来看,《海洋法公约》主要分了两种情况来限制对其他国家在沿海国大陆架的军事活动方式:一种是在专属经济区制度中规定的属于专属经济区部分的大陆架的海床的规定,适用范围包括了专属经济区的底土部分;另一种是针对超出专属经济区部分的大陆架的海床的规定,适用范围涵盖了国家管辖下的专属经济区以及大陆架的海底区域。第一种情况,《海洋法公约》第五部分关于专属经济区制度中的第 56 条第 2 款、第 58 条第 3 款以及第 59 条规定了对外国在沿海国专属经济区内的军事活动的限制。第 56 条第 2 款规定了沿海国在专属经济区内“行使其权利和履行其义务时,应适当顾及其他国家的权利和义务,并应以符合本公约规定的方式行事”。第 58 条第 3 款规定了其他国家在专属经济区内行使其权利和履行其义务时,“应适当顾及沿海国的权利和义务,并应遵守沿海国按照本公约的规定和其他国际法规则所制定的与本部分不相抵触的法律和规章”。从以上两条的规定中可以看出,当沿海国或其他国家在专属经济区内行使权利和履行义务的时候,应当遵守“适当顾及”原则,《海洋法公约》并没有条款专门针对其他国家在沿海国的专属经济区海床上进行军事演习、布设武器或者检测设备的规定,在很多情况下,对这些军事活动的规定并不来自公约第 58 条第 1 款关于“航行”、“电缆”、“管道”或“海洋的其他国际合法用途”的规定,因此,这些军事活动并不是公约规定的权利。由于《海洋法公约》第 56 条第 2 款与第 58 条第 3 款并不能用于对其他国家在沿海国专属经济区海底军事活动的限制,那么《海洋法公约》第 59 条关于专属经济区内的剩余权利的规定就是解决该区域中军事活动的方法。该条规定了一个解决问题的使用标准,即“沿海国与其他国家在利益冲突的情况下”适用。《海洋法公约》第88条规定了海洋的和平目的,因此,任何在和平时期的海上军事活动不仅应当符合《海洋法公约》中关于“和平目的”原则的规定,而且这些海上军事活动不仅不能够影响沿海国在该区域所行使的权利,并且应当遵守沿海国的法律法规。第二种情况,《海洋法公约》第78条第2款与第87条第2款结合起来明确规定了适用于超出200海里专属经济区外边缘的大陆架部分的原则,第78条第2款规定了“沿海国对大陆架权利的行使,绝不得对航行和本公约规定的其他国家的其他权利和自由有所侵害,或造成不当的干扰”。该条规定中的“其他国家的其他权利和自由”包含了关于铺设海底电缆和管道的权利、科学研究的自由以及进行海洋科学研究的权利,这条规定强调了对其他国家的关注,特别是对于内陆国家和地理不利的国家,因为沿海国将管辖权延伸到大陆架会侵犯公约授予这些国家的权利和自由。① 《海洋法公约》第87条第1款规定的海洋自由权利中的“除其他外”(interalia)的规定中应当包括军事活动,②而第78条第2款则规定了沿海国对行使这些自由的义务,即“沿海国对大陆架权利的行使,绝不得对航行和本公约规定的其他国家的其他权利和自由有所侵害,或造成不当的干扰”。因此,该条是对军事活动权利的肯定。在限制其他国家军事活动的同时应当考虑该条的规定。根据《海洋法公约》的这些规定以及第88条的和平目的,当外国的军事活动与沿海国的军事活动发生冲突时,如外国进行的军事演习、放置武器以及部署灵敏的检测装置在通常情况下都会与沿海国发生冲突,这些活动只有在很少的情况下可能被证明是合法的,即这些军事活动的目的是满足合理的安全利益以及有助于促进国际和平与稳定。

6. 公海法律制度方面

《海洋法公约》第七部分规定了公海制度,是公约中一个重要的部分,这一部分分为两节:第一节包括了第86条至第115条,列出了一系列关于超出领海部分

---

① See Myron H. Nordquist, Editor-in-chief, *Cernter for Oceans Law and Policy*, United Nations Convention on the Law of the Sea 1982, A Commentary, Volume Ⅱ, University of Virginia, Martinus Nijhofg Publishers, 1985, p. 907.

② See Rex. J. Zedalis, *Foreign State Military Use of Another State's Continental Shelf and International Law of the Sea*, Rutgers Law Journal 16, 1984, p. 85.

的公海的一般使用规则，规定了国家、船舶以及个人在公海上从事特殊活动时的权利、责任及义务。第二节包括第 116 条至第 120 条，规定了超出领海范围或超出专属经济区范围的公海内的生物资源的养护和管理规则。在公海制度里与军事活动相关的条款较多，例如第 87 条公海自由制度；第 88 条公海只用于和平目的制度；第 90 条航行权制度；第 92 条船舶的地位制度；第 94 条船旗国的义务制度；第 95 条公海上军舰的豁免权制度；第 96 条专用于政府非商业性服务的船舶的豁免权制度；第 97 条至第 111 条是关于维护公海秩序的制度，包括了救助义务，禁止贩运奴隶、制止海盗行为的义务，禁止非法贩运麻醉药品或精神调理物质、禁止在公海上从事未经许可的广播、登临及紧追权等制度；第 112 条至第 115 条关于公海海底铺设电缆和管道制度；第 116 条至第 120 条关于公海生物资源的养护和管理制度。《海洋法公约》规定的公海自由包括"航行自由"、"飞越自由"、"铺设海底电缆和管道的自由"、"建造国际法所容许的人工岛屿和其他设施的自由"、"捕鱼自由"以及"科学研究的自由"。在这六大自由中，除"航行与飞越自由"外，其他的自由均规定了受《海洋法公约》其他法律规定的限制。因此，公海自由也并非完全不受限制的自由，因为任何自由只有在法律规定的限制内才能是真正的自由。《海洋法公约》在专属经济区、海床、海底区域、公海等部分都规定了"和平使用"或"和平目的"的原则。"公海只用于和平目的"规定在公约第 88 条，该条重申了贯穿于整个公约的一个主题，即对海洋的和平利用。《海洋法公约》在序言中的第 4 段写道："为海洋建立一种法律秩序"，以"促进海洋的和平用途"。第 88 条规定了适用于公海的和平目的。《海洋法公约》第 58 条将"和平利用"原则适用于专属经济区，第 301 条规定了海洋的和平使用，即"缔约国在根据本公约行使其权利和履行其义务时，应不对任何国家的领土完整或政治独立进行任何武力威胁或使用武力"。与"和平利用"的表述有一点点不同的"和平目的利用"原则也同样适用于超出了国家管辖范围内的对海床的利用问题，因此《海洋法公约》规定了国际海底区域的"专为和平目的利用"以及在国际海底区域范围内的一些活动的合法性，特别是规定了海洋科学研究的行为以及采矿设施的使用。《海洋法公约》中对和平目的规定的含义比《联合国宪章》第 2 条第 4 款的规定要宽泛。因此，任何活动都应当遵守《联合国宪章》序言中所表达的各个国家都应当"维持国际和平与安全"的原则。其他与海上军事安全和核安全相关的条约还有 1959 年《南极条约》、

1966年《外层空间条约》、1967年《特拉特洛尔科条约》、1968年《不扩散核武器条约》、1972年《禁止在海洋底床及其下层土壤放置核武器及其他大规模毁灭武器条约》、1980年《核材料实物保护公约》、1986年《及早通报核事故公约》、1986年《核事故或辐射紧急情况援助公约》、1994年《核安全公约》、1996年《全面禁止核试验条约》、2005年《制止核恐怖主义行为国际公约》和2014年《海上意外相遇规则》。

第二节　海上经济安全与国民安全

一、海上交通安全和人员安全相关国际法律制度、机制与规则

传统观点认为,海上交通即船舶航行,维护海上交通安全就是维护海上船舶航行安全。然而,伴随海洋空间资源利用和海上活动的多样化,外太空载运设备海上回收、海洋资源开发、海上人工岛屿建设等不同类型的海上活动相继出现,这加剧了海上通航环境的复杂性,对维护海上交通安全提出了更高的要求。

(一)管辖方面

在领海之内,海上交通安全维护以主权为存在基础,主权是国家在海上交通安全维护中设定和执行管理安全维护内容、表明国家维护海上交通安全独立性的根本依据。在领海之外,《海洋法公约》规定沿海国有权在毗连区海域"防止"和"惩治"在其领土或领海内违反其海关、财政、移民或卫生4种法律和规章的行为。在专属经济区,沿海国只能针对海上交通活动中特定事项主张管辖权。例如,《海洋法公约》第60条第1项规定,沿海国在专属经济区内应有专属权利建造并授权和管理建造、操作和使用:(1)人工岛屿;(2)为《海洋法公约》第56条所规定的目的和其他经济目的的设施和结构;(3)可能干扰沿海国在区内行使权利的设施和结构。第60条第2项规定,沿海国对这种人工岛屿、设施和结构应有专属管辖权,包括有关财政、卫生、安全和移民的法律和规章方面的管辖权。第60条第4项规定,沿海国可于必要时在这种人工岛屿、设施和结构的周围设置合理的安全地带,并可在该地带中采取适当措施以确保航行以及人工岛屿、设施和结构的安全。而

在公海，受制于公海自由原则，一国在海上交通安全维护中只能主张船旗国管辖和普遍性管辖。

（二）人员安全和海上交通工具安全方面

长期以来，海上交通工具及其人员安全维护基本上是通过船旗国管辖与港口国监督完成的。船旗国管辖不单是履行国际公约赋予的职责，加强对所属船舶的监督、管理，保障海上船舶安全和防止海洋污染，也会在保护本国船东、船员利益，推进本国航运及对外贸易发展方面起到积极作用。港口国监督，是各港口国依照国际公约、本国规定或区域性协定，对抵港的外籍船舶实施以确保船舶和人员安全、以船员适任、船舶技术状况符合国际公约最低标准为对象的专项检查，是国家对在其管辖范围内活动的外籍船舶的属地管辖权。港口国监督管理的法律依据主要来自国际公约，具体内容涉及 SOLAS 74 公约、《国际船舶吨位丈量公约》等 8 个国际公约，其中与海上交通安全保障最为密切的内容涉及三个方面：一是依据 SOLAS 74 公约检查船舶有关海上人命保障措施与认证资质。每一艘船舶当其在另一缔约国时，应接受该国政府正式授权的官员的监督，监督的目的是看证书是否有效以及应采取的措施要求。港口国主管机关需要验证与监督船舶安全管理体系正常运行，需要检查船长或船员对于船舶安全有关的船上主要操作程序熟悉程度。二是依据《国际船舶和港口设施保安规则》（ISPS）、SOLAS 74 公约第Ⅺ章、[①]东京备忘录《港口国监督实施海上保安检查导则》对国际船舶实施保安监督，检查所涉及的缺陷及缺陷处理。三是依据《海员培训、发证和值班标准国际公约》（STCW）的要求对船员资质及值班工作进行检查，即港口国主管机关执行海员证书检查，具体包括监督程序、证书与安全配员、是否保持值班标准。此外，《国际船舶载重线公约 1988 年议定书》是关于修改船舶载重线勘划国际公约的议定书。各缔约国认识到加强对船舶和海上财产及人命安全方面保障的重要性，认为有进一步改善该公约技术规则的必要，为此于 1988 年 11 月 11 日在伦敦对《1966 年国

---

① 《国际船舶安全运营和防止污染管理规则》，通常被称为《国际安全管理规则》或“I. S. M. 规则”，该规则于 1993 年 11 月 4 日为国际海事组织所采纳，作为决议案 A. 741（18）的附件，随后又于 1994 年 5 月 24 日被纳入 SOLAS 74 公约第Ⅸ章（船舶的安全操作管理）。现在在超过 140 个 SOLAS 国家作为一项强制性规定，而不仅仅是国际海事组织的建议。

际船舶载重线公约》进行修订。我国是《国际船舶载重线公约 1988 年议定书》的缔约国,在上述修正案通过后未提出任何反对意见。因此修正案对我国具有约束力。[①]

(三)海上旅客运输方面

国际公约为了保护合同中相对弱势一方的旅客,制定了一系列关于旅客运输的规定,其中最重要的是《雅典公约》(Athens Convention)。[②] 根据公约第 1 条(8)、第 3 条(1)和第 4 条(1)及第 4 条(4)的规定,在运输期间,如果旅客伤亡和旅客行李的损坏、灭失是由承运人、实际承运人或其受雇人、代理人在履行职责期间的过失或疏忽造成的,承运人和实际承运人将连带为各自行为负责。中国于 1994 年 3 月 5 日通过决定加入该公约。

(四)船员安全方面

关于船员安全有一部重要的公约是 2006 年《海事劳工公约》(MLC)。为了适应航运业发展新形式, 提高海事劳工标准的效力, 国际劳工组织利用 5 年时间, 整合了国际劳工组织 68 个海事标准 (包括 37 项公约和 31 项建议书),形成了一个现代的综合文本。2006 年 2 月 23 日 MLC 在日内瓦举行的国际劳工组织(ILO)第 94 届大会暨第 10 届海事大会上高票通过。2006 年 6 月 7 日,利比里亚成为第一个批准公约的国家。2009 年 2 月 6 日,随着巴拿马的加入,公约达到了缔约国商船总吨位超过世界商船总吨位的 33% 的生效条件。2012 年 8 月 20 日,随着菲律宾作为第 30 个国家向国际劳工局递交批约文书,公约生效的两个条件均已满足。2013 年 8 月 20 日,公约正式生效,成为继 SOLAS、MARPOL 和 STCW 之后国

---

① 交通运输部 2015 年第 52 号公告,载交通运输部网,https://xxgk.mot.gov.cn/2020/jigou/gjhzs/202006/t20200623_3317519.html。

② 《雅典公约》于 1974 年 12 月 13 日在雅典通过,1987 年 4 月 28 日起生效。大多数国家通过国内立法来确立《雅典公约》的效力,如《1995 年英国商务航运法》c. 21, sect. 183(1) and Schedule 6, Part Ⅰ,《加拿大海事责任法》S. C. 2001, C. 6, Part 4(水上旅客运输责任) at sects. 35 – 40 and Schedule 2, Part 1(确认为 1990 年议定书所修订的 1974 年公约在加拿大的效力)。修订《雅典公约》的议定书于 1990 年 3 月 29 日在伦敦通过。参见[加]威廉·台特雷:《国际海商法》,张永坚等译,法律出版社 2005 年版,第 41 页。

际航运法律法规的“第四大支柱”。2014 年 6 月 14 日，ILO 在公约三方专门委员会第一次会议上修订公约守则，又称 2006 年《海事劳工公约》守则修正案(2014)，于 2017 年 1 月 18 日生效。2015 年 8 月 29 日，ILO 在公约三方专门委员会第二次会议上进一步修订公约守则，又称 2006 年《海事劳工公约》守则修正案(2016)，该修正案于 2019 年 1 月 8 日生效。2006 年《海事劳工公约》已于 2016 年 11 月 12 日起对我国生效(不含我国香港特别行政区、澳门特别行政区)。①

(五)海上人员安全方面

面对恐怖主义的威胁，1976 年联合国在第三十一届大会上通过决定，成立“起草反对劫持人质公约的特设委员会”。在联合国大会决议的授权下，该委员会经过长时间的准备和讨论，在 1979 年 12 月 17 日提交《反对劫持人质国际公约》草案，并由联合国在该年的第三十四届大会上正式通过。该公约集中体现了国际社会在反对劫持人质问题上的共同意志和利益，成为协调各缔约国致力于制止国际恐怖活动的行动准则。《反对劫持人质国际公约》包括前言和 20 条约文，它充实了国际法的新领域国际反恐怖法的内容，是当代国际法的一个崭新的重要文献。公约的前言简明地指出了制定公约的宗旨和原则。此公约以“《联合国宪章》《世界人权宣言》和《公民权利和政治权利国际公约》以及联合国大会其他有关建议”为依据。公约的宗旨和原则是“维护国际和平与安全，保障各国人民的生命、自由和人身安全的权利”。公约要求各缔约国“按照本公约的规定，对任何劫持人质罪行者必须予以起诉或引渡”，并督促“在各国之间发展国际合作，制定和采取有效措施，以防止作为国际恐怖主义表现的一切劫持人质的行为”②。此外，还有 1994 年《联合国人员和有关人员安全公约》及其议定书、1997 年《制止恐怖主义爆炸的国际公约》、1999 年《制止向恐怖主义提供资助的国际公约》和 2005 年《制止核恐怖主义行为国际公约》等，也对应对海上恐怖主义的威胁具有重要的指导意义。

---

① 公约签署、生效时间及适用范围见外交部条约数据库，载外交部网，http://treaty.mfa.gov.cn/web/detail1.jsp?objid=1542936672996。

② 参见王骞:《〈反对劫持人质国际公约〉述评》，载《犯罪研究》1993 年第 4 期。

(六)海上执法方面

海上执法中使用武力属于国际法承认的执法手段。国际成文法方面,1979 年联合国《执法人员行为守则》和 1990 年《执法人员使用武力和火器的基本原则》对执法人员使用武力做了指导性规定。《海洋法公约》虽然没有就沿海国在行使海上执法权时是否能使用武力进行明文规定,但公约第 111 条关于船舶紧追权的规定亦暗示了海上执法使用暴力的合法性。经 2005 年议定书修订的《制止危及海上航行安全非法行为公约》则明确承认各国海上执法人员在一定条件下使用武力的权力。国际判例方面,2007 年海牙常设仲裁法院仲裁法庭在圭亚那与苏里南一案中明确指出,"如果武力是不可避免的、合理的以及必要的话,执法活动中可以使用武力"①。

(七)海上搜救方面

SOLAS 74 公约第 5 章第 7 条要求各缔约国政府承担义务,确保其负责区域内的遇险通信和相互协调,并为营救其海岸附近的海上遇险者作出必要的安排。考虑到海上交通的密度和航行障碍物的密度,这些安排应包括视为实际可行和必要的搜救设施的建立、运转和维护,并应尽可能提供足够的搜寻和营救设备。《国际海上搜寻救助公约》(或称《海上搜索与救援国际公约》),由政府间海事协商组织(现为国际海事组织)于 1979 年 4 月 7 日制定。由于各国远洋船舶发生海事事故的地点通常不在本国沿海,本国救援船舶一般难以前往本国船舶失事地点实施救援,这就要求各沿海国家采取措施对所有在本国沿海失事的船舶实施搜寻救助服务。为协调若干政府间组织之间海上及海空安全活动并且促进这些活动的发展,需要制定适应海运中海上遇险人员需要的国际海上搜寻救助计划。《国际海上搜寻救助公约》即为此目的制定。公约由公约条款和公约附则 2 个文件组成,公约条款共有 7 条,主要对公约订立的目的和使用范围,以及加入或者退出公约的程序作出了明确的规定。公约附则分为 4 章,分别对一些名词、缔约国设立海上搜

---

① See Award of Maritime Boundary Delimitation Case(Guyana v. Suriname), *Permanent Court of Arbitration*, the Hague, 17 September 2007:445.

救组织、缔约国之间的合作、救助准备措施、工作程序以及建立船舶报告制度等做出了规定。这项公约通过建立合法的搜索与救援的国际计划，促进有关组织与相邻国家间的合作。

海上交通规则对维护海上通航环境安全具有普遍适用性。海上交通规则以技术规范为主，主要有1972年《国际海上避碰规则公约》（COLREG）、1910年《统一船舶碰撞若干法律规定的国际公约》、SOLAS 74公约、2007年《内罗毕国际船舶残骸清除公约》及国际海事组织决议等，经过一个多世纪以来的发展和修订，这些规则已经在全球范围内得到普遍适用。

（八）海上避碰方面

《国际海上避碰规则公约》是1972年10月20日政府间海事协商组织召开的修改国际海上避碰规则会议上制定的公约，1977年7月15日生效。该公约是在1960年《国际海上避碰规则》基础上修改制定的。公约共5章38条，另有4个附录包括海上瞭望、船舶安全速限、避碰及其采取措施、狭窄水域、分道航行区、船舶相遇、受限制船舶、船舶灯号等航行规则。在实施《国际海上避碰规则公约》的过程中，国际海事协商组织于1982年4月5日发布MSC/circ322号通函，即《1972年国际海上避碰规则若干条文的统一运用指南》。该指南共有7条，对于一些缔约国提出的具有代表性的问题做出了具体规定。上述《国际海上避碰规则公约》及其附件《1972年国际海上避碰规则》和《1972年国际海上避碰规则若干条文的统一运用指南》一起，统称为《国际海上避碰规则公约》。该公约在1981年11月19日、1987年11月19日、1989年10月19日、1993年11月4日和2001年11月29日等进行了多次修订，截至2022年5月22日，公约最新版本为2016年1月1日生效的国际海事组织于2014年4月由第A.1085(28)号决议通过的修正案。① 根据政府间海事协商组织大会决议和《国际海上避碰规则公约》第Ⅵ条第4款的规定，成员国对修正案如无异议则默认接受，按公约或议定书规定的生效日期生效。中国于1980年1月7日交存《国际海上避碰规则公约》加入书，同日对中国生效；以

---

① 公约修正案进展情况见国际海事组织"Supplements"专栏，载国际海事组织网，https://www.imo.org/en/publications/Pages/English.aspx。

后的每次修正,中国均按公约规定,如无异议则默认接受。《统一船舶碰撞若干法律规定的国际公约》是 1910 年 9 月 23 日在布鲁塞尔举行的第 3 次海洋法外交会议上签订的公约,1931 年 3 月 1 日生效。该公约共 17 条和 1 个附加条款,主要内容为:(1)公约的适用范围,公约只适用于海船与海船及海船与内河船舶之间发生的碰撞,而不适用于军舰和完全用于公务的政府船舶,也不适用于同一国家的船舶之间的碰撞和非缔约国船舶的碰撞。(2)船舶碰撞的责任划分,如系碰撞一方船舶的过失,由过失船舶承担一切损失;如碰撞船舶各方均有过失,则按各自过失的比例承担损失,如无法确定此种比例或过失比例相等时,则由各方船舶平均承担损失。(3)碰撞的救助责任,碰撞发生后,相碰船舶的船长在不致对其船舶、船员和旅客造成严重危险的情况下,必须对另一船舶、船员和旅客施救。上述船长还必须尽可能将其船名、船籍港通知对方船舶。(4)诉讼时效,损害赔偿的诉讼时效为 2 年,自事故发生之日起算。中国于 1994 年 6 月 2 日批准加入该公约,并于 1994 年 9 月 28 日对我国生效①。

(九)船舶定线方面

SOLAS 74 公约第 5 章规定了分道通航制等船舶定线措施,此后 1985 年 IMO 大会第 A.572(14)号决议又通过了《关于船舶定线制的一般规定》,对向 IMO 申请指定船舶定线制进行了解释和说明。定线制,是指一条或数条航路的任何制度或定线措施,旨在减少海难事故的危险。它包括分道通航制、双向航路、推荐航线、推荐航路、避航区、沿岸通航带、环形道、警戒区和深水航路。建立这种制度的目的是减少海难事故的发生,保护海洋环境,提高交通效率。

(十)残骸清除方面

随着世界航运业的繁荣,水上交通日益密集,同时水上沉船事故频频发生,但由于种种原因,这些沉骸仅有少部分影响、危害较大的才得以清除,绝大部分没能被及时打捞清除。这些沉骸对日后水域船舶的航行安全和生态环境造成了非常

---

① 公约批准生效情况见外交部条约数据库,载外交部网,http://treaty.mfa.gov.cn/web/detail1.jsp?objid=1531876067366。

不利的影响。国际海事组织在20世纪90年代委托国际海事委员会(CMI)对残骸的清除的统一立法问题进行专题研究,并起草了《1998年残骸清除公约草案》。经过国际海事组织各成员国以及航运界、保险界近10年的协商和修改,2007年,国际海事组织在内罗毕正式通过了《内罗毕国际船舶残骸清除公约》。公约为沿岸国从其沿岸水域清除对航行安全和海洋环境构成危害的残骸提供了法律保障。一方面,公约明确了缔约沿岸国对其专属经济区内残骸清除的权利和义务,保证各国及时、有效地清除残骸并获得资金保障;另一方面,公约规定了船舶登记所有人有义务对公约区域内被认为具有危害的船舶残骸进行定位、标记和移除。为了确保船舶所有人的履约能力,公约规定了船东严格责任和强制保险制度,要求船舶所有人通过保险或提供其他财务担保的方式承担清除残骸的费用,也赋予缔约国向保险人诉讼的权利。缔约国有权对构成危害的残骸采取措施,如果船舶所有人在规定的时限内不清楚残骸或无法联系到船舶所有人,受影响国可采取有效措施直接对残骸进行清除。根据公约产生的任何费用索赔可直接向登记所有人、承包责任的保险人或提供财政担保的其他人提出,但不能超过其适用的国内或国际限制机制规定的责任限额和经修正的1976年《海事索赔责任限制公约》的规定。经国务院批准,我国于2016年11月11日向国际海事组织递交《内罗毕国际船舶残骸清除公约》加入书,同时声明,第一,我国不受公约第15条第2款和第3款的约束;第二,加入公约不影响我国依法享有的海洋权益,对于涉及"公约区域"以及其他任何涉及领土主权和海洋权益的问题,我国排除适用包括仲裁、司法解决、诉诸区域机构或者安排在内的任何第三方争端解决方式,将与直接当事国通过友好谈判协商予以解决;第三,公约暂不适用于我国香港特别行政区和澳门特别行政区。公约于2017年2月11日对我国生效。①

(十一)海上事故调查方面

为了规范和指导各国开展海上事故调查工作,2008年5月16日,国际海事组织海上安全委员会以MSC.255(84)号决议通过了《海上事故或事件安全调查规

① 公约批准生效情况见交通运输部2016年第60号公告,载交通运输部网,https://xxgk.mot.gov.cn/2020/jigou/gjhzs/202006/t20200623_3317531.html。

则》,并以 MSC. 257(84)号决议通过 SOLAS 公约修正案,使《海上事故或事件安全调查规则》成为强制性文件。该规则是国际海事组织在事故调查方面出台的第一个强制性规定,旨在提供一个通用的方法供各国在对海上事故和海上事件进行海上安全调查时采用。该规则将海上交通事故划分为非常严重事故、严重事故、一般事故和事件 4 个等级,其等级的划分将人命伤亡、船舶全损以及事故造成船舶动力设备故障、船体结构损坏使船舶不能航行作为标准。海上安全调查不为划分过失或确定责任,规则所定义的海上安全调查是为了防止将来的海上事故和海上事件而进行的调查。调查的独立性、注重安全性、事故报告的不谴责性、船员享有不自证其罪和保持沉默的权利、事故调查结论不用于对船员的责任追究,是安全调查的主要特点。①《海上事故或事件安全调查规则》于 2010 年 1 月 1 日生效,我国于 2009 年 7 月 1 日默认接受,适用于我国香港特别行政区和澳门特别行政区。②

二、海上贸易安全相关国际法律制度与机制

(一)国际海上货物运输安全

国际海上货物运输安全方面,影响力较大的公约或国际规则、惯例有《海牙规则》《维斯比规则》《汉堡规则》《鹿特丹规则》等。

《海牙规则》(Hague Rules:H. R.)全称为《统一提单的若干法律规定的国际公约》,其是关于提单法律规定的第一部国际公约,于 1924 年 8 月 25 日在比利时首都布鲁塞尔签订,1931 年 6 月 2 日起生效,为统一世界各国关于提单的不同法律规定,并确定承运人与托运人在海上货物运输中的权利和义务而制定的国际协议。提单的使用由来已久。早期的提单,无论是内容还是格式,都比较简单,而且作用也较单一,仅作为货物的交接凭证,只是表明货物已经装船的收据。随着国际贸易和海上货物运输的逐步发展,提单的性质、作用和内容特别是其中的背面

---

① 参见蒋卫东、李帅:《从〈安全调查规则〉履约角度看我国海上安全调查工作》,载《世界海运》2019 年第 9 期。

② 公约批准生效情况见外交部《2009 年中国参加的多边条约一览表》,载外交部网,https://www.fmprc.gov.cn/chn/pds/ziliao/tytj/t705515.htm。

条款都发生了巨大变化。在提单产生的早期，即自货物托运形式出现后的很长一个时期，在海上航运最为发达的英国，一方面，从事提单运输的承运人，即英国习惯上被视为“公共承运人”(Common Carrier)，必须按照英国普通法(Common Law)对所承运的货物负绝对责任，即负有在目的港将货物以装货港收到货物时的相同状态交给收货人的义务，对所运货物的灭失或损坏，除因天灾(Act of God)、公敌行为(Queens Enemies)、货物的潜在缺陷、托运人的过错行为所造成，或属于共同海损损失外，不论承运人本人、船长、船员或其他受雇人、代理人有无过错，承运人均应负赔偿责任。另一方面，法律对私人合同却采取“契约自由”原则，这就为承运人逃避普通法上的法律责任打开了方便之门，承运人在提单上列入对货物灭失或损失免责的条款，强加给货主的各种不公平的条件和不应承担的风险越来越多。承运人滥用契约自由，无限扩大免责范围的做法使当时的国际贸易和运输秩序陷入极度混乱，严重阻碍了航运业自身的发展。在以英国为代表的船东国在提单上滥用免责条款的时期，以美国为代表的货主国利益受到了极大的损害。为了保护本国商人的利益，美国于 1893 年制定了《哈特法》(Harter Act)。该法规定，在美国国内港口之间以及美国港口与外国港口之间进行货物运输的承运人，不得在提单上加入由于自己的过失而造成货物灭失或损害而不负责任的条款，同时还规定承运人应谨慎处理使船舶适航，船长船员对货物应谨慎装载、管理和交付。该法规定，凡违反这些规定的提单条款，将以违反美国“公共秩序”为由宣告无效。澳大利亚 1904 年制定的《海上货物运输法》，新西兰于 1908 年制定的《航运及海员法》，加拿大于 1910 年制定的《水上货物运输法》，这些立法都采纳了《哈特法》确定的基本原则，根据《哈特法》的有关规定对提单的内容进行了调整。但是，因各国立法不一，各轮船公司制定的提单条款也不相同，妨碍了海上货物运输合同的签订，不利于国际贸易的发展，制定统一的国际海上货物运输公约来制约提单已势在必行。第一次世界大战的爆发虽然延缓了制定国际统一规则的进程，但同时又给制定国际统一规则带来了生机。战后由于全球性的经济危机，以往对解决限制合同自由，修正不合理免责条款问题较为懈怠的英国，为了维护英国航运业的竞争能力，保持英国世界航运大国的地位，亦开始赞同制定国际法。为此，国际法协会所属海洋法委员会于 1921 年 5 月 17 日至 20 日在荷兰首都海牙召开会议，制定了一个提单规则，定名为《海牙规则》，供合同当事人自愿采纳。以此为基础,于1922年10月9日至11日在英国伦敦召开会议,对海牙规则进行若干修改,同年10月17日至26日,于比利时布鲁塞尔举行的讨论海事法律的外交会议上,与会代表作出决议,建议各国政府采纳这个规则,在稍作修改后使之国内法化。1923年10月,又在布鲁塞尔召开海商法国际会议,由海商法国际会议指派委员会对这个规则继续作一些修改,完成海牙规则的制定工作。随后,1923年11月英国帝国经济会议通过决议,一方面,建议各成员国政府和议会采纳这个修订后的规则使之国内法化;另一方面,率先通过国内立法,使之国内法化,由此而产生了1924年英国《海上货物运输法》(COGSA)。这个法律在1924年8月获得英皇批准。1924年8月25日,各国政府的代表也在布鲁塞尔通过了《海牙规则》。《海牙规则》于1931年6月2日正式生效。欧美许多国家都加入了该公约。有的国家仿效英国的做法,通过国内立法使之国内法化;有的国家根据该公约的基本精神,另行制定相应的国内法;还有些国家虽然没有加入这一公约,但其国内一些船公司的提单条款也采用了该公约的精神。《海牙规则》成为海上货物运输中有关提单最重要的且至今被普遍使用的国际公约。中国虽然没有加入该公约,但却把它作为制定中国《海商法》的重要参考依据,国内很多船公司的提单条款亦采纳了该公约的相关规定。所以,《海牙规则》堪称现今海上货物运输方面最重要的国际公约。《海牙规则》规定的承运人的责任是最低限度的,仅包括两项强制性义务:一是适航义务;二是管货义务。责任制为不完全的过错责任制。责任期间为从货物装船起至卸船止。承运人的免责事项规定很多,约有17项。因《海牙规则》对于承运人的免责太多,引起托运人的权利失衡,所以,后来的《维斯比规则》(Visby Rules)对《海牙规则》进行了一些修改和补充。例如,加大了承运人的赔偿限额,从原来的每件或每单位不超过100英镑变更为每件或每单位1万金法郎或每公斤30金法郎,两者以高者计算等。

《维斯比规则》是《修订统一提单若干法律规定的国际公约议定书》的简称,于1968年2月23日在布鲁塞尔外交会议上通过,因准备工作在瑞典的维斯比完成而得名,自1977年6月23日生效。英国、法国、德国、荷兰、西班牙、挪威、瑞典、瑞士、意大利、日本等国家均加入了该议定书。《维斯比规则》是《海牙规则》的修改和补充,故常与《海牙规则》一起,称为《海牙维斯比规则》。《海牙规则》自1931年生效实施后,得到了国际航运界的普遍接受,它的历史作用在于使国际海上货物运输有法可依,统一了海上货物运输中的提单条款,对提单的规范化起到了积极作用,基本上缓和了当时承运方和托运方之间的矛盾,促进了国际贸易和海上运输事业的发展。但随着国际政治、经济形势的变化,以及航海、造船技术日新月异的进步,海上运输方式发生了重大变革,特别是集装箱运输方式的出现和迅猛发展,使《海牙规则》的内容已不适应新形势发展的需要。尤其是关于承运人的大量免责条款明显偏袒船方利益,通货膨胀的现实使 100 英镑的赔偿限额明显过低,到了 20 世纪 50 年代末,要求修改《海牙规则》的呼声日渐强烈。基于上述这种形势, 国际海事委员会于 1959 年在南斯拉夫的里吉卡举行了第二十四届大会,会上决定成立小组委员会负责修改《海牙规则》。根据各国代表对修改《海牙规则》的建议,1963 年小组委员会草拟了修改《海牙规则》的议定书草案,提交给 1967 年、1968 年召开的海事法会议审议,经会议审议通过后,于 1968 年 2 月 23 日在比利时的布鲁塞尔召开的、由 53 个国家或地区代表参加的第十二届海洋法外交会议上通过,定名为《修订统一提单若干法律规定的国际公约议定书》,并简称为《1968 年布鲁塞尔议定书》(The 1968 Brussels Protocol)。由于该议定书草案在斯德哥尔摩讨论期间,参加会议的成员到过哥特兰岛的维斯比城,为借用中世纪维斯比海法之名声,故将该议定书称为《维斯比规则》。经过议定书修订后的《海牙规则》称为《海牙维斯比规则》。《海牙维斯比规则》共 17 条,但只有前 6 条才是实质性的规定,对《海牙规则》的第 3 条、第 4 条、第 9 条、第 10 条进行了修改。其主要修改内容有:第一,扩大了规则的适用范围。第二,明确了提单的证据效力。第三,强调了承运人及其受雇人员的责任限制。第四,提高了承运人对货物损害赔偿的限额。第五,增加了“集装箱条款”。第六,延长了诉讼时效。《海牙维斯比规则》的最后一次修订为 1979 年的特别提款权议定书(SDR Protocol)。《海牙维斯比规则》规定的承运人责任限制金额计算单位为法郎,并以黄金作为定值标准。由于黄金本身的价格是根据市场供求关系自由涨落的,所以以金法郎责任限制计算单位的实际价值也不能保持稳定。针对这一情况,1979 年在布鲁塞尔召开由 37 国代表出席的外交会议上,通过了修订《海牙维斯比规则》议定书(The 1979 Protocol to the Hague Rules)。议定书将承运人责任限制的计算单位由金法郎改为特别提款权(Special Drawing Right,SDR),[①]按 15 金法郎折合 1SDR 计数。议定书规定承运人的责任限制金额为每件或每单位 666.67SDR,或按货物毛重计算每公斤 2SDR,两者中以较高者为准,但国内法规定不能使用特别提款权的缔约国,仍可以金法郎作为计算单位,该议定书于 1984 年 4 月开始生效。

《汉堡规则》(Hamburg Rules)全称为《联合国海上货物运输公约》。《汉堡规则》的制定背景是:《海牙规则》是 20 世纪 20 年代的产物,曾发挥了它应有的作用,然而,随着国际贸易和海运的发展,要求修改《海牙规则》的呼声不断,对其进行修改已在所难免。如何进行修改?两种思路导致了两种不同的结果:一种是以英国、北欧各国等海运发达国家的船方利益为代表,由国际海事委员会负责起草修改,最终导致《海牙维斯比规则》产生。对《海牙规则》的一些有益修改,对维护在《海牙规则》基础上的船货双方利益起了一定的积极作用。另一种是来自广大的发展中国家,代表了货主的利益,提出彻底修改《海牙规则》的要求日益高涨,联合国贸发会的航运委员会于 1969 年 4 月的第三届会议上设立了国际航运立法工作组,研究提单的法律问题。该工作组在 1971 年 2 月国际航运立法工作组召开的第二次会议上作出两项决议:第一,对《海牙规则》和《维斯比规则》进行修改,必要时制定新的国际公约;第二,在审议修订上述规则时,应清除规则含义不明确之处,建立船货双方平等分担海运货物风险的制度。后来,此项工作移交给联合国国际贸易法委员会。该委员会下设的国际航运立法工作组于 1976 年 5 月完成起草工作,并提交 1978 年 3 月 6 日至 31 日在德国汉堡召开的有 78 个国家代表参加的联合国海上货物运输公约外交会议审议,最后通过了《汉堡规则》。[②]《汉堡规

---

① 特别提款权是国际货币基金组织于 1969 年创设的,作为国际储备的货币单位。自 1981 年 1 月 1 日起,特别提款权由 5 种世界上贸易出口额最高国家的货币,即美元、德国马克、日元、法国法郎和英镑按每 5 年调整一次的比例构成。据基金会 1990 年 10 月 9 日新闻公报,自 1991 年 1 月 1 日起,调整特别提款权构成比例为:美元 40%、德国马克 21%、日元 17%、法国法郎 11%、英镑 11%。此比例于 1995 年年底以前不变。特别提款权既为一种账面资产,又为一种联合货币,只是不在市场上流通、兑换。其价格计算方法:首先将其构成中所含其他 4 种货币金额,按照当日伦敦外汇市场汇价分别折算为等值美元,然后把所有美元值相加,即得出 1 单位特别提款权美元值。此特别提款权价格由世界银行逐日挂牌公布。2015 年 11 月 30 日,国际货币基金组织(IMF)主席拉加德宣布将人民币纳入 IMF 特别提款权货币篮子,决议将于 2016 年 10 月 1 日生效。调整后的特别提款权篮子的权重为美元 41.73%、欧元 30.93%、人民币 10.92%、日元 8.33%、英镑 8.09%。

② 公约文本内容见联合国贸发会"Hamburg Rules"公约介绍,载联合国贸发会网,https://uncitral.un.org/en/texts/transportgoods/conventions/hamburg_rules。

则》的生效条件规定："本公约自第二十份批准书、接受书、认可书或加入书交存之日起满一年后的次月第一日生效。"《汉堡规则》自1978年3月31日获得通过，直至埃及递交了批准书后满足生效条件，于1992年11月1日起正式生效。《汉堡规则》全文共分7章34条条文，在《汉堡规则》的制定中，除保留了《海牙维斯比规则》对《海牙规则》修改的内容外，对《海牙规则》进行了根本性的修改，是一个较完备的国际海上货物运输公约，明显地扩大了承运人的责任。其主要内容包括：第一，《汉堡规则》确定了推定过失与举证责任相结合的完全过失责任制。第二，与《海牙规则》的"钩至钩"或"舷至舷"相比，《汉堡规则》责任期间扩展到"港到港"。第三，承运人赔偿责任限额有变化。《汉堡规则》第6条第1款规定，承运人对货物灭失或损坏造成的损失所负的赔偿责任，以灭失或损坏的货物每件或其他装运单位相当于835记账单位或毛重每公斤2.5记账单位的数额为限，两者中以较高的数额为准。第四，对延迟交付货物的责任进行了规定。第五，《汉堡规则》中增加了实际承运人的概念。当承运人将全部或部分货物委托给实际承运人办理时，承运人仍需按公约规定对全部运输货物负责。如果实际承运人及其雇用人或代理人的疏忽或过失造成的货物损害，承运人和实际承运人均需负责的话，则在其应负责的范围内，承担连带责任。这种连带责任托运人既可向实际承运人索赔，也可向承运人索赔，并且不因此妨碍承运人和实际承运人之间的追偿权利。第六，规定了托运人的责任。《汉堡规则》第12条规定，托运人对于承运人或实际承运人所遭受的损失或船舶所遭受的损坏不负赔偿责任。除非这种损失或损坏是由托运人、其受雇人或代理人的过失或疏忽所造成的。这意味着托运人的责任也是过失责任。但需指出的是托运人的责任与承运人的责任不同之处在于承运人的责任中举证由承运人负责，而托运人的责任中，托运人不负举证责任，这是因为货物在承运人掌管之下，所以也同样需要承运人负举证责任。《汉堡规则》这一规定，为我国《海商法》所接受。第七，明确了保函的法律地位。《海牙规则》和《维斯比规则》没有关于保函的规定，而《汉堡规则》第17条对保函的法律效力作出了明确的规定，托运人为了换取清洁提单，可以向承运人出具承担赔偿责任的保函，该保函在承、托人之间有效，对包括受让人、收货人在内的第三方一概无效。但是，如果承运人有意欺诈，对托运人也属无效，而且承运人也不再享受责任限制的权利。第八，延长了索赔通知及诉讼时效。关于索赔通知，《海牙规则》要求索赔通知必须由收货人在收到货物之前或收到货物当时提交。如果货物损失不明显,则这种通知限于收货后 3 日内提交。《汉堡规则》延长了上述通知时间,规定收货人可在收到货物后的第 1 个工作日将货物索赔通知送交承运人或其代理人,当货物灭失或损害不明显时,收货人可在收到货物后的 15 日内送交通知。同时还规定,对货物迟延交付造成损失,收货人应在收货后的 60 日内提交书面通知。关于诉讼时效,《海牙规则》规定提出诉讼的诉讼时效为货物交付之日或应交付之日起一年。《汉堡规则》第 20 条将诉讼时效延长至承运人交付货物或交付部分货物之日或应交付货物的最后一日起两年内,起算当日不包括在期限内;被索赔人可在时效期限内通过向索赔人提出书面声明以延长时效;有赔偿责任的人提起的追偿诉讼,如果是在诉讼所在国法律所许可的时间之内提起,即使是在时效期限届满之后,亦可提起,但是,所许可的时间,自提起此种诉讼的人已经解决索赔,或已接到向其本人送交的起诉传票之日起算,不得少于 90 日。第九,增加了管辖权和仲裁的规定。《海牙规则》《维斯比规则》均无管辖权的规定,只是在提单背面条款上订有由船公司所在地法院管辖的规定,这一规定显然对托运人、收货人极为不利。《汉堡规则》第 21 条规定,原告可在下列法院选择其一提起诉讼:(1)被告的主要营业所所在地,无主要营业所时,则为其通常住所所在地;(2)合同订立地,但该合同须是通过被告在该地的营业所、分支或代理机构订立;(3)装货港或卸货港;(4)海上运输合同规定的其他地点。除此之外,海上货物运输合同当事人一方向另一方提出索赔之后,双方就诉讼地点达成的协议仍有效,协议中规定的法院对争议具有管辖权。第十,明确了规则的适用范围。同《海牙规则》一样,《汉堡规则》不适用于租船合同,但如提单根据租船合同签发,并调整出租人与承租人以外的提单持有人之间的关系,则适用该规则的规定。《汉堡规则》作为平衡船货双方利益的一项国际公约,其规则制定相对完备,亦能体现公正合理之主旨诉求。但因海运大国不愿采纳此公约,《汉堡规则》产生的国际影响力有限。

《鹿特丹规则》(Rotterdam Rules)是《联合国全程或部分海上国际货物运输合同公约》的简称,2008 年 12 月 11 日在纽约举行的联合国大会上正式得到通过,因公约于 2009 年 9 月 23 日在荷兰鹿特丹举行签字仪式,故得名《鹿特丹规则》。从内容上看,《鹿特丹规则》是当前国际海上货物运输规则之集大成者,不仅涉及包括海运在内的多式联运、在船货两方的权利义务之间寻求新的平衡点,而且还引入了如电子运输单据、批量合同、控制权等新的内容,此外,公约还特别增设了管辖权和仲裁的内容。从公约条文数量上看,公约共有96条,实质性条文为88条,是《海牙规则》的9倍,《汉堡规则》的3.5倍。因此,该公约被称为一部"教科书"式的国际公约。根据公约的规定,《鹿特丹规则》将在20个国家批准或者加入一年后生效,截至2022年5月22日,已有26个国家签署该公约,但仅有5个国家批准了公约,且没有一个海运大国,[①]该公约尚未生效。联合国贸法会制定该公约的目的主要是取代现行的3个国际海上货物运输公约:1924年《海牙规则》、1968年《海牙维斯比规则》和1978年《汉堡规则》,以实现海上货物运输和包括海运区段的国际货物多式联运法律制度的国际统一。作为国际海上货物运输立法的重大变革,《鹿特丹规则》吸引着全球海事界的目光。承运人责任制度方面,《鹿特丹规则》与现在国际上普遍采用的《海牙规则》和《海牙维斯比规则》相比较,大大加重了承运人的责任:(1)承运人责任期间的变化。《鹿特丹规则》规定承运人责任期间是"收货—交货",并且不限定接收货物和交付货物的地点。因此,该规则适用于承运人在船边交接货物、港口交接货物、港外交接货物或者"门到门"运输。与《海牙规则》《海牙维斯比规则》规定的"装货—卸货"和《汉堡规则》规定的"装港—卸港"相比,《鹿特丹规则》扩大了承运人的责任期间。这一承运人责任期间的扩大,一方面将有利于航运业务尤其是国际货物多式联运业务的开展,另一方面在一定程度上增加了承运人的责任。(2)承运人责任基础与免责的变化。承运人责任基础的规定,在海上货物运输法律中始终处于核心地位,是船货双方最为关注的条款。与现存法律制度比较,《鹿特丹规则》主要有以下变化:第一,采用承运人完全过错责任,高于《海牙规则》《海牙维斯比规则》的不完全过错责任,与《汉堡规则》采用的承运人责任原则相同。第二,废除了承运人"航海过失"免责和"火灾过失"免责。《海牙规则》《海牙维斯比规则》规定承运人对由船长、船员、引航员或者承运人的其他受雇人在驾驶船舶或者管理船舶中的过失(航海过失)和火灾中的过失(火灾过失)而导致的货物灭失、损坏或迟延交付免责。第三,承运

---

① 按照加入时间顺序分别为:西班牙、多哥、刚果、喀麦隆和贝宁。参见《状况:〈联合国全程或者部分海上国际货物运输合同公约〉(2008年,纽约)》,载联合国国际贸易法委员会网,https://uncitral.un.org/zh/texts/transportgoods/conventions/rotterdam_rules/status。

人谨慎处理使船舶适航的义务扩展至整个航次期间。《海牙规则》《海牙维斯比规则》要求的承运人对船舶的适航义务仅限于在船舶开航前和开航当时。《鹿特丹规则》使承运人对货物的灭失、损坏可以免责的情形大大减少,承运人几乎没有免责的机会,延长了承运人对船舶适航义务的期间,从而加重了承运人的责任,并对航运及海上保险产生了重要影响。虽然国际社会对《鹿特丹规则》的前景,即其是否能够生效,主要航运和贸易国家是否能够批准加入,是否能够在国际上发挥重要作用等存在不同看法,但毋庸置疑,《鹿特丹规则》已经掀起了国际海上货物运输立法的一场革命。该公约一旦生效,将会对船东、港口营运商、货主等各个国际海上货物运输相关方带来重大影响,也会对船舶和货物保险、共同海损制度等带来影响。该公约即使未能生效,因其代表的国际立法趋势,有关规定也将通过渗透进国内法等途径,对国际海上货物运输产生一定的影响。

此外,国际海上货物运输安全相关国际公约还有 1965 年《国际便利海上运输公约》、1972 年《国际集装箱安全公约》及其议定书、1974 年《联合国班轮工会行动守则公约》、1991 年《联合国国际贸易运输港站经营人赔偿责任公约》等。

(二)国际海上货物贸易安全

国际海上货物贸易安全方面,影响力较大的公约或国际规则、惯例有《联合国国际货物销售合同公约》(CISG)、《跟单信用证统一惯例》、《国际贸易术语解释通则》(INCOTERMS)等。

《联合国国际货物销售合同公约》是由联合国国际贸易法委员会主持制定的,1980 年在维也纳举行的外交会议上获得通过,1988 年 1 月 1 日正式生效,是国际海上贸易最重要的公约之一。根据联合国大会的授权,联合国国际货物销售合同会议于 1980 年 3 月 10 日至 4 月 11 日在奥地利维也纳举行,共 62 个国家的代表出席,批准加入和认可该公约的国家有 32 个,包括阿根廷、澳大利亚、奥地利、保加利亚、白俄罗斯、加拿大等。我国于 1981 年 9 月 30 日签署该公约,加入时间为 1986 年 12 月 11 日,同时声明不受公约第 1 条第 1 款第 2 项、第 11 条及与第 11 条内容有关的规定的约束,2013 年 11 月 16 日通知撤回对第 11 条有关内容的保留。[1] 公约坚持建立国际经济新秩序的原则、平等互利原则与兼顾不同社会、经济和法律制度的原则。这些基本原则是执行、解释和修订公约的依据,也是处理国际货物买卖关系和发展国际贸易关系的准绳。公约的适用范围包括:第一,公约只适用于国际货物买卖合同,即营业地在不同国家的双方当事人之间所订立的货物买卖合同,也对某些货物的国际买卖不能适用该公约作了明确规定。第二,公约适用于当事人在缔约国内有营业地的合同,但如果根据适用于“合同”的冲突规范,该“合同”应适用某一缔约国的法律,在这种情况下也应适用公约,而不论合同当事人在该缔约国有无营业所。对此规定,缔约国在批准或者加入时可以声明保留。第三,双方当事人可以在合同中明确规定不适用该公约(适用范围不允许缔约国保留)。公约规定买方和卖方的权利义务包括:第一,卖方责任主要表现为三项义务:交付货物、移交一切与货物有关的单据、移转货物的所有权。第二,买方的责任主要表现为两项义务:支付货物价款和收取货物。第三,详细规定卖方和买方违反合同时的补救办法。第四,规定了风险转移的几种情况。第五,明确了根本违反合同和预期违反合同的含义以及当这种情况发生时,当事人双方所应履行的义务。第六,对免责根据的条件作了明确的规定。

《跟单信用证统一惯例》是国际商会制订的、为明确信用证有关当事人的权利、责任、付款的定义和术语,减少因解释不同而引起各有关当事人之间的争议和纠纷,调和各有关当事人之间的矛盾,旨在统一各国对跟单信用证条款的解释而供银行界自愿采用的条例。《跟单信用证统一惯例》是全世界公认的非政府商业机构制定的最为成功的国际惯例,目前世界上 100 多个国家和地区、近万家银行在信用证上声明适用该惯例。自 1930 年 5 月 15 日公布,先后于 1951 年、1962 年、1967 年、1974 年、1983 年、1993 年、2007 年 7 次修改。现在使用的是 2007 年 7 月 1 日生效的修订本,命名为“UCP600”。该惯例仅为国际商会推荐给国际银行界采用的业务惯例,不具有普遍的法律约束力,不采用的银行也不受其约束。但它已被许多国家和地区的银行界所采用,在国际上具有很大的影响。

---

① 公约批准、加入及声明保留情况见外交部条约数据库,载外交部网,http://treaty. mfa. gov. cn/web/detail1. jsp? objid = 1531876008552。

《国际贸易术语解释通则》是国际商会于1936年制定的。其宗旨是为国际贸易中最普遍使用的贸易术语提供一套解释的国际规则,以避免因各国不同解释而出现的不确定性,或在相当程度上减少这种不确定性。不同国家对贸易术语的多种解释引起的误解阻碍着国际贸易的发展,基于便利商人们使用,在进行涉外买卖合同所共同使用的贸易术语的不同国家,有一个准确的贸易术语解释出版物很有必要。鉴于此,国际商会于1921年在伦敦举行第一次大会时就授权收集各国所理解的贸易术语的摘要。准备摘要的工作是在贸易术语委员会的主持下进行的,并且得到各国家委员会的积极协助,同时广泛征求了出口商、进口商、代理人、船东、保险公司和银行等各行各业的意见,以便对主要的贸易术语作出合理的解释,使各方能够共同适用。摘要的第1版于1923年出版,内容包括几个国家对下列几种术语的定义:FOB、FAS、FOT或FOR、FreeDelivered、CIF以及C&F。摘要的第2版于1929年出版,内容有了充实,摘录了35个国家对上述6种术语的解释,并予以整理。经过十几年的磋商和研讨,终于在1936年制定了具有历史性意义的贸易条件解释规则。定名为《INCOTERMS 1936》,副标题为"International Rules for the Interpretation of Trade Terms"(国际贸易术语解释通则),"Incoterms"一词系"International Commercial Terms"的缩写。为使贸易术语更进一步适应世界上无关税区的发展、交易中使用电子讯息的增多以及运输方式的变化,国际商会对《国际贸易术语解释通则》进行修订,并于1999年7月公布《2000年国际贸易术语解释通则》(以下简称《INCOTERMS 2000》或《2000年通则》),于2000年1月1日生效。2010年9月27日,国际商会正式推出《2010年国际贸易术语解释通则》(Incoterms 2010),与Incoterms 2000并用,新版本于2011年1月1日正式生效。Incoterms 2010中将贸易术语划分为适用于各种运输的CIP、CPT、DAP、DAT、DDP、EXW、FCA和只适用于海运和内水运输的CFR、CIF、FAS、FOB,并将术语的适用范围扩大到国内贸易中,赋予电子单据与书面单据同样的效力,增加对出口国安检的义务分配,要求双方明确交货位置,将承运人定义为缔约承运人,这些都在很大程度上反映了国际货物贸易的实践要求,并进一步与《联合国国际货物销售合同公约》及《鹿特丹规则》衔接。2019年9月,国际商会发布了最新版本《2020年国际贸易术语解释通则》(Incoterms 2020)。相比Incoterms 2010,Incoterms 2020所做的修改实质性变化主要包括:第一,FCA贸易术语下提单问题引入了新的附加机制。在 Incoterms 2010 中,FCA 卖方在其所在地或指定地点货交承运人即可完成交货义务,即卖方在货物装船前即在法律意义上将货物交付给买方,因此卖方通常在交货时并不能从承运人处收到其在信用证条款下要求付款所需的提单。Incoterm 2020 的 FCA 术语给出了新的选项,买方可以同意指示承运人向卖方签发提单,这项提单附加机制为卖方获取已装船提单提供了明确依据。第二,关于 CIP 条款,卖方必须安排更高水平的货物保险。根据 Incoterms 2010,CIP 卖方必须购买伦敦协会货物条款(C)款的货物保险,该条款仅承保有限的几种风险。根据 Incoterms 2020,CIP 卖方必须购买伦敦协会货物条款(a)条款,这是一种列明除外责任的"一切险"保单。第三,FCA、DAP、DPU 和 DDP 贸易术语下,买卖双方可以使用自有运输工具安排运输。第四,DAT 贸易术语改为 DPU,DPU 贸易术语的交货地点更加广泛,且在目的地卖方无须卸货即可完成交货义务,同时,卖方将货物运至目的地后风险由卖方转移至买方。总的来说,Incoterms 2020 对贸易术语的解释更加清晰,对交易双方承担的费用和责任更加明确具体,增加了安保分配规则,对某些贸易术语的具体内容及实施进行了进一步调整。①

(三)国际海上服务贸易安全

国际海上服务贸易安全方面,在经济全球化的进程中,包括海运服务承运人、海运辅助服务商和港口服务商在内的海运服务提供者均期待获得更大限度的贸易自由和更宽松的政策环境。同时,逐步消除海运壁垒,在世界范围内逐步发挥运力资源优势,追求效益最大化,着力推动海运服务贸易自由化,也成为将海运服务贸易列为重要产业的主权国家的共识。尤其是乌拉圭回合将海运服务贸易自由化纳为多边贸易谈判的重要议题并通过《服务贸易总协定》(GATS)以及《关于海运服务谈判附件》、《关于海运服务谈判的部长决定》加以规制,这些多边性法律文件均宣告世界贸易组织各成员方有义务推动海运服务贸易自由化。此外,《贸易便利化协定》作为世界贸易组织多哈回合谈判的最大成果,对国际海上服务贸易发展有着重要的指导作用。

---

① 参见王庆颖:《〈2020 年国际贸易术语解释通则〉的新变化及应用解析》,载《中国科技术语》2021 年第 1 期。

GATS是关贸总协定乌拉圭回合谈判达成的第一套有关国际服务贸易的具有法律效力的多边协定。于1995年1月正式生效。其宗旨是在透明度和逐步自由化的条件下扩大服务贸易，并促进各成员的经济增长和发展中国家服务业的发展。包括序言和6个部分共29个条款、8个附录、8项部长会议决定。该协定首次为国际服务贸易提供了一套初步的总体规则框架，是国际服务贸易迈向自由化的重要里程碑，同时，将原则性与灵活性有机结合起来，并给予发展中国家适当照顾，有利于各国在服务贸易方面的合作和交流。GATS本身条款由序言和6个部分共29条组成。前28条为框架协议，规定了服务贸易自由化的原则和规则，第29条为附件（共有8个附件）。主要内容包括：范围和定义、一般义务和纪律、具体承诺、逐步自由化、机构条款、最后条款等，其核心是最惠国待遇、国民待遇、市场准入、透明度及支付的款项和转拨的资金的自由流动。GATS适用于各成员采取的影响服务贸易的各项政策措施，包括中央政府、地区或地方政府和当局及其授权行使权力的非政府机构所采取的政策措施。GATS的宗旨是在透明度和逐步自由化的条件下，扩大全球服务贸易，并促进各成员的经济增长和发展中国家成员服务业的发展。GATS考虑到各成员服务贸易发展的不平衡，允许各成员对服务贸易进行必要的管理，鼓励发展中国家成员通过提高其国内服务能力、效率和竞争力，更多地参与世界服务贸易。GATS列出的服务行业包括以下12个部门：商业、通信、建筑、销售、教育、环境、金融、卫生、旅游、娱乐、运输、其他，具体分为160多个分部门。协定规定了各成员必须遵守的普遍义务与原则，磋商和争端解决的措施步骤。GATS《关于海运服务谈判的附件规定》的主要内容如下：(1)第2条和《关于第2条豁免的附件》，包括关于在该附件中列出一成员将维持的、与最惠国待遇不一致的任何措施的要求，只有在以下日期方可对国际海运、附属服务以及港口设施的进入和使用生效：①根据《关于海运服务谈判的部长决定》第4段确定的实施日期；或②如谈判未能成功，则为该决定中规定的海运服务谈判组最终报告的日期。(2)第1款不得适用于已列入一成员减让表的任何关于海运服务的具体承诺。(3)尽管有第21条的规定，但是自第1款所指的谈判结束起至实施日期前，一成员仍可改善、修改或撤销在本部门的全部或部分具体承诺而无须提供补偿。

2013年12月3日至7日，世界贸易组织第九次部长级会议在印度尼西亚巴厘岛顺利举行。会议最后就早期收获达成一致，通过了《巴厘一揽子协定》，这被认为挽救了多哈回合。《巴厘一揽子协定》一共在四个方面达成了协议：贸易便利化、农业、棉花、关于发展与最不发达国家议题。后面三个都是以若干部长决议和宣言的方式体现，而贸易便利化方面除部长决议外，还通过了《贸易便利化协定》。《贸易便利化协定》由序言、第一部分、第二部分以及最终条款构成。序言回顾和重申了《多哈部长宣言》、《关于多哈工作计划的决定》和《香港部长宣言》中的相关内容，明确《贸易便利化协定》的宗旨是期望澄清和改进 1994 年 GATT 中关于进一步促进货物流动、放行和清关的相关内容，认识到发展中国家成员，特别是最不发达国家成员的特殊需要，强调要在这一领域能力建设方面加强援助，倡导成员方有必要在贸易便利化和海关合规性方面进行有效合作。第一部分由 13 个条文组成。第 1 条为信息的公开与可利用性；第 2 条是关于信息形成过程的规定；第 3 条是事先裁定的规定；第 4 条是行政复议或司法审查程序；第 5 条是其他措施，包括动植物检疫、扣押、检验程序以及公正、非歧视和透明度原则；第 6 条是进出口环节的费用收取的纪律规则；第 7 条是货物的放行和清关；第 8 条规定了国家边境机构之间的合作原则；第 9 条是海关监管下准备进口货物的移动；第 10 条是关于与进出口和过境相关的手续；第 11 条是自由过境的详细规定；第 12 条是海关合作。第二部分不分条，而是直接用款加以罗列。这部分主要是关于对发展中国家乃至最不发达国家成员的特殊待遇和差别待遇的规定，主要体现了在能力建设方面对发展中国家乃至最不发达国家的支援和某些变通性规定。①

第三节　海洋科技安全、信息安全、生态安全与资源安全

科学技术的发展，是科学技术条约产生的主要背景，最大限度地实现和保障本国的经济、军事利益，是科学技术条约签署国的终极目标。科学技术条约，实际上是国际科学技术关系的一种法律形式，用来约束和规范国际关系中的科学技术行为。按科学技术条约的内容，可大致分为军事技术类条约（主要是核武器）、知

① 参见何力：《多哈回合早期收获与〈贸易便利化协定〉》，载《上海对外经贸大学学报》2014 年第 2 期。

识产权类条约、环境保护类条约、动植物保护类条约等。① 因海洋相关军事技术类条约已在前文海上军事安全部分进行介绍,故本节不再赘述,而海洋相关环境保护类和动植物保护类条约相关内容又与海洋生态安全相关条约重叠,故本节予以一并介绍。

一、海洋科技安全与海洋生态安全相关国际法律制度、机制与规则

1954 年《国际防止海上油污公约》(International Convention for the Prevention of Pollution at Sea by Oil,1954,OILPOL 1954),系由英国利用国际合作邀集 32 国代表,于 1954 年 4 月 26 日至 5 月 12 日在伦敦召开的防止石油污染国际会议上通过,1958 年 7 月 26 日生效。该公约是第一个以环境保护为目的的防止海洋石油污染的国际公约,标志着海洋环境国际法律保护的开始。此后,该公约适应情势的变化,先后于 1963 年、1969 年、1971 年进行了修订。由于各缔约国没有严格遵守《1954 年伦敦油污公约》及其 1962 年、1969 年、1971 年 3 次修正案,同时该公约规定只有船旗国才有司法管辖权,而方便旗国原则当时盛行,方便旗国未能做到以该公约规定的标准,惩处造成油污的船舶,加上该公约没有涉及对发生在公海上的事故造成油轮所载原油泄漏的处理条款,因此该公约收效欠佳。在"托利·堪庸"油污事件后,②1969 年政府间海事协商组织着手起草并制定了《国际干预公海油污事件公约》。

《国际油污公约》于 1969 年 11 月 29 日在布鲁塞尔签订,1975 年 5 月 6 日生效,我国批准加入时间为 1990 年 2 月 23 日,公约对我国生效时间为 1990 年 5 月

---

① 参见梁波、曾国屏:《科学技术条约与国际关系》,载陈凡、陈红兵主编:《第 6 届东亚科技与社会(STS)国际学术会议论文摘要集》,东北大学出版社 2007 年版,第 214 页。

② "托利·堪庸"是美国加利福尼亚联合石油公司的子公司巴拉姆达油船公司的油船,总吨位 1289 万吨,登记港是利比里亚的蒙罗维亚。该船载运 11.7 万吨科威特原油驶往英国威尔士途中于 1967 年 3 月 18 日在英国西岸的七石礁触礁,溢出原油约 6 万吨。溢油向西漂流在英国南部海岸,向南漂流至法国的布列塔尼亚海岸,造成了严重的油污事故。这次事故引起了社会各方面舆论的关注,使各国政府和国际组织认识到油污损害的严重性及完善防止船舶污染的法律制度的迫切性,促使了 1969 年《国际干预公海油污事故公约》、《1969 年责任公约》及后来的 1973 年《国际干预公海非油类物质污染议定书》的产生,从而促进了国际海洋环境保护法的发展和完善。

24日,港澳地区则仅适用于香港特别行政区。[①] 该公约主要规定了两项内容:(1)当船舶在公海遭遇"重大的和紧急的危险,有理由预料会导致重大有害情形"时,沿海国可以采取干预行动。但在采取干预行动之前,必须与受事故影响的其他国家,尤其是肇事船船旗国进行协商,并且有义务向所有利害方通报将要采取的和已经采取的行动。同时,沿海国所采取的干预措施,应与实际造成的损害或即将发生的损害相适应,超过必要限度造成他方损失时,应负赔偿责任。(2)由政府间海事协商组织设立一个清除公海油污带的专门小组,由各沿岸国派代表参加。如果油污事件因自然灾害或不可抗力而造成,船方可免责,那么清除公海油污的费用由各成员国按比例分摊,这一比例以每次油污事件发生地点与会员国海岸距离及会员国海岸线的长短为计算基础。如果船方被确定为有责任,应由肇事船承担处理油污所支付的全部费用和油污损害所引起的费用。1973年11月政府间海事协商组织在伦敦召开的国际防止船舶造成污染会议上,通过了1969年干预公约的议定书,将沿岸国在公海上采取干预措施的权利扩大到造成非油类物质污染的海损事故。该议定书于1983年3月30日生效。

《1969年责任公约》是1969年11月29日政府间海事协商组织在布鲁塞尔召开的海上污染损害国际会议上制定的公约,1975年6月19日生效。1980年1月30日中国政府向国际海事组织秘书长交存接受书,该公约于1980年4月30日对我国生效。[②] 1976年11月19日,政府间海事协商组织在伦敦召开会议,制定了公约的1976年议定书,1981年4月8日生效,1986年12月28日对中国生效。[③] 1984年5月和1992年11月,又分别作了修订。中国政府于1985年11月22日签署1984年议定书,但该议定书并未生效。中国政府于1999年1月5日交存加入1992年议定书,该议定书于1996年5月30日生效,2000年1月5日对我国生

① 公约签订、批准和生效情况见外交部条约数据库,载外交部网,http://treaty.mfa.gov.cn/web/detail1.jsp?objid=1531876060858。

② 公约签订、批准和生效情况见外交部条约数据库,载外交部网,http://treaty.mfa.gov.cn/web/detail1.jsp?objid=1531876004945。

③ 公约签订、批准和生效情况见外交部条约数据库,载外交部网,http://treaty.mfa.gov.cn/web/detail1.jsp?objid=1531876055140。

效。[①] 2000年10月国际海事组织法律委员会第82届会议以第LEG. 1(82)号决议通过了对1992年议定书的修正案,并于2003年11月1日生效。[②]《1969年责任公约》共21条,缔约国意识到有必要保护其国民利益,使其免于遭受海上事故引起的海上和海岸油污危险的严重后果。其主要内容包括:(1)适用船舶为装有散装油类货物的任何国家的船舶。公约不适用于军舰和执行非海上运输活动的公务船。(2)责任主体:明确规定为船舶所有人。(3)责任原则:采用严格的责任制,只有在战争等少数几个原因造成油污事故时,船舶所有人得以免除责任。(4)责任限制:按船舶的吨位统计,每吨2000金法郎,总额不超过2.1亿金法郎。(5)强制保险:载运200吨以上散装油类货物的船舶必须投保油污责任险,并取得相应的证明。(6)诉讼时效:为油污损害发生之日起3年,至多不超过6年,如果损害事件包括一系列事故,则6年的期限日从第一个事故发生之日起起算。《1969年责任公约》的各缔约国意识到全球海上散装油类运输出现的污染危险,并通过统一的国际规则和程序确定民事责任和赔偿问题。1976年议定书以特别提款权代替金法郎,作为赔偿限额的计算单位。1984年议定书提高了油污损害赔偿限额、扩大了海域适用范围,即由原来的领海扩大到从领海基线算起200海里的区域。1992年议定书大幅度地提高了船东的赔偿责任限额,简化了修改责任限额的程序并扩大了有关船舶、地理和预防措施的适用范围。2003年修正案进一步提高了船舶所有人的油污损害责任限额。

1971年《设立国际油污损害赔偿基金公约》(FC1971)是1971年政府间海事协商组织在布鲁塞尔召开的外交会议上制定的公约,1978年10月16日生效。1992年11月在伦敦对《设立国际油污损害赔偿基金公约》进行了修订。2000年10月国际海事组织法律委员会第82届会议以LEG. 2(82)决议通过了对《1992年

---

① 公约签订、批准和生效情况见外交部条约数据库,载外交部网,http://treaty.mfa.gov.cn/web/detail1.jsp? objid=1531876073947。

② 《关于〈1992年国际油污损害民事责任公约议定书〉2000年修正案和〈1992年国际油污赔偿基金公约议定书〉2000年修正案生效的公告》,载交通运输部网,https://www.mot.gov.cn/zhengcejiedu/chuanboyouwushmszrbxssbf/xiangguanzhengce/201510/t20151015_1904241.html。

国际油污损害赔偿基金公约的议定书》的修正案,并于 2003 年 11 月 1 日生效。① FC1971 设立了第一个海洋污染损害赔偿基金组织,创立了船舶油污损害赔偿的国际制度,提高了污染损害的赔偿限额,对不可抗拒的自然灾害引起的油污损害受害人提供了赔偿,并对公约成员国船舶所有人采取减轻油污染措施予以一定的补偿。但公约仅适用于缔约国领土和领海范围内发生的污染事件,而且仅限于船舶引起的油污染事件。公约共 48 条,分为两部分:一部分是对污染受害人的赔偿以及对船舶所有人的补贴;另一部分是关于赔偿基金的设立与摊款。《1992 年国际油污损害民事责任公约的议定书》、《1992 年国际油污损害赔偿基金公约的议定书》及其 2003 年修正案共同形成了 3 层赔偿机制:第一层,造成溢油事故的油轮船东负有支付赔偿的法律责任;第二层,一旦赔偿金额超过油轮船东的责任限额,则石油接收方向《1992 年国际油污损害赔偿基金公约的议定书》的基金会缴纳的摊款可用于赔偿;第三层,若索赔金额超过《1992 年国际油污损害民事责任公约的议定书》和《1992 年国际油污损害赔偿基金公约的议定书》的赔偿限额,则依据《1992 年国际油污损害赔偿基金公约的议定书》2003 年修正案缴纳的摊款可继续用于赔偿。② 中国于 1999 年 1 月 5 日交存《1992 年国际油污损害民事责任公约的议定书》加入书,2000 年 1 月 5 日对我国生效。我国也曾考虑加入《1992 年国际油污损害赔偿基金公约的议定书》,但限于当时国情,该议定书只对我国香港特别行政区具有约束力,并不适用于我国其他地区。根据相关规定,加入《1992 年国际油污损害赔偿基金公约的议定书》2003 年修正案的前提必须是《1992 年国际油污损害赔偿基金公约的议定书》的缔约国,故我国并未加入 2003 年修正案。

《伦敦倾废公约》是 1972 年国际海事组织制定的国际公约。公约订于伦敦、美国、莫斯科和墨西哥城四地,于 1975 年 8 月 30 日生效。中国于 1985 年 11 月 14 日加入公约,1985 年 12 月 15 日对中国生效。③ 从公约制定背景来看,20 世纪 70

---

① 《关于〈1992 年国际油污损害民事责任公约议定书〉2000 年修正案和〈1992 年国际油污赔偿基金公约议定书〉2000 年修正案生效的公告》,载交通运输部网,https://www.mot.gov.cn/zhengcejiedu/chuanboyouwushmszrbxssbf/xiangguanzhengce/201510/t20151015_1904241.html。

② 参见郝会娟等:《中国加入〈1992 年设立国际油污损害赔偿基金国际公约〉的前景分析》,载《中华海洋法学评论》2019 年第 2 期。

③ 公约签订、批准和生效情况见外交部条约数据库,载外交部网,http://treaty.mfa.gov.cn/web/detail1.jsp?objid=1531876052533。

年代初，大量有毒物质向海上倾倒，沿海一些国家对海洋倾倒出现的污染危害事件表示不满，激发了国际社会对海洋倾倒控制的强烈要求，开始了全面控制海洋倾倒的努力。特别是1971年两起海洋倾倒造成的事件，促使各国认识到海洋倾倒控制方面进行国际合作的必要性：一是英国轮船公司计划在英国南部海域倾倒一批化学毒品；二是荷兰一艘船舶正从鹿特丹港载运650吨氯烃废弃物，准备倒在北海北部海区。这两起偶发倾倒事件的出现，引起北海沿岸国家以及挪威、冰岛等国人民的强烈抗议，从而激起各界人士的坚决反对，最终这两起倾倒未能实现。以此为契机，联合国人类环境会议筹委会于1971年2月设立了一个政府间海洋污染工作组，着手研究建立海洋倾倒公约的有关问题，经过多次协商，于1972年12月在伦敦召开的第三次政府间海上倾倒会议上通过了《伦敦倾废公约》。这是第一个专以控制海洋倾倒为目的的全球性公约。由此，各沿海国家以此为依据相应制定了一系列有关法律和制度，使海洋倾倒正式纳入各国法制管理范畴之内。《〈防止倾倒废物及其他物质污染海洋的公约〉1996年议定书》是对《伦敦倾废公约》的补充和修订。议定书对倾废的管理更加严格，仅允许明确列入议定书附件的物质向海洋倾倒。同时，议定书的管辖范围选择性扩大到内水，包括了近海石油平台弃置和推倒，采纳了“反列名单”的方式和废物评价框架体系。包括中国在内的80个国家签署了议定书，中国于2006年6月29日批准通过该议定书，同时对议定书的部分条款声明保留。① 议定书于2006年10月29日对我国生效。② 2006年11月2日，在伦敦召开的《防止倾倒废物及其他物质污染海洋的公约1996年议定书》首届缔约国会议上，对1996年议定书附件1进行了部分修正，2007年2

① 第十届全国人民代表大会常务委员会第二十二次会议决定：“批准于1996年11月7日在《防止倾倒废物及其他物质污染海洋的公约》缔约国会议上通过的《〈防止倾倒废物及其他物质污染海洋的公约〉1996年议定书》（以下简称《议定书》）；同时声明：一、对于《议定书》第16条第2款、第5款，如果中华人民共和国因为《议定书》的解释和适用（包括第3条第1款、第2款的解释和适用）而成为争端当事方，须经中华人民共和国政府书面同意，才能适用《议定书》附件Ⅲ所列仲裁程序。二、在中华人民共和国政府另行通知前，《议定书》暂不适用于中华人民共和国澳门特别行政区。”参见《全国人民代表大会常务委员会关于批准〈《防止倾倒废物及其他物质污染海洋的公约》1996年议定书〉（2006年6月29日通过）》的决定，载中国政府网，http://www.gov.cn/gongbao/content/2006/content_363610.htm。

② 公约签署、生效及适用情况见外交部条约数据库，载外交部网，http://treaty.mfa.gov.cn/web/detail1.jsp?objid=1531876075871。

月 8 日国务院决定接受,2007 年 2 月 10 日自动对我国生效。①

《MARPOL 公约》由国际政府间海事咨询组织(IMCO)于 1973 年在伦敦召开的海洋污染国际会议中通过,是对 1954 年《伦敦油污公约》及其修正案的进一步发展。该公约适用于除军舰及政府公务船舶外的所有船舶,包括水雾船、气垫船、潜水船、水上船艇和固定式或移动式工作平台,并对一切商业用途船舶规定了严格的技术要求。该公约由于对缔约国要求较高而引起众多争议。为使各国普遍接受该公约,政府间海事协商组织于 1978 年召开会议对该公约进行修订,通过了《关于 1973 年国际防止船舶造成污染公约的 1978 年的议定书》(MARPOL 73/78)。相较于 1973 年《MARPOL 公约》,MARPOL 73/78 对于船龄在 10 年及其以上的油轮,规定了更加严格的检查、检验和发证制度,并对不同类型和不同等级的油轮的专用压载舱、清洁压载舱和原油洗舱的要求作了适当的调查。MARPOL 73/78 是以往通过所有涉及海上污染的公约中目标最高的国际公约。其内容涉及油类、有毒有害物质、船舶垃圾、包装有害物质、生活污水等污染。该公约通过对船舶构造的要求,对操作技术的限制以及检验发证的规定,对防止船舶污染作出重大贡献。MARPOL 73/78 是 1973 年《MARPOL 公约》的一部分,加入 MARPOL 73/78 即视为同时加入了 1973 年《MARPOL 公约》。我国于 1983 年 7 月 1 日加入 MARPOL 73/78,同时对公约附则Ⅲ、Ⅳ、Ⅴ声明保留,该议定书对中国生效日期为 1983 年 10 月 2 日。② 国际海事组织于 1997 年对 MARPOL 73/78 进行了再次修订,通过了 1997 年议定书并于 2005 年 5 月 19 日生效。该议定书将防止和控制船舶造成的大气污染增加到公约中,列为附则Ⅵ对船舶的气体排放(包括硫氧化物、氮氧化物、消耗臭氧层物质等制定了更严格的标准。③ 经国务院批准,中国于 2006 年 3 月 15 日向国际海事组织秘书长交存了加入 1997 年议定书的文件,该议定书已于 2006

① 国函〔2007〕13 号批复,载中国政府网,http://www.gov.cn/gongbao/content/2007/content_564113.htm。

② 议定书批准、生效和声明保留情况见外交部条约数据库,载外交部网,http://treaty.mfa.gov.cn/web/detail1.jsp?objid=1531876007430。

③ MARPOL 公约介绍,载国际海事组织网,https://www.imo.org/en/About/Conventions/Pages/International-Convention-for-the-Prevention-of-Pollution-from-Ships-(MARPOL).aspx。

年8月23日正式对我国生效。[①] 该附则后来经过了多次修订:(1)2005年7月22日,国际海事组织海上环境保护委员会在第53届会议以第MEPC.132(53)号决议对1997年议定书的附则Ⅵ第2条、第6条至第8条和第14条等内容进行了修订,修订后的附则Ⅵ于2006年11月22日生效。(2)2008年10月10日,海上环境保护委员会在第58届会议以第MEPC.176(58)号决议对1997年议定书的附则Ⅵ第12条至第15条进行了修订,修订后的附则Ⅵ于2010年7月1日生效。(3)2011年7月15日,海上环境保护委员会在第62届会议以第MEPC.202(62)号决议对1997年议定书的附则Ⅵ第13条和第14条及附则Ⅶ进行了修订,修订后的附则于2013年1月1日生效。(4)2014年10月17日,海上环境保护委员会在第67届会议以第MEPC.258(67)号决议对附则Ⅵ修正案第2条和第13条及国际防止空气污染(IAPP)证书附件进行了修订,修订后的附则于2016年3月1日生效。(5)2018年4月13日,海上环境保护委员会在第72届会议以第MEPC.301(67)号决议对附则Ⅵ修正案关于排放控制区和滚装货船和滚装客船所要求的能效设计指数进行了修订,修订后的附则于2019年9月1日生效。根据1973年《MARPOL公约》第16(2)(g)(ii)条关于修正案默认接受程序的规定,我国作为MARPOL 73/78的缔约国,在上述修正案通过后未对其内容提出任何反对意见,因此修正案对我国具有约束力。

1992年《生物多样性公约》(CBD)是一项保护地球生物资源的国际性公约,旨在订立一套国际性战略,使生物多样性得以受到保护和实现可持续发展。1992年6月1日,公约由联合国环境规划署发起的政府间谈判委员会第七次会议在内罗毕通过,并于1992年6月5日由签约国在巴西里约热内卢举行的联合国环境与发展大会上签署。公约于1993年12月29日正式生效。常设秘书处设在加拿大的蒙特利尔。联合国《生物多样性公约》缔约国大会是全球履行该公约的最高决策机构,一切有关履行《生物多样性公约》的重大决定都要经过缔约国大会的通过。生物多样性这一概念由美国野生生物学家和保育学家雷蒙德(Ramond · F. Dasman)于1968年在其通俗读物《一个不同类型的国度》(*A Different Kind of*

---

① 交通部公告2006年第15号,载广东海事局网,https://www.gd.msa.gov.cn/aspx/gdmsa/765_detail.aspx? id=105。

Country)一书中首先使用,是"Biology"和"Diversity"的组合,即"Biological Diversity"。此后的10多年,这个词并没有得到广泛的认可和传播,直到20世纪80年代,"生物多样性"(Biodiversity)的缩写形式由罗森(W. G. Rosen)在1985年第一次使用,并于1986年第一次出现在公开出版物上,由此"生物多样性"才在科学和环境领域得到广泛传播和使用。根据《生物多样性公约》的定义,生物多样性是指"所有来源的活的生物体中的变异性,这些来源包括陆地、海洋和其他水生生态系统及其所构成的生态综合体;这包括物种内、物种之间和生态系统的多样性"①。《生物多样性公约》是一项有法律约束力的公约,旨在保护濒临灭绝的植物和动物,最大限度地保护地球上的多种多样的生物资源,以造福于当代和子孙后代。公约规定,发达国家将以赠送或转让的方式向发展中国家提供新的补充资金以补偿它们为保护生物资源而日益增加的费用,发达国家应以更实惠的方式向发展中国家转让技术,从而为保护世界上的生物资源提供便利;签约国应为本国境内的植物和野生动物编目造册,制订计划保护濒危的动植物;建立金融机构以帮助发展中国家实施清点和保护动植物的计划;使用另一个国家自然资源的国家要与那个国家分享研究成果、盈利和技术。② 截至2021年9月11日,《生物多样性公约》的缔约方有196个国家,其中已有168个国家签署了公约。③ 中国于1992年6月11日签署该公约,1992年11月7日批准,1993年1月5日交存加入书。公约的最高权力机构是缔约方大会,它由批准公约的各国政府(含地区经济一体化组织)组成,这个机构检查公约的进展,为成员国确定新的优先保护重点,制订工作计划。缔约方大会也可以修订公约,建立顾问专家组,检查成员国递交的进展报告并与其他组织和公约开展合作。缔约方大会可以从公约建立的其他机构获得专业知识和支持。《生物多样性公约》第十五次缔约方大会于2021年10月在中国昆明召开,是联合国首次以生态文明为主题召开的全球性会议。此次会议以

---

① 《生物多样性概念和意义》,载中国生态环境部网,https://www.mee.gov.cn/home/ztbd/swdyx/2010sdn/sdzhsh/201001/t20100114_184321.shtml。

② 参见《生物多样性公约》,载福建省生态环境厅网,http://112.54.44.60/gzcy/tzxx/hbcs/202105/t20210521_5599424.htm。

③ 参见《Convention on Biological Diversity List of Parties》,载生物多样性公约网,https://www.cbd.int/information/parties.shtml。

“生态文明:共建地球生命共同体”为主题,制定“2020 年后全球生物多样性框架”,为全球生物多样性保护制定新目标。

《压载水公约》(BWM 公约)是一部国际统一管理船舶压载水,对从加装、排放、清洗到处理船舶压载水进行控制的公约,是全球第一部应对船舶压载水携带外来物种入侵的国际公约。该公约制定的主要目的是降低和减少因为船舶压载水传播和引入有害水生物和病原体,而对全球生物多样性所造成的威胁和对环境、人体健康、财产和资源造成的损伤或损害。主要举措是通过船舶压载水管理,防止、减少并最终消除有害水生物和病原体的转移。公约对控制有害水生物和病原体通过船舶压载水和沉积物转移、沉积物接收设施、科学技术研究和监测、检验和发证等作了规定。公约于 2004 年 2 月 13 日在伦敦订立,2017 年 9 月 8 日生效。2018 年 10 月 22 日,中国驻英国大使馆代表中国政府正式向国际海事组织秘书长林基泽递交中国加入《压载水公约》文书,公约已于 2019 年 1 月 22 日起对我国正式生效。① 除上述列举的主要公约外,与海洋科技安全与生态安全相关的国际条约还有 1957 年《船舶所有人责任制国际公约》、1976 年《海事赔偿责任限制公约》及其议定书、1979 年《保护野生动物迁徙物种公约》、1990 年《国际油污防备、反应和合作公约》、1996 年《国际海上运输有毒有害物质损害责任和赔偿公约》、2000 年《有害和有毒物质污染事故防备、反应和合作议定书》、2001 年《国际控制船舶有害防污底系统公约》、2001 年《国际燃油污染损害民事责任公约》、2007 年《内罗毕国际船舶残骸清除公约》、2009 年《香港国际安全与无害环境拆船公约》、2009 年《万鸦老海洋宣言》等。②

二、海洋信息安全与知识产权安全相关国际法律制度、机制与规则

从广义上来说,信息安全既包括物理安全层面,如承载信息流的电缆、通信设

① 参见《我国正式加入国际船舶压载水管理公约》,载中国政府网,http://www.gov.cn/xinwen/2018-10/27/content_5334949.htm。

② 2009 年世界海洋大会发布的《万鸦老海洋宣言》承认,必须实现海洋生物资源和沿海生境的长期养护、管理和可持续利用;制定国家战略,可持续地管理海洋和沿海生态系统并增加其适应能力;减少海洋污染;增加对海岸、海洋和气候变化的了解并交流信息,尤其是在发展中国家;建立和有效管理海洋保护区,包括适应能力网络。

备及相关设施等有形物品的安全与保护，也包括信息本身所具有的保密性、完整性、可用性等无形产品的价值属性。涉海相关产业的商品贸易与其他商品贸易一样，要受到知识产权类国际条约的调整和保护，尤其是制药产业，随着海洋生物制药在新型药品研制领域占据着越来越重要的地位，知识产权保护对海洋产业的影响亦与日俱增。

海洋信息安全物理保护层面，最具有代表性的是海底光缆保护。涉及海底光缆保护问题的国际条约主要有：1884 年《保护海底电缆公约》、1958 年日内瓦《公海公约》和《大陆架公约》以及 1982 年《海洋法公约》。《海洋法公约》赋予公约签署国在其领海内对船舶无害通过进行监管的权力，当船舶在这些区域内实施故意破坏光缆设施的活动时，海岸国家有足够法律依据对其实施司法管辖。因前文已对《公海公约》《大陆架公约》《海洋法公约》进行了详细介绍，故本节不再赘述。《保护海底电缆公约》于 1884 年 3 月 14 日在巴黎召开的国际会议上通过。公约共 17 条，适用范围为位于各国领海以外，所有合法铺设的并在一个或多个缔约国领土、殖民地或占领地上岸的海底电缆。该公约将破坏海底通信电缆定为应受惩罚的行为，所有船舶在运营时都必须与铺设电缆的船舶保持 1 海里（1.9 公里）的距离，任何非故意钩住电缆并牺牲其渔网以避免破坏电缆的船只都将获得相应补偿。中国未加入该公约。

涉海信息安全知识产权方面，《巴黎公约》于 1883 年 3 月 20 日在巴黎签订，1884 年 7 月 7 日生效。《巴黎公约》的调整对象即保护范围是工业产权，包括发明专利权、实用新型、工业品外观设计、商标权、服务标记、厂商名称、货物标记或原产地名称以及制止不正当竞争等。《巴黎公约》的基本目的是保证一成员国的工业产权在所有其他成员国都得到保护，该公约是 WTO 成员必须执行和遵守的国际公约之一。该公约与 1886 年《伯尔尼公约》一起构成了全世界范围内保护经济“硬实力”和文化“软实力”的两个“国际基本法”。1985 年 3 月 19 日，中国成为《巴黎公约》成员国。由于各成员国间的利益矛盾和立法差别，《巴黎公约》没能制定统一的工业产权法，而是以各成员国内立法为基础进行保护，因此它没有排除专利权效力的地域性。公约在尊重各成员的国内立法的同时，规定了各成员国必须共同遵守的几个基本原则，以协调各成员国的立法，使之与公约的规定相一致。[1] 公约的基本原则有:国民待遇原则、优先权原则、独立性原则、强制许可专利原则等。涉海相关产业的商品贸易与其他商品贸易一样,要受到《巴黎公约》的调整。

TRIPS 协定是世界贸易组织管辖的一项多边贸易协定。有 7 个部分,共 73 条,其中所说的“知识产权”包括著作权与邻接权、商标权、地理标志权、工业品外观设计权、专利权、集成电路布线图设计权、未披露的信息专有权。TRIPS 协定是迄今为止对各国知识产权法律和制度影响最大的国际条约。与过去的知识产权国际条约相比,该协议具有三个突出特点:第一,它是第一个涵盖了绝大多数知识产权类型的多边条约,既包括实体性规定,也包括程序性规定。这些规定构成了 WTO 成员必须达到的最低标准,除在个别问题上允许最不发达国家延缓施行外,所有成员均不得有任何保留。这样,该协议就全方位地提高了全世界知识产权保护的水准。第二,它是第一个对知识产权执法标准及执法程序作出规范的条约,对侵犯知识产权行为的民事责任、刑事责任以及保护知识产权的边境措施、临时措施等都作了明确规定。第三,它引入了 WTO 的争端解决机制,用于解决各成员之间产生的知识产权纠纷。过去的知识产权国际条约对参加国在立法或执法上违反条约并无相应的制裁条款,TRIPS 协定则将违反协议规定直接与单边及多边经济制裁挂钩。[2] 由于签署 TRIPS 协定是世界贸易组织成员的强制要求,任何想要加入 WTO 从而降低国际市场准入门槛的国家或地区都必须按照 TRIPS 协定的要求制定严格的知识产权法律。因此,TRIPS 协定是知识产权法律全球化中最重要的多边文书。

其他与涉海产业发展有关的知识产权类国际条约还有 1891 年《马德里协定》、1925 年《工业品外观设计国际保存海牙协定》、1958 年《里斯本协定》、1968 年《洛迦诺协定》、1971 年《斯特拉斯堡协定》、1973 年《维也纳协定》、1973 年《商标注册条约》、1977 年《布达佩斯条约》、1978 年《专利合作条约》、1978 年《保护植物新品种国际公约》、1981 年《商标国际注册马德里协定》及有关议定书、1989 年

---

① 参见《〈保护工业产权巴黎公约〉概述》,载中国商务部网,http://tradeinservices.mofcom.gov.cn/article/zhishi/jichuzs/201805/61091.html。

② 参见郑成思:《国际知识产权保护和我国面临的挑战和机遇》,载中国法学网,http://iolaw.cssn.cn/zxzp/200607/t20060729_4598446.shtml。

《华盛顿条约》、1992 年《生物多样性公约》、2000 年《专利法条约》、2001 年《多哈部长宣言》、2006 年《商标法新加坡条约》等。

三、海洋资源安全相关的国际法律制度、机制与规则

海洋资源，是指海洋中的生产资料和生活资料的天然来源。海洋资源包括海洋矿物资源、海水化学资源、海洋生物（水产）资源和海洋动力资源 4 项。涉及海洋资源的国际公约主要为《海洋法公约》以及海洋渔业资源相关公约，鉴于《海洋法公约》已在前文详细介绍，本节不再赘述。

海洋渔业资源方面，海洋渔业资源具有共有性、徊游性及渔船作业流动性等特点，引起国际社会对海洋渔业资源的高度关注。自 19 世纪后期，尤其是第二次世界大战后，海洋捕捞能力增强，在某些海域通过国际合作签订了国际协定，如 1882 年由英国等 6 国签订的《北海渔业公约》规定了北海渔业捕获规则，1911 年签订的《北太平洋海豹保护公约》等早期保护和合理利用渔业资源的公约，逐步形成了以国际法为基础的海洋渔业管理制度。从已达成和正在制定的协议看，主要可分为两类：第一类是调整渔业资源的利用和养护的关系，即通过对渔业资源科学评估，针对全球或某一区域内的单一种类或多种类渔业资源，确定捕捞总量、捕捞配额或采取限额捕捞、禁止捕捞等保护措施，并确定各缔约国的义务。其分配和保护对象一般是在渔业中具有重要地位的或处于衰退、濒临灭绝种类的海洋生物。这类公约中中国参加或参与的主要有 1946 年《国际捕鲸管制公约》、1994 年《中白令海峡鳕资源养护与管理公约》（CCBSP）、1995 年“鱼类种群协定”、2000 年《中西太平洋高度洄游鱼类种群养护和管理公约》等。第二类是在共同区域内调整作业主体的规范和行为准则，即在共同区域内或渔场作业的渔船、渔民及其国家所应遵循的规则。这类公约主要有 1995 年《负责任渔业行为守则》、1993 年《遵守协定》、1995 年《国际渔船船员培训、发证和值班标准公约》（STCW 公约）、《托雷莫利诺斯国际渔船安全公约》等。随着《海洋法公约》生效和公海渔业发展，国际社会对共有性渔业资源的养护和合理利用越来越重视，公海捕鱼自由的时代已经结束。加强养护和合理利用资源，负责任捕捞将成为国际渔业公约的主题，加强区域合作达成共同利用养护渔业资源的多边协定将是渔业公约的发展方向。

第四章　海上安全保障的区域法律制度、机制与规则[①]

第一节　亚洲区域中外条约

一、涉海条约[②]

亚洲区域涉海条约共有4份，涉及通商航海、苏朝海上边界划分及中日基本外交方略，具体条约如下（见表4－1）：

表4－1　亚洲区域涉海条约

签订日期	条约名称
1985年4月17日	《苏维埃社会主义共和国联盟与朝鲜民主主义共和国关于调整苏朝国界的条约》

① 主要根据北大法宝法律数据库进行的统计与分析，并以外交部公布的条约签订和声明公报情况为补充。

② 涉海泛指所有与海洋事务相关的领域，例如，海运、船舶、港口、出入境、涉海贸易、涉海科技交流、涉海政治与军事合作、涉海司法协作、涉海边界划分、涉海核电站、海洋能源、海洋生物资源、海底电缆等。下同。

续表

签订日期	条约名称
1962 年 11 月 5 日	《中华人民共和国和朝鲜民主主义人民共和国通商航海条约》
1962 年 12 月 18 日	《中华人民共和国政府和越南民主共和国通商航海条约》
1978 年 10 月 23 日	《中华人民共和国和日本国和平友好条约》

二、涉海公约

亚洲区域涉海中外公约方面仅有 2 份，分别为 1962 年 5 月 25 日《核动力船舶经营人责任公约》和 2001 年 6 月 15 日《打击恐怖主义、分裂主义和极端主义上海公约》，一份涉及核动力船舶，未生效，一份为上海合作组织关于政治安全和军事安全的公约。

三、涉海协定

（一）司法协作领域

亚洲区域涉海司法协作方面有 4 份中外协定，主要涉及安全合作及打击非法文物进出境，具体协定如下（见表 4－2）：

表 4－2　亚洲区域涉海司法协作中外协定

签订日期	协定名称
2006 年 4 月 22 日	《中华人民共和国政府和沙特阿拉伯王国政府安全合作协定》
2006 年 11 月 21 日	《中华人民共和国政府和印度共和国政府关于防止盗窃、盗掘和非法进出境文物的协定》
2007 年 1 月 15 日	《中华人民共和国政府和菲律宾共和国政府关于防止盗窃、盗掘和非法进出境文物的协定》
2009 年 5 月 23 日	《中华人民共和国公安部和约旦哈希姆王国内政部安全合作协议》

（二）政治、军事和外交合作领域

亚洲区域涉海政治、军事和外交合作领域方面有 24 份中外协定，主要涉及军事力量部署、反恐合作、核能开发、中越海上问题及边界划分、中日、中韩渔业边界划分、国际人口拐卖等,具体协定如下(见表4－3):

表4－3　亚洲区域涉海政治、军事和外交合作领域中外协定

签订日期	协定名称
1956年7月3日	《中华人民共和国政府、朝鲜民主主义人民共和国政府和苏维埃社会主义共和国联盟政府关于在救护海上遇难的人命和救助海上遇难船舶及飞机方面进行合作的协定》
1971年7月3日	《中华人民共和国政府和朝鲜民主主义人民共和国政府关于海难救助合作的协定》
1985年7月31日	《中国和日本和平利用核能合作协定》
1986年9月15日	《中华人民共和国政府和巴基斯坦伊斯兰共和国政府和平利用核能合作协定》
1990年9月3日	《苏维埃社会主义共和国联盟政府和朝鲜民主主义人民共和国政府边界制度协定》
1992年9月10日	《中华人民共和国政府和伊朗伊斯兰共和国政府和平利用核能合作协定》
1994年5月3日	《中华人民共和国国家核安全局和日本国通商产业省核安全合作协议》
1994年10月31日	《中华人民共和国政府和大韩民国政府和平利用核能合作协定》
1996年4月26日	《中华人民共和国和哈萨克斯坦共和国、吉尔吉斯共和国、俄罗斯联邦、塔吉克斯坦共和国关于在边境地区加强军事领域信任的协定》
1997年4月24日	《中华人民共和国和哈萨克斯坦共和国、吉尔吉斯共和国、俄罗斯联邦、塔吉克斯坦共和国关于在边境地区相互裁减军事力量的协定》
1997年11月11日	《中华人民共和国和日本国渔业协定》
2000年8月3日	《中华人民共和国政府和大韩民国政府渔业协定》
2000年12月25日	《中华人民共和国和越南社会主义共和国关于两国在北部湾领海、专属经济区和大陆架的划界协定》
2000年12月25日	《中华人民共和国政府和越南社会主义共和国政府北部湾渔业合作协定》

续表

签订日期	协定名称
2005 年 4 月 5 日	《中华人民共和国政府和巴基斯坦伊斯兰共和国政府关于打击恐怖主义、分裂主义和极端主义的合作协定》
2006 年 4 月 22 日	《中华人民共和国政府和沙特阿拉伯王国政府安全合作协定》
2006 年 6 月 15 日	《关于在上海合作组织成员国境内组织和举行联合反恐行动的程序协定》
2006 年 11 月 21 日	《联合实施国际热核聚变实验堆计划国际聚变能组织特权和豁免协定》
	《建立 ITER 国际聚变能组织联合实施国际热核聚变实验堆计划协定》
2008 年 8 月 19 日	《中华人民共和国政府和约旦哈希姆王国政府和平利用核能合作协定》
2008 年 8 月 28 日	《上海合作组织成员国组织和举行联合反恐演习的程序协定》
2008 年 9 月 17 日	《中华人民共和国国家能源局和约旦哈希姆王国原子能委员会关于在和平利用核能领域开展合作的协议》
2010 年 9 月 15 日	《中华人民共和国政府和越南社会主义共和国政府关于加强预防和打击拐卖人口合作的协定》
2011 年 10 月 11 日	《中华人民共和国和越南社会主义共和国关于指导解决中华人民共和国和越南社会主义共和国海上问题基本原则协议》

(三)经济贸易和科技合作领域

亚洲区域涉海经济贸易和科技合作领域有 208 份中外协定，主要涉及海运、跨(境)运输、多式联运、船舶检验、渔业捕捞、贸易投资、税收金融、海底电缆、科技合作、科学考察、测绘技术、港口建设、环境保护、海关合作、动植物检验检疫、石油开采及贸易等方面，具体协定如下(见表 4－4)：

表 4 –4 亚洲区域涉海经济贸易和科技合作领域中外协定

签订日期	协定名称
1956 年 12 月 20 日	《中华人民共和国政府和越南民主共和国政府关于两国间海上运输的协定》
1963 年 7 月 25 日	《中华人民共和国政府和锡兰政府海运协定》
1965 年 7 月 24 日	《中华人民共和国政府和印度尼西亚共和国政府海运协定》
1965 年 12 月 17 日	《中国渔业协会和日中渔业协议会关于黄海东海渔业的协定》
1966 年 10 月 21 日	《中华人民共和国政府和巴基斯坦伊斯兰共和国政府海运协定》
1971 年 11 月 17 日	《中华人民共和国政府和朝鲜民主主义人民共和国政府关于在船舶技术检验及船级规定工作中相互合作协定》
1972 年 4 月 20 日	《中华人民共和国政府和锡兰政府联合海运航线协议》
1972 年 11 月 29 日	《中华人民共和国政府和黎巴嫩共和国政府贸易协定》
1973 年 4 月 8 日	《中华人民共和国政府和伊朗王国政府贸易协定》
1973 年 5 月 4 日	《中华人民共和国电信总局和日本国邮政省关于建设中国和日本国之间海底电缆的协议》
1974 年 11 月 13 日	《中华人民共和国政府和日本国政府海运协定》
1975 年 6 月 9 日	《中华人民共和国政府和菲律宾共和国政府贸易协定》
1975 年 8 月 15 日	《中华人民共和国和日本国渔业协定》
1978 年 3 月 31 日	《中华人民共和国政府和泰王国政府贸易协定》
1978 年 11 月 20 日	《中华人民共和国政府和孟加拉人民共和国政府海运协定》
1979 年 3 月 23 日	《中华人民共和国政府和泰王国政府海运协定》
1979 年 12 月 29 日	《中华人民共和国政府和新加坡共和国政府贸易协定》
1980 年 3 月 1 日	《中华人民共和国政府和孟加拉人民共和国政府长期贸易协定》
1980 年 5 月 28 日	《中华人民共和国政府和日本国政府科学技术合作协定》
1980 年 8 月 22 日	《中华人民共和国船舶检验局和日本海事协会关于船舶技术检验合作的协议》
1980 年 10 月 6 日	《中华人民共和国政府和科威特政府贸易协定》
1980 年 10 月 14 日	《中华人民共和国政府和阿曼苏丹国政府贸易协定》
1981 年 2 月 16 日	《中华人民共和国政府和塞浦路斯共和国政府贸易协定》
1981 年 5 月 8 日	《中华人民共和国政府和伊拉克共和国政府贸易协定》

续表

签订日期	协定名称
1981 年 5 月 8 日	《中华人民共和国政府和伊拉克共和国政府经济技术合作协定》
1981 年 12 月 19 日	《中华人民共和国政府和土耳其共和国政府经济、工业和技术合作协定》
1983 年 9 月 6 日	《中・日(日本)税收协定、议定书和换文》
1984 年 5 月 22 日	《中国和斯里兰卡科技合作协定》
1984 年 8 月 15 日	《中华人民共和国政府和印度共和国政府贸易协定》
1985 年 11 月 14 日	《中华人民共和国政府与阿拉伯联合酋长国政府经济、贸易、技术合作协定》
1985 年 11 月 21 日	《中华人民共和国政府和新加坡共和国政府关于促进和保护投资协定》
1985 年 11 月 23 日	《中华人民共和国政府和科威特国政府关于促进和保护投资协定》
1986 年 3 月 13 日	《中华人民共和国政府和斯里兰卡民主社会主义共和国政府关于相互促进和保护投资协定》
1987 年 9 月 9 日	《中华人民共和国政府和马来西亚政府海运协定》
1988 年 3 月 9 日	《中华人民共和国和科威特阿拉伯经济发展基金会关于锦州港一期工程项目的贷款协定》
1988 年 8 月 27 日	《中华人民共和国和日本国关于鼓励和相互保护投资协定》
1988 年 11 月 21 日	《中华人民共和国政府和马来西亚政府关于相互鼓励和保护投资协定》
1988 年 12 月 22 日	《中华人民共和国政府和印度共和国政府科学技术合作协定》
1989 年 1 月 24 日	《中华人民共和国政府和新加坡共和国政府海运协定》
1989 年 2 月 12 日	《中华人民共和国政府和巴基斯坦伊斯兰共和国政府关于相互鼓励和保护投资协定》
1989 年 11 月 15 日	《中・巴(巴基斯坦)税收协定》
1990 年 6 月 30 日	《中华人民共和国政府和孟加拉人民共和国政府科学技术合作协定》
1990 年 8 月 8 日	《中华人民共和国政府和印度尼西亚共和国政府贸易协定》
1990 年 8 月 29 日	《中华人民共和国政府和塞浦路斯共和国政府海运协定》

续表

签订日期	协定名称
1990 年 10 月 30 日	《中华人民共和国国家科学技术委员会和土耳其共和国科学技术研究理事会科学技术合作协议》
1990 年 11 月 13 日	《中华人民共和国和土耳其共和国关于相互促进和保护投资协定》
1991 年 7 月 7 日	《中华人民共和国政府和约旦哈希姆王国政府科学技术合作协定》
1991 年 8 月 19 日	《中华人民共和国政府和伊朗伊斯兰共和国政府贸易协定》
1991 年 8 月 26 日	《中华人民共和国政府和蒙古人民共和国政府关于蒙古通过中国领土出入海洋和过境运输的协定》
1991 年 11 月 7 日	《中华人民共和国政府和越南社会主义共和国政府贸易协定》
1992 年 1 月 26 日	《中华人民共和国政府和朝鲜民主主义人民共和国政府贸易协定》
1992 年 3 月 2 日	《中华人民共和国政府和新加坡共和国政府科学技术合作协定》
1992 年 3 月 8 日	《中华人民共和国政府和越南社会主义共和国政府海运协定》
1992 年 7 月 20 日	《中华人民共和国政府和菲律宾共和国政府关于鼓励和相互保护投资协定》
1992 年 9 月 30 日	《中华人民共和国政府和大韩民国政府关于鼓励和相互保护投资协定》
	《中华人民共和国政府和大韩民国政府自由贸易协定》
	《中华人民共和国政府和大韩民国政府科学技术合作协定》
1992 年 10 月 23 日	《中华人民共和国政府和土耳其共和国政府海运协定》
1992 年 10 月 30 日	《中华人民共和国政府和以色列国政府贸易协定》
1993 年 2 月 14 日	《中华人民共和国政府和以色列国政府科学技术合作协定》
1993 年 5 月 27 日	《中华人民共和国政府和大韩民国政府海运协定》
1993 年 6 月 3 日	《中华人民共和国政府和格鲁吉亚共和国政府关于鼓励和相互保护投资协定》
	《中华人民共和国政府和格鲁吉亚共和国政府科学技术合作协定》
	《中华人民共和国政府和格鲁吉亚共和国政府海运合作协定》
1993 年 7 月 1 日	《中华人民共和国政府和阿拉伯联合酋长国政府关于促进和保护投资协定》
	《中华人民共和国政府与卡塔尔国政府贸易协定》

续表

签订日期	协定名称
1993 年 10 月 28 日	《中华人民共和国政府和大韩民国政府环境合作协定》
1994 年 9 月 16 日	《中华人民共和国政府和大韩民国政府关于海关合作与互助的协定》
1994 年 11 月 18 日	《中华人民共和国政府和印度尼西亚共和国政府关于促进和保护投资协定》
1995 年 3 月 18 日	《中华人民共和国政府和阿曼苏丹国政府关于促进和保护投资协定》
1995 年 3 月 31 日	《中华人民共和国国家海洋局和日本国科学技术厅关于副热带环流合作调查研究实施协议》
1995 年 6 月 12 日	《中华人民共和国政府和黎巴嫩共和国政府海运协定》
1995 年 9 月 11 日	《中华人民共和国政府和哈萨克斯坦共和国政府关于利用连云港装卸和运输哈萨克斯坦过境货物的协定》
1996 年 11 月 29 日	《中华人民共和国政府和印度共和国政府海运协定》
1997 年 2 月 17 日	《中华人民共和国政府和以色列国政府关于海关行政互助与合作的协定》
1997 年 3 月 30 日	《中华人民共和国政府和以色列国政府海运协定》
1997 年 8 月 6 日	《中华人民共和国政府与伊拉克共和国政府贸易和经济技术合作协定》
1998 年 2 月 11 日	《中华人民共和国政府和巴基斯坦伊斯兰共和国政府关于植物检疫的协定》
1998 年 2 月 16 日	《中华人民共和国政府和也门共和国政府关于鼓励和相互保护投资协定》
1999 年 4 月 9 日	《中华人民共和国政府和卡塔尔国政府关于鼓励和相互保护投资协定》
1999 年 6 月 17 日	《中华人民共和国政府和巴林国政府关于鼓励和相互保护投资协定》
1999 年 9 月 13 日	《中华人民共和国政府和菲律宾共和国政府关于农业及有关领域合作协定》

续表

签订日期	协定名称
1999 年 11 月 26 日	《柬埔寨王国政府、中华人民共和国政府、老挝人民民主共和国政府、缅甸联邦政府、泰王国政府和越南社会主义共和国政府便利货物及人员跨境运输协定》
2000 年 5 月 31 日	《中华人民共和国政府和巴基斯坦伊斯兰共和国政府关于延长测绘科技合作议定书的协议》
2000 年 6 月 22 日	《中华人民共和国政府和伊朗伊斯兰共和国政府关于相互促进和保护投资协定》
2000 年 11 月 17 日	《中华人民共和国政府和文莱达鲁萨兰国政府关于鼓励和相互保护投资协定》
2001 年 6 月 5 日	《中华人民共和国政府和印度尼西亚共和国政府海运协定(2001)》
2002 年 3 月 17 日	《中华人民共和国与伊朗伊斯兰共和国原油贸易长期协议》
	《中华人民共和国政府和伊朗伊斯兰共和国政府关于植物保护和检疫合作协定》
2002 年 4 月 16 日	《中华人民共和国政府与土耳其共和国政府关于海关事务的合作互助协定》
2002 年 4 月 20 日	《中华人民共和国政府和伊朗伊斯兰共和国政府商船海运协定》
2002 年 6 月 14 日	《中华人民共和国政府和朝鲜民主主义人民共和国政府海运协定》
2003 年 1 月 21 日	《中华人民共和国政府和以色列政府关于植物检疫的合作协定》
2003 年 9 月 17 日	《中华人民共和国政府和东帝汶民主共和国政府贸易协定》
2004 年 3 月 28 日	《中华人民共和国政府和马尔代夫共和国政府贸易和经济合作协定》
2004 年 11 月 11 日	《中华人民共和国政府和巴基斯坦伊斯兰共和国政府关于延长测绘科技合作议定书有效期的协议》
2005 年 3 月 17 日	《中华人民共和国政府和阿塞拜疆共和国政府关于海关事务的互助协定》
2005 年 3 月 22 日	《中华人民共和国政府和朝鲜民主主义人民共和国政府关于促进和保护投资协定》

续表

签订日期	协定名称
2005年4月5日	《中华人民共和国政府与巴基斯坦伊斯兰共和国政府关于自由贸易协定早期收获计划的协议》
	《中华人民共和国政府和巴基斯坦伊斯兰共和国政府关于海关事务的合作与互助协定》
2005年4月11日	《中华人民共和国政府和印度共和国政府关于海关行政互助和合作协定》
2006年1月24日	《中华人民共和国政府和土耳其共和国政府关于动物检疫及动物卫生的合作协定》
2006年2月20日	《中华人民共和国国家发展和改革委员会和巴基斯坦伊斯兰共和国石油和自然资源部关于能源领域合作框架协议》
	《中华人民共和国政府和巴基斯坦伊斯兰共和国政府关于扩大和深化双边经济贸易合作的框架协定》
2006年4月2日	《中华人民共和国政府和日本国政府海关互助与合作协定》
2006年11月16日	《中华人民共和国政府和越南社会主义共和国政府关于扩大和深化双边经济贸易合作的协定》
2006年11月21日	《中华人民共和国政府和印度共和国政府关于促进和保护投资的协定》
2006年11月24日	《中华人民共和国政府和巴基斯坦伊斯兰共和国政府自由贸易协定》
2007年1月15日	《中华人民共和国政府和菲律宾共和国政府关于扩大和深化双边经济贸易合作的框架协定》
2007年9月7日	《中华人民共和国政府和大韩民国政府关于促进和保护投资的协定》
2008年5月30日	《中华人民共和国政府和越南社会主义共和国政府关于动物检疫及动物卫生的合作协定》
	《中华人民共和国政府和越南社会主义共和国政府关于植物保护和植物检疫的合作协定》

续表

签订日期	协定名称
2008 年 6 月 3 日	《中华人民共和国政府与朝鲜民主主义人民共和国政府关于海关互助的协定》
2008 年 10 月 22 日	《中华人民共和国政府和越南社会主义共和国政府边境卫生检疫协议》
2008 年 10 月 23 日	《中华人民共和国政府和新加坡共和国政府自由贸易协定》
2009 年 2 月 21 日	《中华人民共和国政府和巴基斯坦伊斯兰共和国政府自由贸易区服务贸易协定》
2009 年 5 月 4 日	《中国国家测绘局与以色列国家测绘局关于测绘科技合作的协议》
2010 年 4 月 23 日	《中华人民共和国政府和菲律宾共和国政府关于海关事务的互助协定》
2010 年 9 月 7 日	《中华人民共和国政府和大韩民国政府陆海联运汽车货物运输协定》
2011 年 4 月 21 日	《中华人民共和国政府和伊朗伊斯兰共和国政府关于海关事务的互助合作协定》
2011 年 4 月 28 日	《中华人民共和国政府和马来西亚政府关于扩大和深化经济贸易合作的协定》
2011 年 4 月 29 日	《中华人民共和国政府和印度尼西亚共和国政府关于扩大和深化双边经济贸易合作的协定》
2012 年 5 月 13 日	《中华人民共和国政府、日本国政府及大韩民国政府关于促进、便利及保护投资的协定》
2013 年 1 月 20 日	《中国远洋渔业协会与朝鲜共同捕捞协会关于朝鲜以东海域捕捞合作协议》
2015 年 6 月 1 日	《中华人民共和国政府和大韩民国政府自由贸易协定》
2015 年 6 月 29 日	《亚洲基础设施投资银行协定》
2017 年 5 月 2 日	《中华人民共和国发展和改革委员会与阿拉伯联合酋长国经济部关于加强产能与投资合作的框架协议》
2020 年 11 月 15 日	《区域全面经济伙伴关系协定(RCEP)》

四、涉海议定书

亚洲区域涉海中外议定书共有14份，主要涉及国际组织成立（阿盟）、争议解决、税收协作、科技合作、核安全合作、海运、能源矿产开采合作等，具体议定书如下（见表4－5）：

表4－5　亚洲区域涉海中外议定书

签订日期	议定书名称
1944年10月7日	《亚历山大议定书》
1978年12月9日	《中国国际贸易促进委员会海事仲裁委员会与社团法人日本海运集会所海事仲裁委员会关于采用仲裁方式解决中日海运争议的议定书》
1985年11月23日	《中・马（马来西亚）税收协定和议定书》
	《中华人民共和国政府和马来西亚政府关于对所得避免双重征税和防止偷漏税的协定议定书》
1986年4月18日	《中・新（新加坡共和国）税收协定和议定书》
1986年5月18日	《中华人民共和国国家海洋局和朝鲜民主主义人民共和国气象水文局海洋科学技术合作议定书》
1989年12月25日	《中・科（科威特）税收协定和议定书》
1994年3月28日	《中华人民共和国政府和大韩民国政府关于对所得避免双重征税和防止偷漏税的协定的议定书》
1994年12月13日	《中华人民共和国国家核安全局和大韩民国科学技术部核安全合作议定书》
1995年4月8日	《中华人民共和国政府和以色列国政府关于对所得避免双重征税和防止偷漏税的协定的议定书》
2003年12月2日	《中华人民共和国政府和塞浦路斯共和国政府海运协定修改议定书》
2005年3月29日	《中华人民共和国政府和新加坡共和国政府海运协定修改议定书》
2006年1月23日	《中华人民共和国政府和沙特阿拉伯王国政府关于石油、天然气、矿产领域开展合作的议定书》
2021年3月11日	《中华人民共和国政府和卡塔尔国政府关于对所得避免双重征税和防止偷漏税的协定议定书》

五、涉海其他种类条约

亚洲区域涉海其他种类条约(包括联合声明或宣言、谅解备忘录、联合公报等形式的条约)共有115份,主要涉及船舶证书认证、渔业合作、海运合作、海运税收减免、海底电缆铺设、南沙群岛、过境运输、多式联运、海水淡化合作、中越海上边界划界、海洋环保、海啸预警、打击海盗走私、贩毒、贩卖人口、海洋科技合作、海上油气勘采、《南海各方行为宣言》、南海行为准则、港口开发建设、海上搜救合作、打击船舶犯罪、海洋科学研究、马六甲海峡通行、海洋污染治理、防治危险废弃物跨境转移及海洋污染垃圾越境污染、海关协作及信息交流、航行安全、反恐、航行自由、海洋观测、海洋与海岸带资源管理、军事演习、海军合作、造船、海洋旅游、油气海运通道安全、北极政策、近海石油勘探、金融和保险业务、沿海工业区开发、海上人命安全、"一带一路"合作、"国际陆海贸易新通道"等领域,具体如下(见表4-6):

表4-6 亚洲区域涉海其他种类条约

签订日期	其他种类条约名称
1962年2月9日	《中柬关于相互承认船舶证书的换文》
1963年8月28日	《中缅关于相互承认船舶证书的换文》
1970年12月31日	《中国渔业协会代表团、日中渔业协议会代表团会谈公报》
	《中国渔业协会和日中渔业协议会关于灯光围网渔轮捕鱼的规定》
1971年7月2日	《中国日本友好协会代表团、日本公明党访华代表团联合声明》
1972年9月29日	《中华人民共和国政府和日本国政府联合声明》
1975年4月18日	《中华人民共和国政府和斯里兰卡共和国政府关于互免海运企业运输收入税的换文》
	《中、斯(斯里兰卡)税收换文》
1975年5月20日	《中国和日本关于互免海运收入税捐的换文》
1975年8月15日	《中国和日本关于两国渔业协定附件一的二、2的换文》
	《中国和日本关于两国渔业协定第一条第一款的换文》

续表

签订日期	其他种类条约名称
1980 年 4 月 16 日	《上海市邮电管理局和国际电信电话公司中日海缆第二次维护会议会议纪要》
1988 年 2 月 22 日	《中华人民共和国外交部发言人关于南沙群岛的声明》
1991 年 6 月 19 日	《北京宣言》
1993 年 6 月 2 日	《中华人民共和国和格鲁吉亚共和国联合声明》
1994 年 3 月 7 日	《关于中华人民共和国和阿塞拜疆共和国友好关系基础的联合声明》
1994 年 11 月 22 日	《中越联合公报(1994)》
1996 年 2 月 13 日	《约旦、巴勒斯坦和以色列关于在涉水事务及新增加水资源方面合作原则的宣言》
1998 年 11 月 24 日	《〈中华人民共和国政府、哈萨克斯坦共和国政府、吉尔吉斯共和国政府、巴基斯坦伊斯兰共和国政府过境运输协定〉实施细则》
1999 年 2 月 5 日	《中华人民共和国和泰王国关于二十一世纪合作计划的联合声明》
1999 年 2 月 27 日	《中越联合声明》
1999 年 5 月 31 日	《中华人民共和国政府和马来西亚政府关于未来双边合作框架的联合声明》
2000 年 4 月 11 日	《中华人民共和国政府和新加坡共和国政府关于双边合作的联合声明》
2000 年 5 月 16 日	《中华人民共和国政府和菲律宾共和国政府关于 21 世纪双边合作框架的联合声明》
2000 年 12 月 25 日	《中华人民共和国和越南社会主义共和国关于新世纪全面合作的联合声明》
2001 年 4 月 23 日	《中华人民共和国农业部和印度尼西亚共和国海洋事务与渔业部关于渔业合作的谅解备忘录》
2003 年 6 月 23 日	《中华人民共和国和印度共和国关系原则和全面合作的宣言》
	《中华人民共和国国家海洋局与印度共和国政府海洋开发部海洋科技领域合作谅解备忘录》

续表

签订日期	其他种类条约名称
2003年10月7日	《中日韩推进三方合作联合宣言》
2004年5月29日	《中华人民共和国与马来西亚联合公报》
2004年9月22日	《中华人民共和国与文莱达鲁萨兰国联合公报》
2004年12月15日	《中华人民共和国国家发展和改革委员会与巴基斯坦伊斯兰共和国石油和自然资源部谅解备忘录》
2005年4月25日	《中华人民共和国与印度尼西亚共和国关于建立战略伙伴关系的联合宣言》
	《中华人民共和国政府与印度尼西亚共和国政府海上合作谅解备忘录》
2005年7月21日	《中越联合公报(2005)》
2005年7月29日	《中华人民共和国与印度尼西亚共和国联合声明》
2005年11月2日	《中越联合声明(2005)》
2005年11月18日	《中华人民共和国政府和土耳其共和国政府关于互免国际运输收入税收的换函》
2005年12月15日	《中华人民共和国和马来西亚联合公报》
2006年11月17日	《中越联合声明(2006)》
2006年11月21日	《中印联合宣言》
2006年11月25日	《中华人民共和国与巴基斯坦伊斯兰共和国联合声明》(2006)
2007年1月14日	《第七次中日韩领导人会议联合新闻声明》
2007年1月16日	《中华人民共和国和菲律宾共和国联合声明》
2007年4月11日	《中华人民共和国政府和日本国政府关于进一步加强环境保护合作的联合声明》
2007年4月20日	《中华人民共和国和巴基斯坦伊斯兰共和国联合声明》
2008年5月7日	《中日关于全面推进战略互惠关系的联合声明》
2008年5月28日	《中韩联合声明》
2008年6月2日	《中越联合声明(2008)》
2008年6月21日	《中华人民共和国与沙特阿拉伯王国关于加强合作与战略性友好关系的联合声明》

续表

签订日期	其他种类条约名称
2008年8月25日	《中韩联合公报》
2008年10月25日	《中越联合声明(2008)》
2010年6月4日	《关于以色列袭击人道主义船只的声明》
2011年4月29日	《中华人民共和国政府和印度尼西亚共和国政府关于进一步加强战略伙伴关系的联合公报》
2011年5月20日	《中华人民共和国和巴基斯坦伊斯兰共和国联合声明(2011)》
2011年5月22日	《第四次中日韩领导人会议宣言》
2011年7月16日	《中韩两国国防部联合新闻公报》
2011年9月1日	《中华人民共和国与菲律宾共和国联合声明(2011)》
2011年10月15日	《中越联合声明(2011)》
2012年3月23日	《中华人民共和国政府和印度尼西亚政府海上合作谅解备忘录》
2012年3月24日	《中华人民共和国和印度尼西亚共和国联合声明》
2012年4月2日	《中华人民共和国和柬埔寨王国联合声明》
2012年4月19日	《中华人民共和国和泰王国关于建立全面战略合作伙伴关系的联合声明》
2012年5月13日	《第五次中日韩领导人会议关于提升全方位合作伙伴关系的联合宣言》
2013年4月5日	《中华人民共和国和文莱达鲁萨兰国联合声明》
2013年5月23日	《中华人民共和国和巴基斯坦伊斯兰共和国关于深化两国全面战略合作的联合声明》
2013年5月30日	《中华人民共和国与斯里兰卡民主社会主义共和国联合公报》
2013年10月11日	《中华人民共和国和文莱达鲁萨兰国联合声明(2013)》
	《中华人民共和国政府和文莱鲁萨兰国政府关于海上合作的谅解备忘录》
2013年10月15日	《新时期深化中越全面战略合作的联合声明》
2014年2月19日	《中华人民共和国和巴基斯坦伊斯兰共和国关于深化中巴战略与经济合作的联合声明》

续表

签订日期	其他种类条约名称
2014 年 6 月 10 日	《中华人民共和国与孟加拉人民共和国关于深化更加紧密的全面合作伙伴关系的联合声明》
2014 年 7 月 3 日	《中华人民共和国和大韩民国联合声明》及其附件
2014 年 9 月 19 日	《中华人民共和国和印度共和国关于构建更加紧密的发展伙伴关系的联合声明》
2014 年 11 月 14 日	《中华人民共和国与缅甸联邦共和国关于深化两国全面战略合作的联合声明》
2015 年 5 月 15 日	《中华人民共和国和印度共和国联合声明(2015)》
2015 年 9 月 9 日	《中华人民共和国和约旦哈希姆王国关于建立战略伙伴关系的联合声明》
2015 年 11 月 1 日	《关于东北亚和平与合作的联合宣言》
2016 年 1 月 23 日	《中华人民共和国和伊朗伊斯兰共和国关于建立全面战略伙伴关系的联合声明》
2016 年 4 月 9 日	《中华人民共和国和斯里兰卡民主社会主义共和国联合声明》
2016 年 10 月 13 日	《中华人民共和国和柬埔寨王国联合声明(2016)》
2016 年 10 月 14 日	《中华人民共和国与孟加拉共和国关于建立战略合作伙伴关系的联合声明》
2016 年 10 月 21 日	《中华人民共和国与菲律宾共和国联合声明(2016)》
2016 年 11 月 3 日	《中华人民共和国和马来西亚联合新闻声明》
2016 年 12 月 16 日	《中国、印度、日本、韩国、美国五国能源部长联合声明》
2017 年 3 月 18 日	《中华人民共和国和沙特阿拉伯王国联合声明(2017)》
2017 年 5 月 15 日	《“一带一路”国际合作高峰论坛圆桌峰会联合公报》
	《“一带一路”国际合作高峰论坛成果清单》
	《中越联合公报(2017)》
2017 年 11 月 13 日	《中越联合声明(2017)》
	中国—东盟战略伙伴关系 2030 年愿景
2017 年 11 月 14 日	《〈区域全面经济伙伴关系协定〉(RCEP)谈判领导人联合声明》
2017 年 11 月 16 日	《中华人民共和国政府和菲律宾共和国政府联合声明》

续表

签订日期	其他种类条约名称
2018年1月22日	《中国—拉共体论坛第二届部长级会议关于“一带一路”倡议的特别声明》
2018年5月7日	《中华人民共和国政府和印度尼西亚共和国政府联合声明》
2018年5月9日	《第七次中日韩领导人会议联合宣言》
2018年6月8日	《第三轮中日韩北极事务高级别对话联合声明》
2018年7月9日	《中华人民共和国和科威特国关于建立战略伙伴关系的联合声明》
2018年7月20日	《中华人民共和国和阿拉伯联合酋长国关于建立全面战略伙伴关系的联合声明》
2018年7月27日	《金砖国家领导人第十次会晤约翰内斯堡宣言》
2018年8月20日	《中华人民共和国政府和马来西亚政府联合声明》
2018年10月26日	《亚欧互联互通优先领域和务实合作规划文件》
2018年11月14日	《中华人民共和国和新加坡共和国政府联合声明》
2018年11月19日	《中华人民共和国和文莱达鲁萨兰国联合声明》
2018年11月21日	《中华人民共和国与菲律宾共和国联合声明(2018)》
2019年4月27日	《共建“一带一路”开创美好未来第二届“一带一路”国际合作高峰论坛圆桌峰会联合公报》
	《第二届“一带一路”国际合作高峰论坛成果清单》
2019年8月21日	《“中日韩+X”合作概念文件》
2020年8月24日	《澜沧江—湄公河合作第三次领导人会议关于澜湄合作与“国际陆海贸易新通道”对接合作的共同主席声明 》
2020年9月21日	《共建地球生命共同体:中国在行动——联合国生物多样性峰会中方立场文件》
2021年6月3日	《第四次中国—阿富汗—巴基斯坦三方外长对话联合声明——关于深化三方合作》
2021年6月7日	《纪念中国—东盟建立对话关系30周年特别外长会共同主席声明》
2021年6月9日	《关于加强澜沧江—湄公河国家可持续发展合作的联合声明》
2021年11月22日	《中国—东盟建立对话关系30周年纪念峰会联合声明——面向和平、安全、繁荣和可持续发展的全面战略伙伴关系》
2022年2月6日	《中华人民共和国和巴基斯坦伊斯兰共和国联合声明》

第二节　欧洲区域中外条约

一、涉海条约

欧洲区域涉海条约共有6份，主要涉及海上边界划分及通商航海领域，具体条约如下（见表4－7）：

表4－7　欧洲区域涉海条约

签订日期	条约名称
1802年3月27日	《亚眠条约》
1898年12月10日	《美国和西班牙和平条约》
1919年6月28日	《凡尔赛条约》
1941年5月9日	《法国和泰国和平条约》
1948年12月9日	《苏维埃社会主义共和国联盟政府和芬兰共和国政府关于苏芬边境制度的条约》
1961年2月2日	《中华人民共和国和阿尔巴尼亚人民共和国通商航海条约》

二、涉海公约

欧洲区域涉海公约共有3份，主要涉及通航、海关合作及反恐领域，具体公约分别为1888年10月29日《苏伊士运河自由通航公约》、1999年5月13日《德国，丹麦，荷兰，英国，法国，意大利，西班牙，葡萄牙，与香港地区和中国大陆的海关合作的协议》、2001年6月15日《打击恐怖主义、分裂主义和极端主义上海公约》。

三、涉海协定

欧洲区域涉海协定共有2份，主要涉及科技合作及投资保护领域，具体协定分别为1978年11月15日《中国和英国科技合作协定》、1984年5月30日《中华人民共和国政府和法兰西共和国政府关于相互鼓励和保护投资的协定的附件》。

四、涉海议定书

欧洲区域涉海议定书共有13份，主要涉及税收合作、海洋科技、无核区、海运协作、港口运输等领域，具体议定书如下（见表4-8）：

表4-8　欧洲区域涉海议定书

签订日期	议定书名称
1985年4月18日	《中、比（比利时王国）税收协定和议定书》
1986年2月25日	《中·挪（挪威王国）税收协定和议定书》
1986年5月16日	《中·瑞（瑞典王国）税收协定和议定书》
1986年6月27日	《中华人民共和国国家海洋局和德意志联邦共和国联邦研究技术部关于海洋科学技术发展合作的议定书》
1986年8月8日	《南太平洋无核区条约第二号议定书》
	《南太平洋无核区条约第三号议定书》
1986年10月31日	《中·意（意大利）税收协定和议定书》
1987年6月8日	《中·德（德意志民主共和国）税收协定和议定书》
1988年12月20日	《中华人民共和国政府和德意志民主共和国政府海运合作议定书》
1990年7月6日	《中·瑞（瑞士）税收协定和议定书》
1998年12月10日	《中华人民共和国交通部与俄罗斯联邦运输部关于中国船舶经黑龙江俄罗斯河段从事中国沿海港口和内河港口之间货物运输的议定书》
2002年6月3日	《中华人民共和国政府和意大利共和国政府海运协定修改议定书》
2013年9月25日	《中华人民共和国政府和瑞士联邦委员会对所得和财产避免双重征税的协定的议定书》

五、其他种类条约

欧洲区域其他种类条约共有42份，主要涉及领土划界、海难救助、海运、税收、科技合作、潜艇建造、水域管理、环境合作、基础设施建设、水资源开发与保护、对外贸易、海洋科研、海洋环境保护、“一带一路”倡议能源安全、“南海行为准则”、海洋保护区、南极海域海洋保护措施、“国家管辖海域外生物多样性养护与可持续利用协定（BBNJ）”、日本福岛核电站放射性污染水排放等领域或议题等领域，具体如下（见表4-9）：

表4－9　欧洲区域其他种类条约

签订日期	其他种类条约名称
1945年7月26日	《波茨坦公告》
1959年1月30日	《关于修订1956年7月3日签订的〈中朝苏关于在救护海上遇难的人命和救助海上遇难船舶及飞机方面进行合作的协定〉第三条的换文》
1975年4月20日	《中国和比利时关于两国政府的海运协定同样适用于卢森堡大公国的换文》
1975年9月28日	《中国和法国关于两国海运协定第十一条有关问题的换文》
	《中国和法国关于互免海运收入税捐的换文》
	《中华人民共和国政府和法兰西共和国政府关于互免海运企业运输收入税的换文》
1976年11月8日	《中国和波兰关于相互免征轮船运输收入税问题的换文》
	《中华人民共和国政府和波兰人民共和国政府关于互免海运企业运输收入税的换文》
1978年5月19日	《中国和罗马尼亚关于两国间相互提供船只的换文》
1980年9月23日	《中华人民共和国农业部长和荷兰王国农渔大臣会谈谅解备忘录》
1980年11月11日	《中华人民共和国农业部和大不列颠及北爱尔兰联合王国农业、渔业、食品部农业科学技术合作谅解备忘录》
1981年1月19日	《中华人民共和国外交部就荷兰政府批准为台湾建造潜艇一事给荷兰驻华大使馆的照会》
1982年5月1日	《德意志民主共和国关于边境地区与领海水域秩序的规定》
1984年12月19日	《中华人民共和国政府和大不列颠及北爱尔兰联合王国政府关于香港问题的联合声明》
1987年3月26日	《中华人民共和国政府和葡萄牙共和国政府关于澳门问题的联合声明》
1998年6月17日	《中华人民共和国政府与大不列颠及北爱尔兰联合王国政府环境合作备忘录》
2004年5月13日	《中华人民共和国交通部和罗马尼亚运输建设旅游部道路、海洋和内河运输及相关基础设施建设领域合作谅解备忘录》

续表

签订日期	其他种类条约名称
2004 年 10 月 21 日	《中华人民共和国政府和意大利政府关于海运协定税收条款的换函》
2011 年 10 月 31 日	《中华人民共和国水利部和西班牙王国环境、农村与海洋事务部在水资源领域合作谅解备忘录》
2012 年 4 月 20 日	《中华人民共和国政府和冰岛政府关于北极合作的框架协议书》
2013 年 4 月 15 日	《中华人民共和国政府和冰岛政府关于全面深化双边合作的联合声明》
2013 年 11 月 21 日	《中欧能源安全联合声明》
2014 年 6 月 17 日	《中华人民共和国政府和大不列颠及北爱尔兰联合王国政府联合声明》
2015 年 6 月 6 日	《中华人民共和国政府与匈牙利政府关于共同推进丝绸之路经济带和 21 世纪海上丝绸之路建设的谅解备忘录》
2015 年 11 月 26 日	《中华人民共和国政府与波兰共和国政府关于共同推进“一带一路”建设的谅解备忘录》
2016 年 11 月 5 日	《第五次中国—中东欧国家领导人会晤发表关于开展亚得里亚海—波罗的海—黑海三海港区基础设施、装备合作联合声明》
2017 年 12 月 18 日	《中意政府委员会第八次联席会议共同文件》
2018 年 1 月 10 日	《中华人民共和国和法兰西共和国联合声明》
2018 年 7 月 9 日	《第五轮中德政府磋商联合声明》
2018 年 10 月 19 日	《第十二届亚欧首脑会议“全球伙伴应对全球挑战”主席声明》
2018 年 10 月 26 日	《亚欧互联互通优先领域和务实合作规划文件》
2018 年 11 月 7 日	《中俄总理第二十三次定期会晤联合公报》
2018 年 12 月 5 日	《中华人民共和国和葡萄牙共和国关于进一步加强全面战略伙伴关系的联合声明》
2019 年 3 月 13 日	《中华人民共和国和意大利共和国关于加强全面战略伙伴关系的联合公报》
2019 年 9 月 17 日	《中俄总理第二十四次定期会晤联合公报》

续表

签订日期	其他种类条约名称
2019年11月6日	《中华人民共和国国家林业和草原局与法兰西共和国生物多样性署关于自然保护领域合作的谅解备忘录》
2020年12月2日	《中俄总理第二十五次定期会晤联合公报》
2021年2月9日	《中国—中东欧国家领导人峰会成果清单》
2021年4月29日	《中德两国外长磋商联合声明》
2021年6月28日	《中华人民共和国和俄罗斯联邦关于〈中俄睦邻友好合作条约〉签署20周年的联合声明》
2021年11月30日	《中华人民共和国和塞浦路斯共和国关于建立战略伙伴关系的联合声明》
2022年2月4日	《中华人民共和国和俄罗斯联邦关于新时代国际关系和全球可持续发展的联合声明》

第三节　非洲区域中外条约

一、涉海条约和公约

非洲区域涉海条约和公约仅有1份,为1962年5月25日发布的《1962年核动力船舶经营人责任公约》,涉及核动力船舶经营人责任问题。

二、涉海协定书

非洲区域涉海协定书共有18份,主要涉及海运、渔业、税收、和平利用原子能、海关合作等领域,具体协定书如下(见表4－10):

表4－10　非洲区域涉海协定书

签订日期	协定书名称
1963年3月26日	《中华人民共和国政府和加纳共和国政府海运协定》
1964年10月2日	《中华人民共和国政府和刚果共和国(布拉柴维尔)政府海运协定》
1974年4月10日	《中华人民共和国政府和扎伊尔共和国政府海运协定》

续表

签订日期	协定书名称
1976 年 3 月 12 日	《中华人民共和国政府和阿尔及利亚民主人民共和国政府海运协定》
1984 年 8 月 28 日	《中华人民共和国政府和几内亚比绍共和国政府渔业合作协定》
1991 年 8 月 22 日	《中华人民共和国政府和毛里塔尼亚伊斯兰共和国政府海洋渔业协定》
1991 年 9 月 10 日	《中华人民共和国政府和马耳他共和国政府海运协定》
1994 年 8 月 1 日	《中华人民共和国政府和毛里求斯共和国政府关于对所得避免双重征税和防止偷漏税的协定》
1997 年 8 月 13 日	《中华人民共和国政府和阿拉伯埃及共和国政府关于对所得避免双重征税和防止偷漏税的协定》
1999 年 4 月 5 日	《中华人民共和国政府和阿拉伯埃及共和国政府海运协定》
1999 年 7 月 5 日	《中华人民共和国政府和摩洛哥王国政府关于商业航运领域的协定》
2000 年 4 月 25 日	《中华人民共和国政府和南非共和国政府海运协定》
2002 年 1 月 23 日	《中华人民共和国政府和阿拉伯埃及共和国政府和平利用原子能合作协定》
2002 年 4 月 16 日	《中华人民共和国政府和突尼斯共和国政府海运协定》
2006 年 9 月 22 日	《中华人民共和国政府和南非共和国政府关于海关事务的互助协定》
2009 年 11 月 7 日	《中华人民共和国政府和阿拉伯埃及共和国政府关于海关事务的行政互助与合作协定》
2017 年 9 月 22 日	《中华人民共和国政府与圣多美和普林西比民主共和国政府贸易、经济和技术合作协定》
2018 年 9 月 5 日	《中华人民共和国政府和利比里亚共和国政府海运协定》

三、其他种类条约

非洲区域其他种类条约共有 9 份，主要涉及经贸合作、伙伴关系、运输合作、命运共同体构建、海运航线、国际海缆建设、中非国际陆海物流和贸易新通道、海上丝绸之路建设、海上安全合作、中非海洋科学和蓝色经济合作中心、海运人才培养和能力建设、港口交流合作、海洋科研调查、海洋观测及监测、海洋生态环境保护、近海水产养殖、船舶修造、海上风电、海上信息服务、海上执法和海洋环境保障能力建设、海洋渔业管理能力、打击海盗、保护海洋生物多样性、气候政策等领域，具体如下(见表4－11)：

表4－11　非洲区域其他种类条约

签订日期	其他种类条约名称
2000年10月12日	《中非经济和社会发展合作纲领》
2006年6月21日	《中华人民共和国和南非共和国关于深化战略伙伴关系的合作纲要》
2010年8月24日	《中华人民共和国政府与南非共和国政府运输合作谅解备忘录》
2012年5月18日	《中华人民共和国政府和塞舌尔共和国政府关于移交海盗及武装劫船嫌疑人及其财产的谅解备忘录》
2016年5月18日	《中华人民共和国和莫桑比克共和国关于建立全面战略合作伙伴关系的联合声明》
2018年9月5日	《关于构建更加紧密的中非命运共同体的北京宣言》
2021年11月30日	《中非应对气候变化合作宣言》
2021年12月2日	《中非合作论坛—达喀尔行动计划(2022—2024)》
	《中非合作论坛第八届部长级会议达喀尔宣言》

第四节　大洋洲区域中外条约

一、涉海条约、公约和协定

大洋洲区域涉海条约和公约有2份，涉及无核区建立和渔业资源养护，分别为1985年8月6日《南太平洋无核区条约》和2009年11月14日《南太平洋公海渔业资源养护和管理公约》。

涉海协定共有8份，主要涉及渔业、税收、贸易、技术合作等领域，具体协定如下(见表4－12)：

表 4 – 12　大洋洲区域涉海协定

签订日期	协定名称
1988 年 11 月 17 日	《中华人民共和国政府和澳大利亚联邦政府渔业协定》
	《中・澳(澳大利亚)税收协定》
1995 年 4 月 24 日	《中华人民共和国政府和马绍尔群岛共和国政府渔业合作协定》
1996 年 7 月 16 日	《中华人民共和国政府和巴布亚新几内亚独立国政府渔业合作协定》
2008 年 4 月 7 日	《中华人民共和国政府和新西兰政府自由贸易协定》
2015 年 6 月 17 日	《中华人民共和国政府和澳大利亚政府自由贸易协定》
2017 年 3 月 27 日	《中华人民共和国政府和密克罗尼西亚联邦政府经济技术合作协定》
2017 年 5 月 16 日	《中华人民共和国政府和斐济共和国政府经济技术合作协定》

二、涉海议定书及其他种类条约

大洋洲区域涉海议定书及其他种类条约共有 14 份，主要涉及税收、南极、经贸、检验检疫、环境合作、文物保护、伙伴关系、海上丝绸之路建设、“一带一路”建设、蓝色太平洋 2050 战略、海洋环境保护、海洋资源保护、气候变化应对、南太平洋无核区等领域，具体如下(见表 4 – 13)：

表 4 – 13　大洋洲区域涉海议定书及其他种类条约

签订日期	涉海议定书及其他种类条约名称
1986 年 9 月 10 日	《中・新(新西兰)税收协定和议定书》
1999 年 1 月 22 日	《中华人民共和国政府和新西兰政府关于南极合作的联合声明》
2003 年 10 月 24 日	《中华人民共和国—澳大利亚贸易与经济框架》
2004 年 4 月 30 日	《中华人民共和国国家质量监督检验检疫总局和澳大利亚农渔林业部关于中华人民共和国鲜龙眼荔枝果实输往澳大利亚植物检疫程序规范》
2005 年 10 月 28 日	《中华人民共和国国家质量监督检验检疫总局与澳大利亚农渔林业部关于澳大利亚柑橘输华植物卫生条件的议定书》
2008 年 4 月 2 日	《中华人民共和国环境保护部和新西兰环境部环境合作协定》

续表

签订日期	涉海议定书及其他种类条约名称
2008年4月7日	《中华人民共和国海关总署和新西兰海关署关于海关合作与行政互助的合作安排》
2009年10月30日	《中华人民共和国国家文物局与澳大利亚环境、水、遗产和艺术部关于文物保护的谅解备忘录》
2014年11月20日	《中华人民共和国和新西兰关于建立全面战略伙伴关系的联合声明》
2018年3月1日	《中华人民共和国和汤加王国联合新闻公报》
2020年1月6日	《中华人民共和国政府与基里巴斯共和国政府关于共同推进丝绸之路经济带和21世纪海上丝绸之路建设的谅解备忘录》
2020年11月15日	《〈区域全面经济伙伴关系协定〉(RCEP)领导人联合声明》
2021年9月15日	《关于AUKUS的三国首脑联合声明》
2021年10月21日	《中国—太平洋岛国外长会联合声明》

第五节　美洲区域中外条约

一、涉海条约

美洲区域涉海条约共有5份,主要涉及领土划界、巴拿马运河等领域,具体条约如下(见表4-14):

表4-14　美洲区域涉海条约

签订日期	条约名称
1848年2月2日	《美国和墨西哥和平、友好、划界和移居条约》
1925年2月24日	《美利坚合众国和加拿大关于划定美加边界的条约》
1936年3月2日	《美利坚合众国和巴拿马共和国为进一步加强两国间友好联系和合作并为调整由于建筑通过巴拿马地峡的两洋间运河而发生的某些问题的条约》
1955年1月25日	《美利坚合众国和巴拿马共和国间相互谅解和合作条约》
2012年6月26日	《北太平洋公海渔业资源养护和管理公约》

二、涉海协定

美洲区域涉海协定共有31份，主要涉及海运、税收、渔业、经贸、南极、海关、海上搜救及环境合作等领域，具体协定如下（见表4－15）：

表4－15　美洲区域涉海协定

签订日期	协定名称
1978年5月30日	《中华人民共和国政府和阿根廷共和国政府海运协定》
1979年5月23日	《中华人民共和国政府和巴西联邦共和国政府海运协定》
1980年9月17日	《中华人民共和国政府和美利坚合众国政府海运协定》
1982年3月5日	《中华人民共和国政府和美利坚合众国政府关于互免海运、空运企业运输收入税收的协定》
1984年7月18日	《中华人民共和国政府和墨西哥合众国政府海运合作协定》
1985年7月23日	《中华人民共和国政府和美利坚合众国政府关于美国海岸外渔业协定》
1985年11月12日	《中华人民共和国政府和委内瑞拉共和国政府贸易协定》
1988年5月16日	《中华人民共和国政府和阿根廷共和国政府南极合作协定》
1988年7月31日	《国际搜救卫星COSPAS—SARSAT系统计划协定》
1991年8月5日	《中华人民共和国政府和巴西联邦共和国政府关于对所得避免双重征税和防止偷漏税的协定》
1993年9月29日	《中华人民共和国政府和委内瑞拉共和国政府农牧渔业合作协定》
1995年11月24日	《中华人民共和国政府和智利共和国政府海运协定》
1996年6月3日	《中华人民共和国政府和牙买加政府关于对所得避免双重征税和防止偷漏税的协定》
1997年4月4日	《中华人民共和国政府和加拿大政府海运协定》
1999年4月9日	《中华人民共和国政府和美利坚合众国政府关于海关互助的协定》
1999年5月14日	《中华人民共和国国家环境保护总局与哥伦比亚共和国环境部环境合作协定》
2000年5月15日	《中华人民共和国政府和巴巴多斯政府关于对所得避免双重征税和防止偷漏税的协定》

续表

签订日期	协定名称
2001 年 4 月 13 日	《中华人民共和国政府和古巴共和国政府海运协定》
2003 年 4 月 10 日	《中华人民共和国政府和巴哈马国政府海运协定》
2003 年 9 月 18 日	《中华人民共和国政府和特立尼达和多巴哥共和国政府关于对所得避免双重征税和防止偷漏税的协定》
2003 年 12 月 8 日	《中华人民共和国政府和美利坚合众国政府海运协定》
2005 年 9 月 12 日	《中华人民共和国政府和墨西哥合众国政府关于对所得避免双重征税和防止偷漏税的协定及其议定书》
2009 年 4 月 28 日	《中华人民共和国政府与秘鲁共和国政府自由贸易协定》
2009 年 11 月 13 日	《中华人民共和国政府和智利共和国政府关于海关合作与行政互助的协定》
2010 年 10 月 26 日	《中华人民共和国环境保护部与哥斯达黎加共和国环境、能源与电信部环境合作协定》
2013 年 1 月 21 日	《中华人民共和国政府和厄瓜多尔共和国政府对所得避免双重征税和防止偷漏税的协定》
2015 年 5 月 25 日	《中华人民共和国政府和智利共和国政府对所得避免双重征税和防止逃避税的协定》
2017 年 1 月 18 日	《中华人民共和国政府和巴巴多斯政府经济技术合作协定》
2017 年 9 月 13 日	《中华人民共和国政府和苏里南政府经济技术合作协定》
2017 年 10 月 13 日	《中华人民共和国政府和格林纳达政府经济技术合作协定》
2018 年 3 月 8 日	《全面与进步跨太平洋伙伴关系协定(CPTPP)》

三、涉海议定书及其他种类条约

美洲区域涉海议定书及其他种类条约共有 27 份，主要涉及巴拿马运河、渔业、税收、海洋与渔业科技合作、知识产权保护、经贸合作、战略与经济对话、全球气候问题、海洋环境保护、海岸生态系统保护、海洋灾害防控、“一带一路”倡议等领域，具体如下(见表 4－16)：

表 4－16　美洲区域涉海议定书及其他种类条约

签订日期	议定书及其他种类条约名称
1903 年 11 月 18 日	《美利坚合众国和巴拿马共和国关于建造一条连接大西洋和太平洋的通航运河的专约》
1971 年 6 月 15 日	《中华人民共和国对外贸易部部长和秘鲁共和国渔业部部长会谈纪要》
1978 年 5 月 30 日	《中华人民共和国政府和阿根廷共和国政府关于互免海运企业运输收入税的换文》
1979 年 5 月 8 日	《中华人民共和国国家海洋局和美利坚合众国国家海洋大气局海洋和渔业科学技术合作议定书》
1984 年 10 月 19 日	《中、智(智利)互免海运税收换文》
1995 年 11 月 24 日	《中华人民共和国政府和智利共和国政府渔业合作谅解备忘录》
1996 年 6 月 6 日	《中华人民共和国政府和美利坚合众国政府关于延长中华人民共和国政府和美利坚合众国政府关于美国海岸外渔业协定的换文》
1997 年 5 月 20 日	《中华人民共和国政府和美利坚合众国政府关于延长与修改中美海运协定的换文》
2007 年 5 月 22 日	《中华人民共和国海关总署和美利坚合众国国土安全部海关与边境保护局关于加强知识产权边境执法合作的合作备忘录》
2009 年 5 月 6 日	《中华人民共和国政府和加拿大政府海运协定修改议定书》
2012 年 5 月 4 日	《第四轮中美战略与经济对话框架下战略对话具体成果清单》
2013 年 4 月 13 日	《中美气候变化联合声明》
2013 年 9 月 5 日	《中华人民共和国政府与阿根廷共和国政府关于建立经济合作与协议战略对话机制的谅解备忘录》
2014 年 1 月 22 日	《中美在亚洲相关领域合作项目清单》
2014 年 11 月 10 日	《中加发表联合成果清单》
2014 年 11 月 12 日	《中美气候变化联合声明》
2016 年 9 月 3 日	《中美元首杭州会晤中方成果清单》
2016 年 9 月 13 日	《中华人民共和国和秘鲁共和国关于深化全面战略伙伴关系的联合声明》

续表

签订日期	议定书及其他种类条约名称
2016年9月23日	《中华人民共和国和加拿大联合声明(2016)》
2017年12月4日	《中国—加拿大气候变化和清洁增长联合声明》
2018年1月22日	《中国—拉共体论坛第二届部长级会议关于"一带一路"倡议的特别声明》
2018年2月2日	《中国与拉共体成员国优先领域合作共同行动计划(2019—2021)》
	《中国—拉共体论坛第二届部长级会议圣地亚哥宣言》
2018年11月14日	《中华人民共和国政府和加拿大政府关于应对海洋垃圾和塑料的联合声明》
2018年12月2日	《中华人民共和国和阿根廷共和国联合声明(2018)》
2021年4月16日	《中美应对气候危机联合声明》
2021年6月23日	《"一带一路"绿色发展伙伴关系倡议》

第五章　海上安全保障域外主要沿海国家的法律制度与战略规划

第一节　欧美地区主要沿海国家的法律制度与战略规划

一、美国

美国长期以来高度重视对世界海洋的控制与利用，从美西战争开始向外殖民进而崛起，经过两次世界大战和冷战，已经建立起完善的海上安全体系。①

（一）美国的海上安全目标及基本实现手段

美国海上安全保障的目标本质上是维护其世界霸权。在海权思想的影响下，维系全球海上霸权是美国一直努力实现的目标。美国已经基本实现了其海洋通道、能源供应线和公海航行安全的目标，并且开始实行由海向岸的海洋安全战略。

美国海上安全的基本实现手段是广泛运用其强大的

---

① 参见许林、丰勇军：《美国海上安全体系的保障平台构建及对我国的启示》，载《港口经济》2010年第3期。

海上军事实力。为确保海上贸易安全,美国建立海军,进行全球部署,为争夺国际市场、控制原材料供应、保护贸易和能源通道提供海上安全保障。①

(二)美国海上安全体系的保障平台

在力量构成上,美国海军、海岸警卫队构成了美国海上安全体系的力量主体。美国海军通过控制海上战略通道,保持制海空权,为美国海外的军事和商业活动提供海上安全保障。②

在以应对传统海上安全为主的历史阶段,以陆港平台部署安全体系是美国实现海上安全的重要方法手段。美国在世界各重要的战略要冲港口设立军事基地,以保障大批军事力量的进驻和运用,实现对于驻在国濒海内陆和近、远海的战略控制,确保美国海外利益在海上及濒海内陆的安全。以陆港保障平台建立的美国海外基地群,是美国海上安全体系的主体结构,控制着世界战略要点,扼守全球海上"咽喉"。

在非传统海上安全问题突出的历史阶段,以海上平台部署安全体系成为美国实现海上安全的发展方向。21 世纪初,国际战略格局发生了深刻变化,美国海上安全体系以往所依赖的陆港保障平台已不适应海上安全形势的新要求。恐怖主义、极端主义势力猖獗,陆港保障平台被袭击的情况增多;新兴国家经济实体日益成为其战略竞争对手,海上通道的控制成为战略竞争的手段和筹码;维持海外陆上基地负担过重,驻在国人民反对日趋强烈。因此,美国连续进行了 5 轮军事调整,将部分海外驻军转移到国内基地,关闭了大量海外基地,仅保留 30 万海外驻军,分布于 143 个国家和地区。同时,为应对非传统海上安全的威胁,并继续确保美国的海上霸权,美国开始以海上基地为保障平台建立新型的海上安全体系。

美国《商船法》规定,国家和私人拥有的商船队,都要"能够在战争状态时起到一支海军辅助船队的作用"。美国地方商业海运产业的船队和美国军事海运司令部的通用船队,在平时和战时共同在全世界范围内支援美军。即便是军事海运司

---

① 参见许林、丰勇军:《美国海上安全体系的保障平台构建及对我国的启示》,载《港口经济》2010 年第 3 期。

② 参见许林、丰勇军:《美国海上安全体系的保障平台构建及对我国的启示》,载《港口经济》2010 年第 3 期。

令部的船只,大部分也是长期租用的地方船只。近年来,随着国外海运业价格的激烈竞争,美国海运业萎缩,具有军用价值的美国商船数量正在持续下降,拥有丰富海运经验的水手数量也在大幅度减少,虽然美国政府采取了多种补贴政策和鼓励手段,但仍未看到可以恢复的前景。

(三)美国的海洋法律体系

美国制定的涉及海洋的法律和法规多于世界上的任何国家。美国现有的海洋管理法律 140 余部,分别由 20 个联邦部门执行。这些法律多为资源和行业管理法规,涉及海岸带、自然保护区、水产资源、海洋哺乳动物和海洋污染等管理。具体有 1856 年《鸟粪岛法》、1953 年《水下土地法》、1953 年《外大陆架土地法》、1966 年《海洋资源与工程开发法》、1969 年《国家环境政策法》、1972 年《海洋倾倒法》、1972 年《海岸带管理法》、1972 年《珍贵稀有生物品种保护条例》、1972 年《海洋哺乳动物保护条例》、1973 年《海洋哺乳动物保护条例》、1973 年《海洋保护、研究和禁猎区条例》、1973 年《濒临绝种生物条例》、1974 年《深水港口法》、1976 年《渔业保护和管理法》、1978 年《大连架底土法》、1980 年《美国水产养殖条例》、1980 年《美国渔业促进法》、1980 年《综合环境反应、赔偿和责任法》、1988 年《美国海洋自然保护区规划条例》、1990 年《石油污染法》、2000 年《海洋法令》、2008 年《海事污染防治法》、2010 年《墨西哥湾恢复法》、2018 年《拯救海洋法》;其他相关的海洋法规还有《国家海洋污染规划法》《海洋保护、研究和自然保护区法》《深海底硬质矿物资源法》《海洋保护区法》《海洋哺乳动物法》《海洋热能转换法》《清洁水法》《濒危物种法》等。

(四)美国海洋政策及战略规划

海洋资源开发与管理方面,2000 年 7 月,美国国会通过了《关于设立海洋政策委员会及其他目的法令》规定了美国的海洋基本政策。2000 年 8 月,美国国会通过了其第一部海洋综合管理法《海洋法令》。2004 年 9 月 20 日,海洋政策委员会向总统和国会提交了以《美国 21 世纪海洋蓝图》为题的国家海洋政策建议报告,为 21 世纪美国海洋事业与发展描绘出新的蓝图。2004 年 12 月 17 日,美国政府公布了对落实《美国 21 世纪海洋蓝图》提出具体措施的《美国海洋行动计划》,同日,美国总统布什发布成立(内阁)海洋政策委员会的行政令。《美国海洋行动计划》共分6个部分:第一部分强调加强对海洋事务的领导和协调;第二部分强调增进对海洋、沿岸带和北美五大湖的了解;第三部分强调加强对海洋、沿岸带和北美五大湖资源的利用和养护;第四部分强调对海岸带及其流域的管理;第五部分强调支持海洋运输;第六部分强调发展国际海洋科学与推进国际海洋政策。[①] 2010年7月19日,时任美国总统奥巴马签署第13547号《关于海洋、海岸带与五大湖管理的行政令》,宣布出台管理海洋、海岸带和大湖区的国家政策。该项政策旨在有效保护、管理和养护美国的海洋、海岸带和大湖区的生态系统与资源,并采用综合方法,对气候变化和海洋酸化作出反应,同时使国家海洋政策与国家安全与外交利益保持一致。行政令还提出在全国范围内开展海岸带和海洋空间规划,并将其作为推进基于生态系统的海洋管理的重要途径加以落实。这是美国第一项国家海洋政策,为美国现阶段及今后一个时期关于海洋、海岸带和大湖区的管理决策提供必要的依据和保障。[②] 2018年6月,时任美国总统特朗普签发名为《关于促进美国经济、安全与环境利益的海洋政策》的第13840号行政令,取代了第13547号《关于海洋、海岸带与五大湖管理的行政令》。将奥巴马政府保护海洋环境和推动可持续发展为主的海洋政策转向以开发利用海洋服务于美国的国家安全和经济利益为主。[③] 拜登担任美国总统后,随着美国开始重新参与国际社会的气候变化行动,其海洋政策也再次发生变化。2021年1月19日,美国海洋保护协会发布拜登政府在海洋领域的六大优先事项:第一,着力解决美国退出《巴黎协定》后的海洋气候问题,积极引领全球消除碳污染;第二,解除对《美国环境政策法》(NEPA)的撤销,将环境因素纳入重大联邦行动;第三,重启白令海北部气候恢复区,确保美国在该区域的生态发言权;第四,恢复并扩大海洋生境保护面积,保护海洋生态系统;第五,优先考虑气候科学,加强实施关键性海洋保护政策;第六,重视海上油气

---

① 参见薛桂芳编著:《〈联合国海洋法公约〉与国家实践》,海洋出版社2011年版,第73~85页。

② 参见刘佳、李双建:《新世纪以来美国海洋战略调整及其对中国的影响述评》,载《国际展望》2012年第4期。

③ 参见刘磊、王晓彤:《论特朗普政府的新海洋政策——基于特朗普与奥巴马两份行政令的比较研究》,载《边界与海洋研究》2020年第1期。

钻探的危险后果，防止新的海上油气钻探活动。①

海洋军事方面，2007 年 10 月 17 日，在美国罗得岛的海军战争学院举行的"国际海上力量"研讨会上，由美国海军、海军陆战队、海岸警卫队 3 支海上力量联合制定的海上新战略正式出台。美国国防部网站同时公布了报告全文。这一重要战略报告的名称是《面向 21 世纪海权的合作战略》。由 3 支力量联合制定统一的海上战略，这在历史上是第一次。② 2015 年年初，美国军方将"空海一体战"概念更名为"全球公域介入与机动联合"概念，旨在综合利用美军在陆、海、天、网、电磁等各领域的优势，形成跨领域合力，击败对手的"反介入/区域拒止"战略，确保美军在各领域的介入能力和行动自由。2015 年 8 月发布的《21 世纪海权合作战略》把"海洋控制"作为海军五大主要职能之一并首次提出"全域进入"，将其列为美国海军必备的基本能力之首。2017 年 1 月，美国海军水面舰艇部队发表《水面舰艇部队战略：重返海洋控制》，强调美国海军要通过推行"分布式杀伤"（distributed lethality）新型作战理念，落实新的"海洋控制"战略。2016 年 12 月美国海军《兵力结构评估》报告提出拟将舰艇数量增至 355 艘。为强化对印太地区的安全掌控能力，美国宣布在 2020 年前将 60% 的海空力量部署在亚太地区。为强化美国对东亚海域的威慑力，美国将辖区在东部及北太平洋海域的第三舰队的部分舰船派到东亚执行任务。2020 年 12 月 17 日，美国海军、海军陆战队和海岸警备队联合发布了题为《海上优势：以一体化全域海军力量取胜》的海上战略文件，提出要统一海军、海军陆战队和海岸警备队的权限和力量，来构建综合性全域海军力量（Integrated All – Domain Naval Power）。③

对外综合战略方面，2022 年 2 月 11 日，拜登政府发布《美国印太战略》，文件明确了美国在"印太地区"的五大政策目标，并提出在未来一至两年内拟重点推进

---

① 《美国海洋保护协会发布拜登政府在海洋领域的六大优先事项》，载中国国际科技交流中心网 2021 年 5 月 12 日，https://www.ciste.org.cn/index.php? m = content&c = index&a = show&catid = 148&id = 2467。转引自 Janis Searles Jones, 6 *Ocean Priorities for the Biden Administration*, Ocean Conservancy Blog, https://oceanconservancy.org/blog/2021/01/19/6 – ocean—priorities—biden—administration/。

② 参见苏浩、吴兵：《美国海上战略新思路——〈21 世纪海权的合作战略〉报告评述》，载《领导者》2008 年第 19 期。

③ See *Advantage at Sea Prevailing with Integrated All – Domain Naval Power*, U. S. Department of Defense（December, 2020）, https://media.defense.gov/2020/Dec/16/2002553074/ – 1/ – 1/0/TRISERVICESTRATEGY.PDF.

的十大具体政策举措，其核心部分为第三部分的“美国的印太行动计划”，涉海部分包括：(1)为印太地区带来新的资源。美国将在东南亚和太平洋岛屿开设新的使领馆，并加强美国现有使领馆的实力，加强美国在气候、卫生、安全和发展方面的工作。在东南亚、南亚和太平洋岛屿上开展海岸巡逻与合作，重点是提供并加强咨询、培训、部署和能力建设。将重新关注印太地区的安全援助，包括建设海上能力和海洋领域感知。(2)加强威慑。美国将阻止任何针对美国及其盟友和伙伴的军事侵略，并通过发展新的能力、行动理念、军事活动、国防工业倡议和更具弹性的力量态势来促进地区安全。政府将与国会合作，为“太平洋威慑倡议”和“海上安全倡议”提供资金支持。通过《澳英美三边安全协议》(AUKUS)确立的伙伴关系，美国将确定海上最优途径，尽早向澳大利亚海军交付核动力潜艇。此外，美国政府将制订具体工作计划以在包括网络、人工智能、量子技术和海底能力等方面增强先进能力、深化合作并加强互操作性。(3)实现“四边机制”(Quad)预期计划。Quad 将建立一个绿色航运网络，并将协调卫星数据共享，以提高海洋领域感知和气候响应。(4)合作建设，提升太平洋岛屿国家的应变能力。合作改善海上安全以保护渔业，建立海洋领域感知计划，提升太平洋岛屿国家的训练和信息咨询水平。①

二、俄罗斯

俄罗斯既是世界上国土面积最大的陆地国家，也是海疆线居于世界前四位的国家，其海疆线长约 3.8 万公里。② 俄罗斯是一个有海洋传统的大国，自“彼得时代”打开波罗的海出海口起，便不断朝着海洋强国迈进，到 20 世纪 70 年代，苏联成为唯一能与美国抗衡的世界海洋强国。苏联解体后，俄罗斯的国力在 20 世纪 90 年代持续下降，基本丧失了海洋强国地位。2000 年以来，随着俄罗斯实力增强，俄罗斯对世界海洋的影响力正日益增强。在确定海洋战略的过程中，俄罗斯特别重视有关海洋法律政策文件的制定，一系列涉及海洋的政策文件为国家开展

---

① *Indo—Pacific Strategy of the United States*, whitehouse. gov, https://www. whitehouse. gov/wp—content/uploads/2022/02/U. S. —Indo—Pacific—Strategy. pdf.

② 参见左凤荣、刘建：《俄罗斯海洋战略的新变化》，载《当代世界与社会主义》2017 年第 1 期。

海洋活动确定了方向与目标以及实现这些目标的手段。

(一)海洋法律政策

普京就任总统以前,俄罗斯已经密集出台了大量关于海洋活动的文件。例如,《俄罗斯联邦"世界洋"目标纲要》《世界海洋环境研究子纲要》《俄罗斯在世界海洋的军事战略利益子纲要》《开发和利用北极子纲要》《考察和研究南极子纲要》《建立国家统一的世界海洋信息保障系统子纲要》及相应修订版,还有《俄罗斯联邦海军战略(草案)》(1999 年 11 月)、《2010 年前俄罗斯海军活动领域的基本政策》(2000 年 3 月 4 日俄罗斯总统批准)、《俄罗斯联邦政府关于海洋部门的决定》(2001 年 9 月 1 日俄罗斯联邦政府第 662 号令)等。

普京自 2000 年就任总统以来,俄罗斯的海洋战略越来越主动和积极,出台了许多战略性文件,如 2001 年 7 月 27 日,普京批准发布了《2020 年前俄罗斯联邦海洋学说》,强调"俄罗斯只有成为海洋强国,才能成为世界强国","无论从疆域和地理特点来看,还是从在全球和地区国际关系中的地位和作用来看,俄罗斯始终是世界海洋强国"。该文件的出台标志着俄罗斯进入积极拓展海洋利益的新阶段。2008 年 9 月 18 日,时任总统梅德韦杰夫批准了《2020 年前及更远未来俄罗斯联邦在北极地区的国家政策原则》(2009 年 3 月 30 日正式公布)。2010 年 10 月 21 日,俄罗斯政府批准了《2020 年前及更远的未来俄罗斯联邦在南极活动的发展战略》。2010 年 12 月,普京签署《2030 年前俄罗斯联邦海洋工作发展战略》。2013 年 2 月,俄罗斯政府公布了《2020 年前北极地带发展战略》,该战略得到普京的批准。2014 年 4 月 24 日,时任总理梅德韦杰夫签署《俄罗斯 2020 年前北极地区社会经济发展国家纲要》,把俄罗斯的北极战略进一步具体化。2015 年 7 月 26 日,普京签署《2030 年前俄罗斯联邦海洋学说》,再次详细规定了俄罗斯的海洋战略目标,详细论述了俄罗斯在世界海洋活动中的具体政策。2017 年 7 月普京批准《2030 年前俄联邦海上军事活动政策原则》;2018 年 5 月,俄罗斯政府修订批准 2008 年 11 月版《2030 年前俄联邦交通战略》;2019 年 8 月,俄罗斯政府批准新修订《2030 年前俄联邦海洋活动发展战略》;2019 年 10 月,普京批准了《2035 年前俄联邦造船业发展战略》;2019 年 11 月,俄罗斯政府批准《2030 年前俄联邦渔业综合体发展战略》;2020 年 4 月,俄罗斯政府修订批准 2014 年 4 月版《俄联邦渔业综合体发展国家纲要》。这些重点领域具体战略举措的出台,为俄罗斯整体性海洋战略的稳步推进落实提供了有力保障。①

为了保障俄罗斯北极开发措施的顺利实施,俄罗斯陆续研究制定了《北极地区开发法》、《北极航道航行条例》、《海上作业指挥部章程》、《北极航道通行船只的构造及设备要求》、《北极航道冰上引航条例》以及颁布北极航道船只通行服务的新的国家税收政策等,2019 年 12 月发布《2035 年前北方海航道基础设施发展规划》,2020 年 3 月普京批准《2035 年前俄联邦北极国家政策基础》,2020 年 10 月俄罗斯政府出台《2035 年前俄联邦北极区域发展与国家安全保障战略》。

这些法律政策文件为俄罗斯的海洋战略发展及国家海洋权益拓展提供了可靠的政策、法律、制度和机制保障。

(二)海洋战略变化趋势

俄罗斯的海洋战略变化趋势表现在以下几方面:第一,在大西洋方向与西方的对抗有所加强;第二,北极的战略分量逐渐加重,尤其重视“北极航道”的开发与建设;第三,南极的地位进一步提高;第四,加强在黑海的军事实力,促进克里米亚的经济发展;第五,强调俄罗斯在里海的主导地位。

三、英国

英国是世界上的海洋强国之一,具有优越的自然地理环境和丰富的海洋资源。英国自古以来就十分重视海洋的利用和资源开发。近年来,英国又加强了海洋综合能力建设,在海洋管理、海洋科技、海洋军事等方面取得了进步。

(一)关于海洋法律体系

英国是普通法系的代表性国家,其 4 个地区之间是独立性较强的分权式政治安排,其海洋法律基本由欧盟共同海洋政策调整,因此英国海洋法规根据立法机构可以分为 3 大类。第一类,英国立法机构制定的法规;第二类,欧盟机构制定的

① 参见刘洋:《普京时期俄罗斯海洋战略的内涵、实践及特征》,载《俄罗斯东欧中亚研究》2021 年第 2 期。

海洋法;第三类,欧盟法院和英国法院裁决的有关海洋问题的判例。英国在海洋资源管理方面的重要手段是加强海洋立法,其特点是采用分门别类、缜密而交叉的法规系统限定海洋开发行为。主要法规类型有:涉及200海里专属经济区的海洋权益法规;国会颁布的涉足海岸带资源开发利用的有关法规;地方性立法,属于次级法规,相对于国会颁布的法规而言,它更倾向于地方权益的保护和当地社团的利益,更具有可操作性,但其精神必须同国会一级的同类法规相一致;政府各部委发布的法规章程。以上四种类型的法规构成了英国海洋开发管理的法规系统,为英国依法管理海洋资源提供了有力保障。① 在加入《海洋法公约》之前,英国的海洋法律体系较松散,基本按照不同的领域进行专门立法,如在能源领域有《电力法》《非化石燃料义务法》《1975年海上石油开发法(苏格兰)》《北海石油与天然气:海岸规划指导方针》等;在渔业方面有《1967年海洋鱼类保护法》《1968年海洋渔业法》《1976年渔区法》《1981年渔业法》《1981年海洋鱼类养护法》等;在环境保护领域有《1971年防止石油污染法》《1974年海上倾废法》等。自1997年批准《海洋法公约》后,英国不断对海洋法律体系进行更新与完善,在海洋空间规划、海岸带利用、海洋科研、渔业保护、海底矿产开采及北极开发与保护等领域都制定了与《海洋法公约》相匹配的海洋法律制度与政策,为英国维护与争夺海洋权益提供了法律保障。具体法律如《1983年英国捕捞渔船法》《1992年海洋鱼类(保护法)》《1995年商船法》《1997年渔业限制令》《1998年石油法》《2001年渔业法修正案(北爱尔兰)》《2002年可再生能源义务法令》《2004年可再生能源区域法》《2009年英国海洋法》《2013年海洋航海法》《2014年深海采矿法》等。② 脱欧后,英国提出"全球英国"(Global Britain)战略,海洋战略是其中的重要内容,所谓"基于规则的国际海洋秩序"的构建,成为指导英国完善其国内、国际海洋法律体系新的指导方略。

(二)关于海洋科技战略

英国历届政府注重发展海洋科学技术,尤其是海洋高新技术的能力建设,以

---

① 参见薛桂芳编著:《〈联合国海洋法公约〉与国家实践》,海洋出版社2011年版,第101页。

② 参见李光辉:《英国特色海洋法制与实践及其对中国的启示》,载《武大国际法评论》2021年第3期。

促进现代海洋产业和海洋经济的发展。2005 年，时任英国首相布朗提出“建立新的法律框架，以便更好地管理和保护海洋”，标志着英国开始从国家战略层面综合布局海洋开发和研究。2008 年英国成立了海洋科学协调委员会（MSCC）。2009 年，英国发布《英国海洋法》，为其整体海洋经济、海洋研究和保护提供了法律保障。2009 年 8 月公布的《大科学装置战略路线图》中，对海洋科研基础设施的关注度显著提高，重点支持发展的 8 项科研大装置中涉及海洋研究的共计 4 项，比 2001 年增加了 3 项。[①] 英国 10 多年来推出了一系列国家级海洋战略和研究计划，这些计划和规划具有显著的国际视野，致力于“建设世界级的海洋科学”和领导欧洲海洋研究。《英国海洋科学战略 2010—2025》是英国整体海洋科技战略的核心，为英国海洋科技的发展指明了方向。作为英国最重要的海洋研究机构之一，英国国家海洋学中心（NOC）发布了《英国国家海洋学中心（NOC）中长期战略目标》，为未来发展设置了四个战略优先方向。《英国海洋能源行动计划 2010》为英国的海洋可再生能源发展提供了路线图。《英国东部海岸及海域海洋规划（草案）》、《全球海洋技术趋势 2030》以及《大科学装置战略路线图》等分别从全球、区域以及重点领域对英国未来的海洋科技发展进行了部署。[②] 海洋机器人、海洋酸化和气候变化、海洋可再生能源开发、海洋带灾害研究等，是英国海洋科技发展的重点领域。2019 年 2 月，英国发布了《海事战略 2050》，明确海事行业必须适应并利用将带来全球行业竞争的高效发展势头的第四次工业革命，发挥新兴技术、数字革命为海事行业带来变革的潜力，在智能航运特别是自动化和数字化领域推动技术革新。[③]

（三）关于海洋安全战略

2014 年 5 月 13 日，英国政府公布了《英国国家海洋安全战略》。这是英国官

---

① 参见王金平、张志强、高峰等：《英国海洋科技计划重点布局及对我国的启示》，载《地球科学进展》2014 年第 7 期。

② 参见高峰、王辉、王凡、冯志纲、陈春：《国际海洋科学技术未来战略部署》，载《世界科技研究与发展》2018 年第 2 期。

③ 参见《编译｜英国政府发布〈海事 2050 战略〉》，载上海海事法院网，http://www.shhsfy.gov.cn/hsfyytwx/hsfyytwx/gjhssfzxjs1568/hxhj1637/2019/04/19/2c93809969e348aa016a3614c5db555e.html?tm=1617958162989。

方首次明确阐述如何运用国家总体资源和综合能力，来确定、评估和应对国内和国际两个层面的海洋安全挑战。《英国国家海洋安全战略》着眼于未来5年(2014年至2019年)的英国海洋安全问题的同时，也展望了未来20年的安全前景，在英国海洋发展史上具有重大的里程碑意义。《英国国家海洋安全战略》重申了2013年英国《海洋风险评估》报告列出的2014年至2015年英国海洋安全面临的主要风险，提出了一个强有力的政府应如何作出海洋安全决策的问题，并重申了英国保护海洋贸易并支持国际海洋法的承诺。为确保英国海洋安全和国家利益，英国海军的主要任务包括：第一，在本土和海外进行威慑或作战行动；第二，保护英国贸易和其他利益，包括自由使用海洋航道和海洋要冲等，确保军事力量和贸易船队的通过畅通无阻；第三，为英国外交提供支持；第四，为全球稳定和安全作出贡献；第五，支撑英国的国际地位。①《海事战略2050》强调，英国在全球海事安全方面扮演着强势、积极的角色，以其权力、影响力和价值观为英国创造一个安全、繁荣的未来，进而创造更加广阔的具有安全性、稳定性的发展。《英国国家海洋安全战略》仍然在支撑着当下政府的海事安全方针政策。"国家海事安全战略"有五个核心目标：第一，推动打造安全的国际海事领域并维护国际海事规则；第二，提升国家的海事管理能力和对海洋战略重要性的认知能力；第三，通过保障港口、海上设施、挂英国商船旗的客船和货船的安全来保护英国、英国公民和经济；第四，保证英国海洋领域至关重要的海上贸易和活跃的海上交通运输的安全性；第五，保护英国和海外领土的资源和人口免于非法的和危险的活动，包括严重的有组织犯罪和恐怖主义。英国国家安全管理学会指出，社会正在发生根本性的快速变革，在复杂的国际安全环境下，既要面对来自传统国家的威胁，又要面对来自非国家行为体的威胁。当前的安全驱动因素主要包括恐怖主义、地缘政治武装、国际惯例和规则、贸易航线中断、有组织的犯罪、对航运和海事基础设施的传统的和非传统的袭击。需要特别强调的是，运用了先进科技的地缘政治武装对未来的安全环境将是更大的挑战，这一挑战需要迅捷、创新的应对方案。未来的驱动因素还将包括网络安全、贸易航线中断、科技发展、国际法完善、人际关系和贸易模式以及气候变化。

---

① 参见《英国介入南海问题的海洋安全逻辑——以〈英国国家海洋安全战略〉为中心》，载《边界与海洋研究》2019年第3期。

(四)关于海洋发展战略

2018年英国政府科学办公室发布《未来海洋发展报告》,从经济、环境、全球管理和海洋科学四个方面阐述了英国基本情况、优势和应对未来海洋发展的思路。2019年的《海洋战略2050》,旨在保持英国作为全球海洋枢纽的地位,其近期目标之一是将英国打造成试验和开发自主船舶以及吸引外来投资和国际业务的最佳场所。与此同时,英国海事和海岸警备局将解决与自动化相关的安全问题。近期目标之二是通过开拓使用虚拟现实和增强现实技术发挥英国在海员培训中的地位。英国政府将设立海事技能委员会以便确定现有的和未来的需求。中期目标包括于2030年在英国的一个港口成立一个创新中心,与此同时,英国政府承诺出版明确的英国将在绿色标准中发挥主导作用的海事计划,以便在不久的将来实现零排放航运。[①] 2021年9月13日,英国交通大臣格兰特·沙普斯宣布,将于2025年年底前将零排放船舶投入商用。[②] 根据《海洋战略2050》,通过在贸易、环境、技术、基础设施、人才和安全六个核心议题为海事行业制定前瞻性发展战略,英国对其海事行业形成了三大展望目标:一是在国际国内继续担当进出口贸易的主要推动者和促进者;二是继续为英国经济作出重大实际贡献;三是为持续维护和进一步发展安全可靠的全球海洋环境担当者。

四、法国

(一)关于海洋经济

法国是传统海洋大国,本土三面临海,北部临北海、英吉利海峡,西部面对大西洋,南部朝向地中海,拥有优越的海洋环境,再加上分布在太平洋、印度洋等多地的海外领地,拥有超过一千万平方公里的经济海域,位居世界第二。法国人认为,海洋这一货物通道作为经济大国和海洋大国的重要命脉,其重要性远胜于陆

---

① 参见《雄心勃勃 英国政府宣布2050海洋战略》,载国际船舶网2019年2月8日,http://www.eworldship.com/html/2019/ship_inside_and_outside_0207/146766.html。

② 参见《英媒:英国计划推出零排放船舶》,载参考消息网,http://www.cankaoxiaoxi.com/science/20210914/2453816.shtml。

地。面对日益复杂的经济形势和环境变化,可持续发展的海洋经济成为新的经济增长点。法国于2009年正式出台了第一部《法国海洋政策蓝皮书》。这一蓝皮书的出台既是出于法国海洋经济发展的诉求,也是对未来海洋领域发展的总体规划。在此基础上,法国于2017年制定了《海洋和沿海地区国家战略》,确立了四大发展目标:促进海洋和沿海地区的生态改革,发展可持续的蓝色经济,保护海洋生态环境和具有吸引力的沿海地区,提高法国的国际影响力。① 2021年年初,法国海洋部际委员会(SGMER)通过新版《港口发展战略》,涉及法国本土和海外省的重要港口。该战略设立三大目标:保证法国在国际贸易中的领先地位,为法国经济发展提供支撑,实现港口可持续发展、恢复法国原有全球市场份额。同时,确立2030年年前的四大战略目标:推动港口成为加强物流链的主要环节、助力经济发展的抓手、加快生态转型的工具、推动数字化转型的引擎。该战略确定了四大优先项目:合并塞纳河水域的勒阿弗尔、鲁昂、巴黎三大港口,于2021年6月1日新设港口公共机构HAROPA,到2027年投资14.5亿欧元;振兴海洋运输和港口产业链;实施深海开发战略;开发可再生海洋能源。此外,该战略还设立三大发展规划:到2050年,港口运输集装箱占比从60%提高到80%,就业岗位数量翻番,加快发展与海港货运相关的铁路和内河运输。②

作为欧盟的重要成员,欧盟的海洋发展政策也与法国的海洋发展息息相关。1992年联合国环境与发展大会通过了《21世纪议程》,其中提出了开展海洋综合管理的建议。自20世纪90年代以来,为了落实这一建议,欧盟及其成员国采取了一系列加强海洋工作的措施,并取得了很多成绩。2006年6月,欧盟颁布了《欧盟海洋政策绿皮书》。2007年10月,欧盟委员会在各成员国磋商成果的基础上颁布了欧盟《海洋综合政策蓝皮书》,以确保海洋资源的综合管理。2018年5月,在公布的2021—2027年的欧盟预算提案中,欧盟委员会宣布正在为欧洲渔业和海洋经济提供一个更简单、灵活的基金。欧盟委员会称,新的欧洲海事和渔业基金会将继续支持欧洲渔业部门实施更可持续的捕捞做法,着重支持小型渔民。它还将有

---

① 参见张庆:《2007年以来的法国海洋政策评析》,北京外国语大学2019年硕士学位论文,第1～2页。

② 参见《法国新版〈港口发展战略〉,来了》,载中国驻法大使馆网2021年2月9日,http://www.amb-chine.fr/chn/ljfg/t1852901.htm。

助于释放可持续蓝色经济的增长潜力,为沿海社区创造更加繁荣的未来。在发展海洋经济方面,欧盟委员会还建议在2014—2020年这一阶段加强支持和投入力度。欧盟的沿海社区将获得更多和更广泛的支持,让包括水产养殖和沿海旅游在内的所有相关产业受益。在欧盟看来,海洋经济未来发展具有很大潜力,2018年全球海洋经济产值估计为1.3万亿欧元,到2030年可能会翻一番。① 2021年5月17日,欧盟委员会出台一项新方案,旨在推动欧盟海洋经济的可持续发展。欧盟委员会当天发布声明说,可持续的海洋经济对实现欧洲经济可持续发展目标、确保在新冠疫情中实现经济复苏至关重要。欧盟将加大对发展可持续海洋经济的投资,满足减少海洋污染的融资需求。根据这一项方案,欧盟推动海洋经济发展的主要措施将包括:开发海上可再生能源、减少海洋运输碳排放,实现碳中和及零污染目标;转向循环经济减少污染;保护生物多样性;在沿海发展绿色基础设施,保护海岸线;确保海产品的可持续生产;加强海洋空间管理,促进可持续利用海洋环境方面的合作等。欧盟委员会在声明中呼吁欧盟成员国在2021年年前就海洋空间进行正式规划,投资创新技术,推动向可持续的海洋经济过渡,以应对气候变化和生物多样性危机。欧盟委员会分管环境、海洋和渔业事务的委员维尔吉尼尤斯·辛克维丘斯说,海洋经济为欧盟渔业、航运等行业提供至少450万个就业机会,将为欧洲减排发挥重要作用。②

(二)关于海洋能源

海洋能政策方面,2015年8月,法国政府通过了“能源法案”,目标是到2030年将可再生能源占电力配比提高到40%。在实际应用中,法国政府就电力生产中各类能源的装机容量与相关审批计划制订了“10年发展计划”。2016年,法国启动了海洋空间规划磋商,商讨确定海洋能项目专用海域。法国海洋可再生能源项目的公共资金源于国家公共资金总体框架。该总体框架由法国环境与能源署和法国国家科研署以及法国公共投资银行共同通过招标方式参与管理。2017年,法

---

① 参见黄昊:《描绘海洋经济,法国很用心》,载《光明日报》2018年6月21日,第12版。

② 参见《欧盟出台海洋经济可持续发展方案》,载新华网,http://www.xinhuanet.com/fortune/2021-05/18/c_1127460719.htm。

国国家科研署与法国海洋能源公司合作,通过招标完成了对6个海洋可再生能源研发项目的资助。这种公共机构和私企联合方式,旨在有效解决技术瓶颈与环境问题。据统计,2015年至2017年,这些项目共获得了1000万欧元的研发经费。在法国沿海地区,当地政府同样支持海洋可再生能源领域的研究。除了资助法国国家海洋能研究所发起建立的联盟研发计划以及地方项目,为了促进法国海上风电与潮流能产业发展,法国地方政府机构还在瑟堡、布雷斯特、圣纳泽尔等地投资港口设施建设,从而为在新码头区建设发电厂提供了足够的空间。① 2019年12月3日,法国总统马克龙在蒙彼利埃发表的关于海洋政策的讲话声明中提出法国深海海底研究与开发战略,强调84%的矿物资源存在于海洋中,其中90%为碳氢化合能源,其开发将与减少碳排放战略相矛盾,但海洋同时也在可再生能源开发方面具有巨大潜力。

(三)关于海洋环境保护

防止海洋污染是法国制定海洋政策时重点考虑的问题之一。法国海岸带几乎有一半地区已被都市化,城市的工业废物和废水严重威胁着海洋环境;法国北部海峡水域为远洋国家过往船只的交通要道,其中许多船只在航行中停靠法国港口,大多数船只是航行到北海的油轮,海洋环境保护压力巨大。② 自第一次海洋法会议以来,法国就表现出强烈的海洋环境保护意识和行动力,并通过国内立法进行积极应对。例如,1970年9月25日法国颁布第70—871号、第70—872号法令对禁止在水域表面、水下和领水水域范围内倾倒某些物品作出具体规定,以进一步推动完善法国的近岸海务管理体系。1971年,法国颁布第71—94号法令宣布设立环境部、确立环境保护政策,这标志着法国的环境行政管理进入相对集中的管理体制阶段。法国有关海洋环境保护的法律武器还有被称为"POLMAR"的海上溢油应急计划。2002年3月4日,在1997年法国颁布的"打击海上事故污染"通报的基础上,法国颁布《抗击海域污染法律规章》,进一步明确了打击海洋污染的主要机构、行为和责任领域、活动规范、各部门协作及国际协作、污染物质的处

---

① 参见张多:《法国的海洋能政策与开发》,载《中国海洋报》2018年5月22日,第4版。
② 参见薛桂芳编著:《〈联合国海洋法公约〉与国家实践》,海洋出版社2011年版,第104页。

理和储存等问题。作为数次近岸石油泄漏污染事故的受害者,法国在应对海洋污染防治方面更为积极主动。但无论是法国参与签订的国际协定、还是法国国内采取的规范性措施,针对的海洋污染对象都较单一。近年来,法国越来越意识到海洋污染源的多样性:2015 年,法国总理府颁布的《海域安全国家战略》报告中指出,除了石油污染的其他类型海洋污染,如聚乙烯等细小颗粒污染、集装箱遗失污染、海洋噪声污染等,都会对国家经济、安全和居民健康带来影响。通过对本土及其海外领土采取的一系列特别管辖措施,法国近岸海域污染频次显著降低。[①] 2018 年法国成立了法国海洋委员会(CFO),由法国海洋总秘书处(SGME)领导,其宗旨即为更好地保护海洋环境,其四个主要工作领域分别为:第一,与海洋垃圾作斗争,以"到 2025 年海上零塑料垃圾"为目标,全面改革海洋保护区国家战略;第二,保护海洋生物多样化,减少标志性物种面临威胁时的干扰和死亡率,实施珊瑚礁行动计划,即法国海洋部际委员会(CIMER)制定的"2019 年至 2025 年保护法国海外领土珊瑚礁的举措";第三,管理海洋和海岸带的人工建设,避免沿海地区过度人工化对自然栖息地的削弱;第四,解除各类保护环境的行动障碍。2021 年版《法国印太战略》将气候变化、生物多样性和海洋的可持续管理列为战略的四大支柱之一,战略提出:(1)加强本地区合作伙伴在应对气候变化和能源转型方面的参与。(2)采取行动,促进加强生物多样性的行动,在该印太区域动员国家参加关于国家管辖范围以外区域海洋生物多样性的谈判,保护和可持续利用国际管辖范围内的海洋生物多样性。继续开展关于适应气候变化和保护太平洋地区生物多样性的基瓦倡议(KIWA initiative)。促进"保护自然和人类的雄心联盟",特别是与东盟国家合作。作为 2021 年"印度—法国环境年"的一部分,发起一项"关于暂停使用一次性塑料的法国—印度倡议"。(3)发展海洋保护的伙伴关系,通过海洋对话,包括与印度尼西亚和印度的对话,以及在太平洋和印度洋区域机构的合作,与法国的主要伙伴在蓝色经济方面建立伙伴关系。法国作为"海洋资源"支柱的领导者,参与了《印太海洋倡议》。(4)为改善自然灾害的应对作出贡献。(5)在所有这些问题上加强利用法国领土的技能和区域合作。支持与位于海外领土上的法国研究中心的区域伙伴关系,包括在海洋资源管理领域。增加在太平洋区域环

---

① 参见付琴雯:《法国海域合理利用与保护的立法与实践评析》,载《法国研究》2017 年第 3 期。

境计划秘书处的参与。在努美阿实施法国和日本的“深海观测站”项目,测量气候变化和渔业对海洋生态系统的影响。

(四)关于打击海盗

为了维护法国在全球海域的海洋权益,法国对其海上执法和使用武力的立法及实践作出调整,以有效应对海盗活动的新情势。从 20 世纪 70 年代起,法国将“打击海盗活动”作为国家海上执法建设的一个考虑方面,在海上警务权等方面制定了详细而严格的立法和措施。1994 年 7 月 15 日,法国颁布第 94—589 号《国家打击海盗及在海上使用武力法》。与第 94—589 号立法相符,1995 年 4 月 19 日,法国颁布法令对“进行海上监管的船只和航空器使用武力和进行强制措施”的手段作出进一步规定,包括鸣枪警示、武力行动和目标射击等。2005 年 4 月 22 日,法国颁布《强制救援条款和海上使用武力法》,对第 94—589 号立法进行进一步修订。2009 年 7 月,为进一步将《海洋法公约》第七部分的有关规定转化为国内法,法国参议院提出法律草案,以落实法国作为沿海国在公海打击海盗、恐怖分子等不法行为上的国家权力。2011 年 1 月 5 日,法国颁布第 2011—13 号立法对第 94—589 号立法进行了修改。第 2011—13 号立法全称为《有关打击海盗以及国家在海上行使武力法》,是目前为止法国打击海盗活动的主要立法,一直沿用至今。[①] 2021 年版《法国印太战略》显示,法国将计划加入《亚洲打击海盗及武装抢劫船只的地区合作协定》。

(五)关于海洋科学研究

法国非常重视海洋科学研究,并在该领域取得了令人瞩目的成果。由于海洋科学研究在法国综合性海洋活动中的重要性,法国积极完善国内立法、大力推进海洋科学研究机构建设,保障法国海洋科学研究活动的开展。法国将海洋科学研究分为两种,即纯海洋科学研究和资源勘探开发性研究。在秉持该区分的理念下,法国落实了许多国内立法。例如,1971 年 5 月 6 日,法国颁布第 71—360 号法

---

① 参见付琴雯:《法国打击海盗活动的立法、实践及其对〈联合国海洋法公约〉的挑战》,载《国际法研究》2018 年第 5 期。

令，确定了勘察许可、专属研究许可和开发许可颁发程序的有关规定，并针对纯科研性质的研究作出了特殊批准要求。在1982年《海洋法公约》通过后，1986年7月11日，法国颁布第86—826号有关海洋科学研究的法律，对1976年颁布的经济区法第4条进行了修改，并规定："（在此区域内），法国政府当局具有行使国际法承认的有关海洋环境的保护和保全、海洋科学研究、人工岛屿、设施和工程的部署和使用的权利。"另外，为了更好地确保各种研究活动的沟通协调，1991年5月14日，法国颁布法令宣布建立海洋科学技术项目协调委员会。法国通过立法保障国内海洋科学研究机构的地位及其活动自主权。1984年，法国海洋渔业技术研究院和国家海洋开发中心共同组成法国海洋开发研究院，成为法国海洋科学研究和开发的国家级职能性机构，也是世界公认的全球六大顶尖海洋研究机构之一。发展海洋科学研究是法国新海洋政策的支柱之一，具有重要的战略意义。2009年《法国海洋蓝皮书》指出，法国"国家研究和创新战略"是旨在促进法国在国家层面和共同体层面发展海洋科学研究的重要战略，其有关活动的开展与欧盟的海洋综合管理政策以及科技发展研究框架项目紧密相关。而该创新战略正在以纵向方式，向其海外领土海域进行特殊倾斜。① 2015年3月5日，法国发布《法国—欧洲2020》国家科研战略，是继2009年《法国研究与创新战略》之后出台的第二个国家级科研战略，确定了法国未来5年面临的十大社会挑战及科研优先发展方向，其中节约资源与适用环境变化，开发清洁、安全与高效能源，促进欧洲空间开发三大方向与海洋科技发展密切相关。② 2021年版《法国印太战略》显示，法国动员印太地区的法国机构（法国发展研究所、法国农业国际合作研究发展中心、法国国家科学研究中心和法国国家健康与医学研究院）在包括海洋和海洋资源的管理、气候变化和生物多样性和健康问题等优先领域进行区域范围内的研究合作。

（六）关于海上军事活动

作为曾经的海上军事强国，法国对海上军事活动有系统的考虑和周密的安

---

① 参见付琴雯：《法国海域合理利用与保护的立法与实践评析》，载《法国研究》2017年第3期。

② 参见陈晓怡、裴瑞敏：《〈法国—欧洲2020〉科研战略解析及其启示》，载《全球科技经济瞭望》2015年第6期。

排。在沿岸水域以及海外属地的大洋中,法国有一支常设舰队。舰队通过海峡将地处亚丁湾的吉布提(飞地)作为法国舰队活动的重要基地,它是从红海通向印度洋的必经之地。1977 年吉布提独立以后,法国加强了在印度洋的海军力量,建设了新的基地,并提出了有关在国际水域中自由航行和需要保护海上航线特别是石油运输通路的主张。[①] 2021 年版《法国印太战略》强调,法国在印太地区防务战略中确定了 5 个主要目标:(1)确保和捍卫法国的领土完整和主权,保护法国公民、领土和专属经济区。(2)通过促进军事和安全合作为地区安全作出贡献。(3)在战略竞争和日益严格的军事环境下,与合作伙伴一起维护公共区域的准入。(4)通过基于多边主义的国际行动,参与维护战略稳定和军事力量的平衡。(5)预见气候变化带来的安全风险。就法国为捍卫主权和保护自身利益在印太地区采取的行动事例,该战略称,监测和控制法国领土的直接途径,并为其主权区域调整监测系统。通过军事和安全合作为印太地区安全作出贡献:(1)组织重要的多边演习,如在孟加拉湾举行的“拉彼鲁兹”(La Perouse)演习和在新喀里多尼亚举行的“南方十字”(Croix du Sud)演习,法国武装部队定期参加双边和多边演习,如印度举行的“婆罗那”(Varuna)演习,以及澳大利亚举行的“黑视”(Pitch Black)演习。(2)法国新喀里多尼亚武装部队和法属波利尼西亚武装部队参与太平洋地区自然灾害后的救援行动,特别是根据法国、澳大利亚和新西兰于 1992 年签署的《弗朗兹协定》(FRANZ agreement)。(3)与太平洋四方安全对话机制(the Pacific Quad)的成员,包括澳大利亚、新西兰和美国,为太平洋岛屿国家在(法国)专属经济区及其附近的公海进行捕鱼的治安行动。(4)作为区域合作执法行动的一部分,法国积极促进打击恐怖主义和激进化、有组织犯罪、非法移民和网络犯罪。就与合作伙伴一起捍卫使用印太地区海空共享空间的权利而言,该战略称,通过从法国的海外领土和法国本土部署空军和海军资源,确认遵守国际法和航行自由,如“玛丽安”任务(Mission Marianne,在印太地区部署一艘核攻击潜艇)、“圣女贞德”任务(Mission Jeanne d’Arc,将一个两栖攻击舰舰队一直部署到日本)、穿越南海的跨海行动(自 2014 年以来每年至少进行两次),或法国空天军的“天马”(Pégase)和“斯基罗斯”(Skyros)任务。该战略称:(1)与法国的合作伙伴(印度、

① 参见薛桂芳编著:《〈联合国海洋法公约〉与国家实践》,海洋出版社 2011 年版,第 105 页。

日本和澳大利亚)合作,共享海洋信息,并促进该领域的区域能力发展(在新加坡、马达加斯加和新德里的海洋信息融合中心)。(2)参与海岸警卫队架构之间的区域合作(法国在亚洲海岸警卫队机构负责人会议具有观察员地位)。就维护印太地区战略稳定,该战略提出:(1)继续深化与印太地区主要合作伙伴,特别是印度、澳大利亚、日本和美国的武装力量的互操作性。(2)加强在打击扩散,特别是核扩散方面的交流。法国积极参与对朝鲜的国际制裁的监督行动。(3)加强法国在东盟安全机构中的存在感(如东盟国防部长会议、东盟警察组织)。

第二节 亚太地区主要沿海国家的法律制度与战略规划

一、日本

(一)关于海洋战略

作为一个岛国,日本 37.8 万平方公里的领土面积比英、德、意等传统欧洲大国都要辽阔。日本面临的最大困境,一方面,是相对 1.25 亿人口而言,这样的幅员显得相当有限;另一方面,是日本列岛的资源极度贫乏,其能源自给率只有 8%,其余 92% 均要从海外进口。粮食自给率仅为 39%,远不如面积不及它的英国(63%)、德国(95%)和意大利(60%)。[1] 对于日本来说,海运具有双重意义——在战时作为维持战争运转的支柱,在和平年代则是保障经济发展的必要条件。日本认为,海上交通线事关日本的生死存亡,乃是决定国家命运的生死攸关的大问题。[2] 在这样的战略背景下,日本形成了独具特色的海洋战略,其最大的特点就是突出对海洋的控制。日本海洋政策研究财团在 2005 年 11 月曾经发表过《海洋与日本——21 世纪海洋政策建议》。在该建议的指导下,日本出台了《海洋基本法》,并于 2007 年开始颁布实施。在《海洋基本法》的要求下日本先后在 2008 年、2013 年和 2018 年颁布了三期《海洋基本计划》。可以说,《海洋基本法》以及《海洋基本

---

① 丹羽宇一郎『日本をどのような国にするか——地球と世界の大問題・はじめに』(岩波新書,2019)4 頁参照。

② 小原雅博『日本の国益』(講談社現代新書,2018 年)227、248 頁参照。

计划》是构成日本海洋战略的指导及框架文件并涉及日本海洋政策的方方面面。《海洋基本法》对日本的海洋政策进行了概括:第一,保护海洋环境;第二,推动海洋资源的开发与利用;第三,维护海洋运输;第四,推动日本的海洋专属经济区开发;第五,大力推进日本的海洋调查;第六,确保海上安全;第七,振兴日本海洋产业并提高其国际竞争力;第八,大力推进海洋科研体系发展;第九,保护离岛;第十,加强日本海岸带的综合管理;第十一,提高日本国民的海洋意识;第十二,推进海洋领域的国际合作。[①] 而三期《海洋基本计划》则对日本的海洋立国战略进行了明确的阐释,即建立新型海洋国家,在积极开发利用海洋以及保护海洋环境二者之间达成协调平衡。该计划有四大方针:首先,挑战未开发的海上疆域;其次,加强海洋事务的国际合作;再次,通过开发利用海洋资源实现繁荣富裕的目标;最后,由从前的"被海洋保护"向主动"保护海洋"进行转变。[②]

(二)关于海洋科技

日本非常重视海洋科技的规划和创新发展,发布了一系列规划报告,并将海洋科技纳入"依法治国"的轨道。1968 年,日本发布《日本海洋科学技术》,制定了促进日本先进工业技术在海洋领域的拓展应用的相关措施。1990 年,日本出台了《海洋开发基本构想及推进海洋开发方针政策的长期展望》,提出以海洋技术为先导,着重开发包括海洋卫星和深潜技术、深海资源开发技术等海洋高新技术,以促进日本的海洋科技创新并提高国际竞争力。1997 年日本政府制定《海洋开发推进计划》和《海洋科技发展计划》,计划面向 21 世纪,提出要发展具有重大科学意义的基础海洋科学、海洋高新技术等,以提高国家竞争力。2007 年 7 月,日本政府颁布了《海洋基本法》。在海洋基本法基础上,日本内阁于 2008 年 3 月 18 日正式通过《海洋基本计划(2008—2013)》,并于 2013 年进行了第一次修订,形成《海洋基

---

① 海洋政策研究財団編『海洋白書 2008 日本の動き世界の動き』(成山堂書店,2008)33 ~ 38 頁参照。

② 参见杨震、蔡亮:《后冷战时代的日本海洋战略与日印海权合作》,载《印度洋经济体研究》2019 年第 4 期。

本计划(2013—2017)》。[①] 2018年5月15日,日本内阁正式通过新一期的《海洋基本计划(2018—2022)》,在突出海洋安全,纳入北极政策的同时,继续强调要以政府为主导,开展海洋领域科研项目,研发海洋调查新装备、新技术,并灵活运用载人/无人潜航器以及先进的传感器,提升海底勘察能力;推进海洋领域基础研究,培养海洋科技人才,加快试验水槽、超级计算机等科研平台的建设与完善,加强对海洋领域大数据的运用与解析。

(三)关于海洋法律体系

日本涉海法律主要有《海岸法》(1889年)、《渔港法》(1950年)、《渔业灾害补偿法》(1964年)、《关于防止海洋污染和海洋灾害的法律》(1970年)、《关于渔业水域的临时措施法》(1977年)、《环境基本法》(1993年)、《日本领海和毗连区法》(1996年)、《关于在专属经济区行使有关渔业等主权权利的法律》(1996年)、《专属经济区和大陆架法》(1996年)、《海洋资源保护与管理法》(1996年)、《养护及管理海洋生物资源法》(1996年)、《环境影响评价法》(1997年)、《持续性养殖生产确保法》(1999年)、《南极环境保护法》(2000年)、《船舶检查活动法》(2000年)、《水产资源保护法》(2005年修订)、《国土综合开发法》(2005年)、《海洋基本法》(2007年)、《海上保安厅法》(2007年修订)、《海洋建筑物安全水域设置法》(2007年)、《海洋污染防止法》(2014年),[②]此外还有《专属经济区渔业管辖权法》《核废料污染法》《无人海岛的利用与保护管理规定》《海底资源开发推进法》《在专属经济区等行使天然资源勘探和海洋科学调查主权权利及其他权利法》等。[③]

---

① 参见高峰、王辉、王凡、冯志纲、陈春:《国际海洋科学技术未来战略部署》,载《世界科技研究与发展》2018年第2期。

② 《日本通过新〈海洋污染防止法〉禁随意排放压载水》,载中国新闻网2014年6月11日,http://news.eastday.com/eastday/13news/auto/news/world/u7ai1740462_K4.html。

③ 参见薛桂芳编著:《〈联合国海洋法公约〉与国家实践》,海洋出版社2011年版,第10~123页;参见[日]栗林忠男:《海洋法的发展与日本》,载《国际法学会编(日本与国际法的100年)》第3卷,三省堂2001年版,第13页;参见陈冬妮、马丽卿:《中日两国渔业法律体系的比较研究》,载《农村经济与科技》2016年第11期;参见魏婷、李双健、于保华:《世界主要海洋国家海洋资源管理及对我国的借鉴》,载《海洋开发与管理》2012年第9期。

二、澳大利亚

澳大利亚地处南半球，独占一块大陆，位于印度洋和南太平洋之间，四周环海，由澳大利亚大陆和塔斯马尼亚岛屿组成，面积 769.2 万平方公里，国家面积排名全球第六，大陆海岸线长达 36,735 千米，岛屿海岸线有 23,859 千米，相当于整个欧洲海岸线的长度。在《海洋法公约》的基础上，澳大利亚一共有 1600 万平方公里的管辖区域，包括领海、毗连区、专属经济区与大陆架，澳大利亚的专属经济区的面积在世界排第三名，多于澳大利亚本土的大陆面积。澳大利亚拥有丰富的自然资源，原油储量 2270 亿升，天然气储量 2.2 万亿立方米。渔业资源丰富，捕鱼区面积比国土面积多 16%，是世界上第三大捕鱼区，有 3000 多种海水和淡水鱼以及 3000 多种甲壳及软体类水产品，其中已进行商业捕捞的约 600 种。[①] 澳大利亚国家发展非常依赖海洋区域，海洋战略是其国家总体战略中至为重要的一部分。

（一）关于海洋法律和政策

澳大利亚十分重视海洋立法。20 世纪 60 年代以来，澳大利亚联邦和各州先后制定了《石油水下土地法》（1967 年）、《海洋和水下土地法》（1973 年）、《海岸和解书》（1979 年）、《大陆架生物自然资源法》（1978 年修订）等法律及配套法规。1992 年澳大利亚联邦政府颁布《国家生态可持续发展战略》，确立了“生态可持续”发展原则，成为后来制定海岸带和海洋法律政策的基石。此外，澳大利亚还颁布了《海洋法》《海岸带管理法》《海洋保护法》等 32 部海洋法律和规范。1994 年《海洋法公约》生效后，澳大利亚审视了自己过去的海洋政策，着手制定新的海洋发展战略。1998 年联邦政府发布《澳大利亚海洋政策》，核心是维护生物多样性和生态环境。对可持续利用海洋的原则、海洋综合规划与管理、海洋产业、科学与技术、主要行动等 5 个部分作了详尽的规定，为规划和管理海洋开发利用提供了法律依据。此外，还制定了海洋产业开发战略、近岸问题的宪法解决办法等。澳大利亚在领海、大陆架、专属经济区等方面的海洋基本法律均已完备，而且不断随着

---

① 参见《澳大利亚国家概况》，载中华人民共和国外交部网 2021 年 8 月，https://www.fmprc.gov.cn/web/gjhdq_676201/gj_676203/dyz_681240/1206_681242/1206x0_681244/。

新情况和新问题的出现而调整。澳大利亚于 1994 年宣布实施 200 海里专属经济区制度。目前,已与其周围各国签署了若干国际协定,大体可以分为:野生动物保护、海洋资源管理、防止海洋污染和海洋倾废 3 类。为确定海洋管辖范围,澳大利亚先后与巴布亚新几内亚、印度尼西亚、所罗门群岛等邻国缔结了海域划界的双边条约。在具有涉外性的国内海洋立法中,澳大利亚一直把维护本国利益放在重要地位并作出明确规定。例如,其《渔业法》规定,外国渔船无论单独或与澳合作捕鱼,都需事先申请,获准许可后,须缴纳资源税和管理费,并按规定限额到制定海域用许可网具从事捕捞作业。同时,针对国内现有各种海洋开发利用活动,联邦政府或州政府也都制定了相应的法律,如海岸管理保护法、渔业法、国家公园和野生动物保护法、海洋公园法、环境保护(海洋倾倒)法和沿岸水域法等。澳大利亚对其海域、入海口的潮间带及与其相邻水域的动植物、部分或全部依法进行保护。除了参加的国际条约和签订的双边或多边协定以外,在澳大利亚,有近 600 部国内法律与海洋相关。这些法律包括海洋生物多样性保护、渔业水产、近岸石油和矿产、海洋环境污染、海洋旅游、海洋建设工程和其他工业、海洋运输、药业、生物技术和遗传资源、能源利用、土著人和托雷斯群岛居民的责任和利益、自然和文化遗产等。①

(二)关于海上力量建设

根据澳大利亚 2016 年《国防白皮书》,澳大利亚认为当前印度—太平洋地区正处于经济转型时期,为澳大利亚的繁荣与发展创造了更多的机会,整个印度—太平洋地区的收入和生活水平不断提高,估计到 2050 年,世界经济的总产值将近一半由印度—太平洋地区创造。政府要确保澳大利亚国防军队拥有更高的军事水平和科技熟练度,更加强大和敏捷,更有能力进行独立作战行动,保护和捍卫澳大利亚的地区利益,增强澳大利亚全球联盟行动的能力。

(三)关于海洋科技战略

20 世纪 90 年代以来,为了推进海洋科学的研究,澳大利亚政府于 1998 年发

---

① 参见薛桂芳编著:《〈联合国海洋法公约〉与国家实践》,海洋出版社 2011 年版,第 130 ~ 131 页。

布了有效期为10—15年的《澳大利亚海洋科技计划》,对澳大利亚海洋政策产生较大的影响。2003年澳大利亚国家海洋办公室发布了《澳大利亚国家海洋政策——原则与过程》报告,阐述了制定澳大利亚海洋政策的原则,以及围绕这些原则制定的海洋政策。2006年,澳大利亚自然资源管理部长委员会发布《综合海岸带管理国家协作方式——框架与执行计划》,确定了海岸研究的6个研究重点。2013—2015年,澳大利亚政府海洋科学咨询委员会发布的《海洋国家:海洋支持澳大利亚蓝色经济》、澳大利亚海洋科学研究所发布的《澳大利亚海洋科学研究所2015—2025年研究计划》,以及澳大利亚中央政府和昆士兰地方政府联合发布的《大堡礁2050年长期可持续发展计划》对澳大利亚海洋科学未来发展的战略重点进行了部署。目前,澳大利亚海岸的主要学科研究领域是:主要城市集水区研究、主要工业区及码头水质与污染监测、海岸生态系统模拟研究、主要农业集水区研究、重要海岸浅水栖息地研究、国家土地与水资源的审核及全国范围的河道评估、海岸可持续发展研究、大堡礁世界遗产区水质问题、生物多样性评估、环境的变化与影响、生物活性分子的发现、生物技术创新。①

(四)关于海洋环境保护

澳大利亚对于海洋的保护是全方位的。首先,澳大利亚通过立法来保护海洋资源和环境,也重视关于海洋的国际条约,例如,1999年制定的《环境与生物多样性保护案》与2000年制定的《环境与生物多样性保护规则》,法案中规定了为减少生物面临的威胁所要采取的措施以及支持物种恢复直到可以从该法案受威胁物种名录中能够删去,保护了受威胁的洄游海洋生物。② 其次,出台了一系列的关于水下石油勘探的法律条文、《维护生态持续发展纲要》和《环境保护和生物多样性保护法》等。近年来,国际社会对于海洋的关注日益增多,不只是因为全球变暖导致海平面上升,也是因为海洋蕴藏的资源逐渐被开发利用。在2018年年初,又爆出鳗鱼日益减少、成为濒危物种的消息,再一次引发了大众关注海洋。在这种环

---

① 参见高峰、王辉、王凡、冯志纲、陈春:《国际海洋科学技术未来战略部署》,载《世界科技研究与发展》2018年第2期。

② 参见黄惠冰、胡业翠、张宇龙、王威:《澳大利亚海岸带综合管理及其对中国的借鉴》,载《海洋开发与管理》2021年第1期。

境中,澳大利亚不仅重视本国的周边海域,也严格遵守国际海洋条约,推进与保护环境相关的国际条约的制定,并积极参与签订这些条约,如《保护世界文化和自然遗产公约》《物种多样性保护公约》《维也纳保护臭氧层公约》等,还和其他国家达成许多的双边和多边有关环境保护的协议。除了立法,澳大利亚对于海洋生物的多样性保护建立了生态保护区和规划了区域性海洋。澳大利亚根据《环境保护和生物多样性保护法》让澳大利亚分别在其北部海域、西南海域、西北海域、东南海域和东部海域设立了五个海洋生物区,这五个生物区都有各自特定的海洋生物,生物区的设立能体现海洋整体环境的多样性和完整性。与此同时,澳大利亚政府也规划在南极北部水域建立一个全球最大的保护区。在保护海洋方面,除了澳大利亚政府的努力,澳大利亚也借助环保组织和社会的力量。澳大利亚海洋旅游业欣欣向荣,为澳大利亚带来巨大的经济效益,这得益于澳大利亚著名的大堡礁、弗雷泽岛、麦当娜岛等一些自然景观和岛屿,同时大堡礁、弗雷泽岛、麦当娜岛也被评为了世界的物质遗产,正因如此,澳大利亚也成立了许多的环保组织和渔民协会,这些组织和协会积极和澳大利亚政府部门沟通,要求在制定有关海洋的政策时要注重保护环境,也利用自身的优势,积极向渔业产业和普通民众宣传保护海洋环境的重要性,提高社会的环保观念,澳大利亚也在尝试将自己先进的海洋科学技术用于海洋环境保护方面。

三、印度

印度位于亚洲南部,是南亚次大陆面积最大的国家,居世界第 7 位;人口 13.24 亿,仅次于中国,位居世界第 2 位。东临孟加拉湾,西濒阿拉伯海,海岸线长 5560 公里。① 印度海域不仅广袤,而且蕴藏着丰富的生物和非生物资源,为众多的海洋经济活动提供了极其广阔的空间和丰富的资源。历史上印度曾是海权强国,9～13 世纪处于权力巅峰的朱罗王朝代表了古印度海权的最高峰。② 到了 14 世纪和 15 世纪,海上贸易的主导权落入阿拉伯人手中,他们成为印度与欧洲贸易的中

① 参见《印度国家概况》,载中华人民共和国外交部网 2021 年 8 月,https://www.fmprc.gov.cn/web/gjhdq_676201/gj_676203/yz_676205/1206_677220/1206x0_677222/。

② See Dinesh Yadav, *Look East to "Act East": India's Policy Shift or "Old Wine"*, India and China: Constructing a Peaceful Order in the Indio-Pacific, National Maritime Foundation, 2016, p. 50 – 51.

间商。[①] 15 世纪末,随着西方殖民主义者“地理大发现”时代的来临,葡萄牙、荷兰、法国和英国先后在这一地区进行权力角逐。18 世纪中期英国成为唯一拥有制海权的国家,而苏伊士运河的开凿更加巩固了英国对印度洋的控制。1947 年印度独立后,在很长一段时期内仍缺乏一个完善的海洋战略计划,而近年却在加速“向海看”的国家战略转型。[②]

(一)关于海洋战略

其实,早在 1989 年,印度内部就已制定了涵盖 25 年发展规则的首部海洋战略文件,但一直未公开。截至目前,印度已公开发布了两份正式的海洋战略文件。2007 年 5 月,首部公开的海洋战略文件出台,即《自由利用海洋:印度的海洋军事战略》,8 年后,为顺应环境的变化,在修订 2007 年版文件的基础上印度又于 2015 年 10 月发布了新的海洋战略文件,即《确保海洋安全:印度的海洋安全战略》。2015 年版海洋战略是印度对整个海洋前景的最新看法以及对印度未来海上力量部署和海上活动的一个长期规划。

(二)关于海洋安全和和海军能力建设

印度地缘政治具有海陆兼具的特征,北部喜马拉雅山是其领土安全的天然屏障,南部辽阔海洋是印度与外界联系主要通道,印度超过 95% 的对外贸易是通过海洋通道实现的。因此,印度视海洋为生命线,海洋安全与经济社会发展高度契合,确保海洋安全是印度海上安全战略的基本诉求。进入 21 世纪以来,世界经济和政治中心向亚太地区转移,作为世界能源、贸易通道的印度洋成为全球地缘政治的中心,再次吸引了大国的注意力。印度重视海军能力建设,实施海上威慑战略阻止任何潜在的对手发起冲突或企图胁迫印度。20 世纪 80 年代印度确立海洋大国战略,要“控制从地中海到太平洋之间的广大地区”。[③] 2004 年印度海军首次发布“印度海事学说”,讨论了“核化”海军及在印度海岸以外投射部队的可能。

---

① 参见阮光峰等:《印度海上力量:挺进大洋》,海洋出版社 1999 年版,第 5 页。

② 参见李红梅:《印度海洋战略的发展历程、现状特征与未来展望》,载《南亚研究季刊》2018 年第 4 期。

③ 曹永胜等:《南亚大象:印度军事战略发展与现状》,解放军出版社 2002 年版,第 215 页。

2013 年俄罗斯与印度就航母达成协议,印度向俄罗斯支付 4.5 亿美元改装费,“免费”获得俄罗斯尚未完工的基辅级航空母舰“戈尔什科夫海军上将号”(Admiral Gorshkov)。改造后的戈尔什科夫海军上将号更名为“维克拉玛蒂亚号”(INS Vikramaditya),是印度唯一的一艘现役的库兹涅佐夫元帅级航空母舰。[①] 印度的海上战略专注于两个主要目标:保护印度的主权和领土完整,保护印度的海上贸易路线。印度的海上战略强调外交在确保一个国家的海上利益方面发挥的重要作用,这主要表现为共同努力扩大与其他国家的海上合作。印度还通过两项新的三边海上安全安排进一步加强了其在印度洋的战略地位。第一项是 2020 年 9 月举行的印、法、澳三边对话。第二项是计划举行的印度、印度尼西亚和澳大利亚外交部长会议。最后,印度克服了其长期以来的保留,邀请澳大利亚参加下一次在孟加拉湾举行的“马拉巴尔”联合军事演习。

(三)关于海洋研究与技术开发动向

印度政府海洋开发部与印度气象部、中期天气预报国家中心、印度热带气象学研究所和地震危险评估中心合并,于 2006 年 7 月 12 日成立地学部,负责大气科学、海洋科技和地震学综合研究。扩大的地学部旨在为认识地球系统的关键组成部分(海洋、大气和固体地球)之间的复杂相互作用创建一种新体制,加强对海洋科学、气象学、气候、环境和地震学等方面的国家研究计划的支持。地学部现将以下项目列为海洋研究和技术研制的优先重点:第一,海洋生物资源评价;第二,印度专属经济区大陆坡资源评价和深海鱼类生物学;第三,深海扩散层研究;第四,印度专属经济区深海渔业资源捕捞技术和渔获量;第五,印度专属经济区有毒藻华的调查;第六,印度专属经济区海底生物生产力调查;第七,用于鱼类和生物量估算的声学技术开发;第八,海洋药物研究;第九,近海监测和预报系统;第十,沿海区和海域综合管理项目。此外,在 2002 年至 2007 年印度第 10 个 5 年计划期间,还开始执行以下计划:采用地理信息系统,开发 3 处关键生境信息系统(安达曼与尼科巴群岛、拉克德威普群岛和果阿);沿岸海域区划;通过海洋生态毒物学

---

① 参见彭东辉:《冷战结束后印度国家安全战略研究》,中共中央党校(国家行政学院)2019 年博士学位论文,第 38 页。

和相关研发活动,制定特别生境和水质标准;生态系统仿真研究;进潮口与岸线管理;基于卫星的研发计划。印度国家海洋技术研究所历年年度报告中的印度海洋科技亮点包括:2008 年印度系绳管理系统和远程操作 1144 米深水海试成功,自主取芯系统和钢丝绳钻井作业的路基试验完成;2009 年沿印度海岸完成了沿海高频雷达网络的安装警告系统;等等。①

四、韩国

韩国位于亚洲大陆东北部朝鲜半岛南半部,东、南、西三面环海,面积 10.329 平方公里,人口 5200 万。② 韩国拥有 44.3 万平方公里的海洋管辖权,34.5 万平方公里的专属经济区和大陆架以及长达 12,733 公里的海岸线和 3358 个岛屿,海洋总面积是韩国陆地面积的 4.5 倍。三面环海的特殊地理条件,赋予韩国得天独厚的海洋发展空间。2016 年和 2017 年,韩国船舶的载重吨位稳居世界第 7 位,船舶数量居第 10 位。2018 年,韩国海洋产业总产出达 1550 亿美元,其中,港口航运占比高达 30%,船舶与海工制造占 26.4%,海洋渔业占 25.4%(包括养殖、加工、流通),海洋服务业占 13.6%。从具体指标来看,其国家船队运力达到世界第 5 位,造船订单世界第 1 位,集装箱处理量世界第 4 位,水产品产量世界第 14 位。2019 年韩国造船完工量有所上升,造船完工量 3262 万载重吨,占全球比重 32.9%,2020 年韩国造船完工量为 2440 万载重吨,受到疫情影响,相比 2019 年同比下降 25.2%,占全球比重 27.3%。长期以来,韩国实行外向型经济发展战略,韩国经济发展十分依赖对外贸易,其物资运输绝大部分利用海上运输,因而,海洋对于韩国而言,具有十分重要的意义。

(一)关于海洋发展战略

1996 年韩国颁布了《海洋水产发展基本法》,根据该法先后制定了"第一次海洋水产发展规划(2000—2010)"和"第二次海洋水产发展规划(2011—2020)"。

---

① NIOT Annual Reports, National Institute of Ocean Technology, https://www.niot.res.in/niot1/annualreport.php.

② 参见《韩国国家概况》,载中华人民共和国外交部网 2021 年 8 月,https://www.fmprc.gov.cn/web/gjhdq_676201/gj_676203/yz_676205/1206_676524/1206x0_676526/。

所涉及的领域包括海洋科学技术、海洋能源资源、海洋环境和海岸带管理、海洋文化和旅游、水产振兴和海运、港口建设、海洋外交和国际合作交流等方面。为了保证发展规划的执行和落实，韩国又制定了各海洋相关领域的中长期发展计划。其中包括“海洋科学技术开发计划（2004 年）”“新再生能源研发战略 2030（2007 年）”“海洋生命工程培养基本计划（2008 年）”“绿色技术研究开发综合措施（2009 年）”“第四次海洋环境综合计划（2011 年）”“2020 海洋科学技术计划图（2011 年）”等。韩国通过制定上述国家总体海洋战略规划和具体发展计划，实现了海洋发展战略的法制化，保证了韩国海洋发展战略的长期性和稳定性。为了实现 2020 年步入世界“海洋强国”的计划，韩国在“第二次海洋水产发展规划（2011—2020）”中提出了三大目标和五大推进战略及 26 个重点课题推进战略实施。① 三大目标是：第一，可持续发展的海洋环境的管理；第二，新海洋产业的扶植及传统海洋产业的尖端化；第三，灵活适应新的海洋秩序，扩大海洋发展领域。五大推进战略及 26 个重点课题包括：第一，健康安全地利用和管理海洋。具体包括：确定海洋污染源的综合管理体制；筹备提高海洋生态界服务质量的方案；构建海洋沿岸空间管理的综合基础；海洋安全管理体制先进化及尖端化；海上安全领域国际化。第二，开发新的海洋基础技术，创造新的发展动力。具体包括：开发未来海洋资源；开发海洋产业的核心技术；开发保护海洋环境的核心技术，实现绿色发展；强化开发海洋科学技术的力量。第三，扶植未来型高品质海洋文化观光产业。具体包括：发掘和扶植丰富多样的海洋休闲活动；保护和利用海洋观光资源；组建和维护海洋观光空间；构建海洋观光政策综合推进体系；海洋文化内容的多样化。第四，东亚经济崛起所带来的海运港口产业的先进化。具体包括：主导世界海运市场并强化国际合作；扶植有竞争力的海运港口物流企业；实现绿色海运港口；构建世界超一流的集成港口；开发具有亲环境休闲城市附加值的港口；将港口移交地方管理；构建港口开发管理体系；港口运营高效化；培养海事人才。第五，强化海洋管辖权，确保全球海洋领土。具体包括：强化应对国际海洋环境变化的海洋领土管理能力；通过开辟海洋领土，强化全球海洋经营；为强化韩朝海洋合作营造良好氛围。为推进海洋产业的数字化转型，实现海洋产业的高质量发展，韩国海洋

① 参见牛林杰：《“海洋总统”助力韩国“海洋强国”梦》，载《世界知识》2015 年第 17 期。

水产部于 2019 年 6 月成立了“产学研官”专家组成的海洋领域四次产业革命委员会，就相关问题进行多次研讨后，于当年 11 月发布了“海洋智慧战略”。该战略的主要目标及实施行动，基本都反映并纳入 2021 年 1 月 15 日韩国发布的《第三次海洋水产发展基本计划(2021—2030)》中。该计划提出，到 2030 年实现引领智慧海洋国家，明确了具体行动方案。主要措施包括：推进港航产业的智能化，推进渔业现代化，发展海洋产业大数据经济。

关于推进港航产业的智能化，一是构建新一代港航系统。首先，加强智能自主航行船舶的研发及普及，建立中小型自主航行船舶开发及认证、验证体系，提出到 2030 年占据世界市场 50% 的发展目标，构建自主航行船舶的进出港管理、离靠岸、燃料补充、故障修理等港口综合支援系统。其次，研发下一代智能港口技术，实时收集和分析港口作业数据，打造安全、高效的智能港口，提出将釜山第二新港开发成为韩国特色的智能化港口，开发自动化码头设备、无人驾驶移送设备、无线供电技术、机器人装卸、运输设备等多种尖端技术。最后，构建海上智能交通体系，为保障船舶航行安全，提供海上智能导航服务系统，构建智能航线标识体系。二是加强海上进出口物流竞争力，构建物流综合系统，使船运公司、港口、货主、运输公司等实时共享港口作业相关信息并对整个物流过程进行实时数据分析、追踪及监控。推进临港产业高附加值化，在港口腹地开发电子商务、冷链等专用物流园区，建设中小企业共用智能物流中心等。

关于推进渔业现代化，一是推进渔业数字化。建设智能水产品生产、加工、创新集聚区，提出到 2030 年智能养殖场占全国养殖场 50% 的目标，通过“产学研官”合作，共建智能养殖园区、水产食品园区，构建智能渔业管理制度。开发实时收集、分析渔船作业信息的大数据平台，建立渔业器材标准化及质量安全认证制度，推进渔业、渔村数据的数字化。二是发展线上交易及流通。首先，促进水产品网上交易。开发渔船、水产市场等的电子竞拍系统，构建水产品在线交易支持平台，开发冷冻仓库水产品标准品种代码，构建全国冷链物流系统。其次，构建基于大数据的智能流通体系。构建产地、储存、消费地的智能低温流通管理体系，以消费者购买信息为基础，构建智能型多品种少量化生产及流通体系，支持家庭简易食品、速食食品、替代餐等的开发和普及。最后，监测重点水产品动态，谋求供求稳定。

关于发展海洋产业大数据经济，一是构建海洋大数据系统。筹建国家海洋信息中心，整合分散在各机构的海洋数据，并有效分析和利用。创造海洋数据流通市场，扩大创新服务及促进创业等数字经济生态系统的良性循环，结合公共数据和社会数据，构建高附加值数据的生产及流通体系，制定海洋数据整合标准，指定海洋数据储存、融合、流通等的质量责任机构，建立与预算、成果评价相挂钩的运营体系。二是发展海洋数字商务。推进海洋公共信息系统体系的数字化，实现供需双向交流，将民间生成的信息与公共信息系统相结合，使用户查找信息更加便利，充分利用人工智能、推荐系统、用户经验设计，构建海洋信息服务、商品数据交易空间，发掘和培养海洋数字商务。①

（二）关于海洋安全战略

冷战结束后，伴随海洋领域非传统安全因素的增加，韩国对海洋安全的认知发生了变化，认知内容更加丰富，认知范围日益扩大，领域不断拓宽。在国家安全政策和海洋战略的指导下，韩国提出了新的海洋安全理念，向“自主独立”过渡的同时，逐步走向“大洋化”。韩国海军计划，到21世纪上半叶，要建设一支具备远洋机动作战能力的“蓝水”海军，以具备同周边大国海军相抗衡的能力。为了实现这一目标，韩国正在加大对海军建设的投入。② 当前，韩国海军对于自身所发挥的作用有较明确的认识，包括将“遏制战争”、“海洋控制”、“保护海上交通线”、“投射军事力量”以及“支援国家对外政策并弘扬国威”五个方面作为自己的任务目标，除了各国海军均有的前四方面要求之外，“支援国家对外政策并弘扬国威”则是韩国海军的一大特色，主要是指遂行国际维和、舰艇出访等任务以及海洋搜索与救助活动，支援护渔、拦截海上恐怖主义活动及海盗行为、海难救助以及防治海洋污染等。③

---

① 参见朴文进、李明杰：《推进海洋产业数字化转型——解读韩国〈第三次海洋水产发展基本计划(2021—2030)〉》，载《中国自然资源报》2021年3月26日，第3版。

② 参见李敦球：《韩国国家海洋安全战略与中国有什么关系》，载《中国青年报》2017年10月11日，第6版。

③ 参见刘雨辰：《韩国海军战略评析》，载《国际研究参考》2018年第6期。

五、印度尼西亚

印度尼西亚是世界第一大岛国，面积1,913,578.68平方公里，人口2.62亿，是世界第四人口大国。[①] 印度尼西亚拥有5个大岛、30个群岛和17,508个岛屿，海岸线长8.1万千米，群岛水域和200海里专属经济区面积达580万平方千米，陆地面积192万平方千米。印度尼西亚海洋资源极其丰富，包括海洋渔业资源、可再生能源、油气及其他矿藏资源、海洋文化与旅游资源等。另外，辽阔的海域为印度尼西亚提供了极其便利的海洋交通运输条件。20世纪80年代起，印度尼西亚开始关注海洋，不断加大海洋管理力度。[②]

印度尼西亚长期受制于殖民统治，独立后就提出了独立自主不结盟的对外政策，该原则也体现在印度尼西亚的海洋战略上。在佐科政府前，印度尼西亚虽然没有明确的海洋战略，但历届政府都制定了相应的政策来维护其海洋利益和安全。从苏加诺到苏哈托再到苏西洛政府，印度尼西亚的海洋政策重点从基本的维护海洋主权拓展到维护海上安全和发展海洋经济。与此同时，印度尼西亚充分利用中等强国身份为海洋战略寻求发展空间，广泛与主要大国建立海洋合作关系，在自身资源有限的情况下通过合作实现海洋安全和发展。马六甲海峡是印度尼西亚的生命要道，也是沟通亚洲、非洲、欧洲和大洋洲之间的重要枢纽，战略意义非比寻常。域外大国的介入以及非传统安全问题的出现造成印度尼西亚主权安全的压力。为此，印度尼西亚实施了积极的海上防御政策。苏西洛政府实施了重点振兴海军、加强海防的战略，贯彻“逐岛防御”的政策。印度尼西亚在2011年年初开始谋划经济发展的中长期总体发展规划。规划中提出要重点推动能源、农业、工业、矿产、海洋渔业、电信业和旅游业的发展。这些领域大都源于海洋，这也就说明了苏西洛政府要大力发展海洋经济。印度尼西亚与其他国家就发展经济也建立了合作关系，重点发展海洋产业、生产技术，以求促进其海域的经济发展。由于纳土纳群岛及其周边海域拥有丰富的油气和渔业资源，且该海域是重要的国

---

① 参见《印度尼西亚国家概况》，载中华人民共和国外交部网2021年8月，https://www.fmprc.gov.cn/web/gjhdq_676201/gj_676203/yz_676205/1206_677244/1206x0_677246/。

② 薛桂芳编著：《〈联合国海洋法公约〉与国家实践》，海洋出版社2011年版，第154~155页。

际航道,印度尼西亚的历届政府对该海域都非常重视。2019 年佐科就任总统后,在第九届东亚峰会上详细阐述了印度尼西亚建设海洋轴心国的构想。佐科指出,印度尼西亚是一个海洋国家,未来海洋对印度尼西亚及全球的作用将越来越重要。作为横跨太平洋和印度洋的全球最大群岛国家,印度尼西亚有潜力成为世界海洋的轴心国家。① "海洋强国"战略也被称为"全球海洋支点"战略,是印度尼西亚提出的第一个较明确和全面的海洋战略。该战略涉及五个主要领域:第一,重建印度尼西亚海洋文化;第二,维护和管理海洋资源;第三,着力建设海上基础设施,通过兴建海上交通、现代化港口、海上物流、航海业和海上旅游业等,加强印度尼西亚群岛之间的联通性;第四,发展海洋外交,邀请合作伙伴开展海上合作活动,消除非法捕鱼、主权侵犯、领土争端、海盗、海洋污染等海上纠纷和冲突;第五,加强印度尼西亚国防力量。虽然佐科政府的海洋战略在内容上是对往届政策的延续和发展,但"全球海洋支点"概念是印度尼西亚第一个较全面、完整的海洋战略。印度尼西亚将国家发展的重点回归海洋,从海洋的角度阐释国家利益和部署发展战略,使其对外行为和政策有海洋强国战略作为依据。

六、越南

越南位于中南半岛东部,面积 329,556 平方公里,人口 9620 万(2019 年 4 月),北与中国接壤,西与老挝、柬埔寨交界,东面和南面临南海,海岸线长 3260 多公里。② 越南国土狭长,纵深有限,三面临海,被北部湾、南海、暹罗湾环绕,50% 以上的人口生活在沿海省份。对于越南而言,南海就是其东面的自然屏障,是其重要的资源来源,也是直接面临外侵的前沿阵地。历史上多次入侵都是从其东部沿海地区开始的。因此,其独特的地理位置和客观条件,要求越南必须将海洋战略作为国家战略中的重要一环。

20 世纪 70 年代中后期到 80 年代初,随着现代海洋主权意识的增强,越南提出一系列关于发展海洋经济,加强国防安全实力,管理并保卫国家海上权益,以及

---

① See Rendi A. Witular, *Jokowi launches maritime doctrine to the world*, The Jakarta Post, http://www.thejakartapost.com/news/2014/11/13/jokowi-launches-maritime-doctrine-world.html.

② 参见《越南国家概况》,载中华人民共和国外交部网 2021 年 8 月,https://www.fmprc.gov.cn/web/gjhdq_676201/gj_676203/yz_676205/1206_677292/1206x0_677294/。

提高海上搜救，预防极端天气的政策。① 2006 年越共十大后，越南的海洋战略得到进一步的提升和完善。2007 年，越共十届四中全会讨论并通过了《至 2020 年越南海洋战略》。越共中央全会将海洋战略作为主要内容进行专题研究，表明该战略的制定已不再是国家有关机构、部门的行为，也不再是局限于海洋经济范畴的具体战略，而是体现越南共和国国家意志，面向海洋、面向未来的重大、全面的发展战略，使越南实施“海洋强国”的战略目标更加明确。越共十届四中全会强调：“在保卫和建设我们祖国的事业中，海洋具有十分重要的地位和作用。与祖国经济社会发展、国防安全保障和环境保护有着密切联系，影响巨大。”全会提出，通过该战略的实施，要努力使越南成为一个“海洋强国”“靠海致富”的国家，牢固捍卫国家海洋主权和权益，为国家保持稳定发展作出贡献。要将经济社会发展与国防安全保障及环境保护切实结合起来，制定和实施更具有吸引力的政策，吸收各种力量参与发展海洋经济；把建设各沿海经济中心与海洋经济活动相结合，为国家发展提供强大动力。全会提出：至 2020 年要使海洋经济产值占到 GDP 的 53%—55%，出口额占总出口额的 55%—60%，妥善解决海洋区域和沿海地区的各种社会问题，明显改善这些地区的人民生活状况。② 为了落实《至 2020 年越南海洋战略》，越共十届四中全会明确提出了需要贯彻落实的九大任务：一是提高全党、全民对于海洋在建设和保卫祖国事业中的地位与作用的认识；二是建设一支可以牢固保卫海上主权和安全的海上力量；三是大力推进海洋基础调查，发展海洋科学技术；四是制定有效的海洋区域和沿海地区经济社会发展、国防安全保障的总体规划；五是在涉及海洋问题相关方面有效管理国家和处置情况；六是同步建设和完善配套的法理框架和政策机制，鼓励向海洋和沿海地区开发领域投资；七是发展符合海洋和沿海地区经济—社会发展的人力资源；八是在海洋发展方面加强对外开放和国际合作；九是建设一些在海洋经济方面具有优势的多种经济成分参与的集团

① 如 1977 年 5 月发表的《关于领海、毗邻区、专属经济区、大陆架的声明》；1993 年 5 月 6 日越南中央政府第 03 号通过的《近几年海洋经济发展任务》的决议；1994 年 6 月 23 日通过的《关于批准 1982 年海洋法公约的决议》；1997 年 9 月 22 日越南中央政治部第 20 号通过的《工业化、现代化指导下促进海洋经济发展》的指示；等等。

② 参见陈道银：《蝴蝶效应——越南海权战略及其对中国的影响》，载《学术界》2013 年第 7 期。

企业。[①] 经过10年的推进施行，越南在海洋经济、国防安全、科学研究、舆论宣传等方面都有了长足的发展。越南政府2021年9月17日公示了《2030年可持续开发和利用自然资源以及保护海洋和海洋环境的战略》决议草案，草案载明，越南的2030年目标是：可持续、公平地开发和利用海洋和岛屿资源；服务海洋经济部门发展，改善社区生活生计；保护和提升海洋文化遗产价值；应对气候变化和海平面上升；确保国防和安全，保护主权、主权权利和国家对海洋和岛屿的管辖权；海洋环境污染得到控制、预防和最小化；对来自陆地和海洋的污染源、跨界污染问题、海洋环境事件、海洋塑料废物污染和外来入侵物种进行有效监测、控制和管理；自然灾害、气候变化和海平面上升影响的预报预警能力不断增强，达到与地区先进国家相当的水平。2045年的愿景是：开发和可持续利用海洋和岛屿资源，发展海洋经济、低碳循环经济，建设与自然和谐相处的社会，成为可持续发展、繁荣、安全的海洋强国，积极和负责任地参与解决国际和地区海洋问题。草案还明确提出了实施方案：第一，加强越南中央到地方各级部门的领导和指导，加强宣传，提高对自然资源、海洋和岛屿环境的认识；第二，完善海洋、海岛自然资源管理和环境保护的法律制度；第三，发展海洋科学技术；第四，积极加强、扩大海洋和岛屿资源环境管理和研究方面的国际合作；第五，加强海洋人力资源的教育、培训和开发；第六，建立与可持续开发利用海洋和岛屿资源相适应的金融机制。[②]

---

① 参见李双建、于保华、赵鹏：《周边国家海洋战略的调整和我国对策的思考》，载《工程研究—跨学科视野中的工程》2013年第1期。

② 参见《2030年可持续开发和利用自然资源以及保护海洋和海洋环境的战略》，载越南政府门户网2021年9月17日，https://baochinhphu.vn/Chinh-sach-moi/Khai-thac-su-dung-tai-nguyen-bien-va-hai-dao-ben-vung/446836.vgp。

第六章 中国海上安全保障体系的构建

第一节 中国海洋战略的发展历程

中国是一个海陆兼备的世界大国,海洋文化是中华文明的重要组成部分,中华民族在人类海洋文明史上书写了无数壮丽诗篇,领先世界长达 18 个世纪。然而,近代海洋史可谓充满灾难与悲壮。革命家孙中山首举反封建旗帜,发动辛亥革命推翻了封建制度,制定了"兴海军、振中华"的《建国方略》,但受制于历史条件,未能成功。中华人民共和国成立后,毛泽东同志领导的中国共产党顶住了帝国主义的战争威胁和海上封锁,在战争废墟上带领中国人民白手起家,重振中国海洋事业,积极发展港口、造船、航运产业,建设现代化的强大海军,提出了建设"海上长城"和"海上铁路"的海洋战略思想,营造了良好的战略安全环境,为建设海洋大国进而迈向海洋强国奠定了基础。

中华人民共和国历经几十年的奋斗,海洋事业以空前进程平稳发展。20 世纪末至 21 世纪初,接连出台了《中国海洋 21 世纪议程》、《中国海洋事业的发展》和《全国海洋经济发展规划纲要》等重要文件,将经略海洋提升到国家战略层面,提出“海洋经济成为我国国民经济新的增长点,逐步把我国建设成为海洋经济强国”。至2012年党的十八大前夕,根据中国海洋经济统计公报,全国海洋生产总值突破5万亿元,海洋生产总值占国内生产总值达到9.6%,确立了中国世界海洋大国的坚实地位。

习近平总书记指出,“中华民族能量积蓄得太久了,要爆发出来去实现伟大中国梦。”①中国迈向海洋强国是顺应世界潮流、反映民族众望的必然选择。以习近平同志为核心的党中央,顺应和平与发展的时代潮流,继承发扬中国传统文明和世界观,运用“中国方案”破解全球海洋难题,用“中国智慧”重塑全球海洋新格局、新秩序,以人类当前最大的海洋课题为抓手,促进全球治理体系和国际秩序变革发展。在党的十八大报告中,中国首次确立了“建设海洋强国”战略,习近平总书记在会上对建设海洋强国作了系统论述。习近平总书记指出:“建设海洋强国是中国特色社会主义事业的重要组成部分。”②“海洋事业关系民族生存发展状态,关系国家兴衰安危。”③“我们要着眼于中国特色社会主义事业发展全局,统筹国内、国际两个大局,坚持陆海统筹,坚持走依海富国、以海强国、人海和谐、合作共赢的发展道路,通过和平、发展、合作、共赢方式,扎实推进海洋强国建设。”④“要提高海洋资源开发能力,着力推动海洋经济向质量效益型转变。要保护海洋生态环境,着力推动海洋开发方式向循环利用型转变。要发展海洋科学技术,着力推动海洋科技向创新引领型转变。要维护国家海洋权益,着力推动海洋维权向统筹兼顾型转变。”习近平总书记关于建设海洋强国“四要”和“四个转变”的路径论述,构建了建设海洋强国的系统理论,成为建设海洋强国的行动纲领。⑤ 习近平总书记的海洋强国理论,为当代中国发展与进步提供了根本指引。2019年,习近平总书记在

---

① 《习近平参观银川新城清真寺》,载人民网,http://politics. people. com. cn/n1/2016/0719/c1024 - 28567687 - 4. html。

② 《习近平的“蓝色情怀”》,载新华网,http://www. xinhuanet. com/politics/xxjxs/2020 - 07/11/c_1126222758. htm。

③ 《建设海洋强国,习近平从这些方面提出要求》,载中国共产党新闻网,http://cpc. people. com. cn/n1/2019/0711/c164113 - 31226894. html。

④ 《世界海洋日,感受习近平建设海洋强国的“蓝色信念”》,载人民网,http://politics. people. com. cn/n1/2020/0607/c1001 - 31738010. html。

⑤ 《国家海洋局学习贯彻习近平海洋强国思想纪实》,载自然资源部网,http://www. mnr. gov. cn/dt/hy/201710/t20171019_2333333. html。

继承、丰富和发展我们党和国家涉海理论和战略实践的基础上,统筹国内、国际两个大局,以大魄力、大智慧直面全球海洋问题,正式提出建设“海洋命运共同体”理念,这标志着习近平新时代海洋建设战略思想体系的基本形成。习近平新时代海洋建设战略思想体系以海洋强国战略为基础、“一带一路”倡议为平台、构建海洋命运共同体为归结,[①]全面阐明了中国坚持利益共享、责任共担、共同发展、共同治理、共促繁荣的全球海洋观。

中国海上安全保障体系的构建需要以中国当代海洋战略及习近平全球海洋观为根本指引,以总体国家安全观和海上安全观为理论指导,统筹国内、国际两个大局,坚持陆海统筹,厘清五大要素、把握五对关系。从五大要素来说,要加强国内海洋管理的制度建设,积极使用外交和法治手段解决海洋纠纷和领土争端;坚持以经济安全为基础,坚持扩大对外开放,反对贸易保护主义,推动海上丝绸之路建设和自由贸易区(港)建设向高质量发展走深走实;坚持以军事、文化、社会安全为保障,深入实施海洋强国战略,建设世界一流的现代化海军,提升远洋作战能力,发展海洋科学技术,繁荣海洋文化事业,严厉打击毒品等有毒有害物品的海上走私活动,保障社会安全;坚持以促进国际安全为依托,统筹国内、国际两个大局,利用国际资源促进国内海洋发展的同时,加强国际合作与战略互信,推动国际海洋共同安全。从五对关系来说,既要重视海洋产业发展问题,也要重视海上安全问题,促进海上运输、海上贸易、海上钻井平台建设、造船、港口等涉海产业发展的同时,注重防患于未然,对海洋生态安全、生物安全、海洋科技安全、海上航道安全、海洋经济安全等海上安全问题保持足够重视;既要重视领水外部安全,又要重视领水内部安全,在关注海外利益的同时,时刻关注钓鱼岛问题和南海问题的发展与变化;既要重视传统安全,又要重视非传统安全,在重视海上军事安全、政治安全、经济安全的同时,对海洋生物生态安全、海洋能源资源安全、海洋科技安全、海外利益安全等新领域保持足够的关注;既要重视国内海上安全,又要重视国际海上共同安全,维护和拓展本国海洋利益的同时,尽可能兼顾周边国家海洋利益

① 参见李国选:《海洋命运共同体对西方海权论的超越》,载《浙江海洋大学学报(人文科学版)》2019 年第 5 期;黄高晓、洪靖雯:《从建设海洋强国到构建海洋命运共同体——习近平海洋建设战略思想体系发展的理论逻辑与行动指南》,载《浙江海洋大学学报(人文科学版)》2019 年第 5 期。

和全球公共海洋利益,推动区域和全球海洋命运共同体的建设与发展。

第二节　构建中国海上安全保障体系的实现路径及举措建议

传统海权的核心构成要素,在于国家控制、利用和开发海洋的能力,在构成要件上以海军军事实力为其核心要素。随着国际法的社会基础发生演变,海洋法在大国政治和国家主权原则的互动中得以发展,在这种背景下,传统海权逐渐向现代海权过渡。现代国际法使海权的权力属性逐渐削弱,而逐步显露出以现代国际法为基础的权利属性。[①] 中国海上安全保障体系构建与实现需要国际法的理论指导与实践指引。

进入新时代,我国海权维护面临重要机遇。首先,和平与发展仍是时代主题。中国主张推动建设相互尊重、公平正义、合作共赢的新型国际关系,受到国际社会的欢迎,这将为我国海权维护赢得广阔国际空间。其次,《海洋法公约》为各缔约国开展海洋活动提供了综合法律框架和基本依据,对各国在和平利用和保护海洋方面的权利和义务作出了平衡规定。我国要维护的海权是基于国家主权并尊重国际海洋秩序的海权,主张秉持《海洋法公约》的宗旨和原则,善意、准确、完整地理解和使用公约及其争端解决机制,避免滥用公约条款。最后,建设海洋强国战略的实施为我国海权维护提供了新契机。经过改革开放40年的发展,我国在关心海洋、认识海洋、经略海洋方面已经积累了一定经验。"一带一路"倡议成为扩大海洋国际合作新的契机。党的十八大以来,习近平总书记多次在讲话中谈及海洋强国建设,重视海洋事业发展。党的十九大报告提出"加快建设海洋强国",预示着海洋强国作为中华民族伟大复兴的重要组成部分,正在以全新的姿态和全新的步伐加速推进。建设海洋强国的战略任务,标志着我国海权维护迈入新时代、迎来新契机。"一带一路"建设、构建人类命运共同体理念为我国海权维护注入了新内涵。面对新机遇,我国海权维护应以发展海洋经济、利用海洋资源为主要目的,

---

① 参见江河:《海洋法的特性演变与中国的海洋权益——以海洋基本属性为框架的研究与建议》,载《人民论坛·学术前沿》2016年第12期。

以海上通道安全为保障,以参与国际海洋治理为任务,以和平的方式实现以海强国、以国强海,经略海洋、维护海权。这就需要依据国家主权和国际海洋法确定的海洋权利范围,加强对海洋的综合开发和利用,促进海洋经济发展,推进海洋生态文明建设,做到以国强海;坚持创新思维,提升海洋经济、海洋军事、海洋科技、海洋文化等硬实力和软实力,统筹各领域协调发展,做到以海强国;通过法律规范的实施,控制海洋环境污染,保护贸易和航道安全,完善管辖海域执法机制,维护国家领土主权和海洋利益,做到经略海洋;坚持国家利益至上,周密组织边境管控和海上维权行动,提升海上行动能力,积极参与全球海洋治理,做到有效维护海权。①2019 年,值中国人民解放军海军成立 70 周年之际,习近平总书记明确提出"构建海洋命运共同体"的理念。"构建海洋命运共同体"是中国为全球海洋治理提供的"中国方案"。在总体国家海上安全观下中国海上安全保障体系的构建,需要秉持和平、主权、普惠、共治等原则,站在全局的高度,统筹国际、国内两个大局,有机衔接国际、国内两类规则,遵循和借鉴各项国际法基本原则和国际惯例,以海洋命运共同体理念为指导,建设具有中国特色的国家海上安全保障体系,为实现全球治理和国际法治提供中国立场、中国智慧和中国方案。

一、关于海洋国土安全与军事安全

国家领土不仅是国家行使主权的空间,同时也是国家及其人民生存和发展的物质基础。1974 年 12 月 12 日联合国大会通过的《各国经济权利和义务宪章》第 2 条确认国家对其自然资源享有"充分的永久主权"。"皮之不存,毛之焉附。"一般认为,海洋国土的外延等同于国家的管辖海域,不仅包括一国的内海和领海,而且包括该国管辖的专属经济区的大陆架,是一国内海、领海、毗连区、专属经济区、大陆架等所有管辖海域的形象总称,是一个集合概念。根据《海洋法公约》《领海及毗连区法》《专属经济区和大陆架法》等法律和我国政府的相关主张,广义层面,我国的海洋国土包括:拥有完全主权的内水和领海,约 38 万平方公里;拥有海域管理权和资源主权权利的毗连区、专属经济区和大陆架,约 300 万平方公里。《海洋法

① 参见周江、张济坤:《为维护海权提供有力法律支撑 建设海洋强国需完善海洋法律体系》,载《人民日报》2018 年 1 月 10 日,第 7 版。

公约》规定,沿海国在领海的主权及于领海的上空及其海底和底土,沿海国在其专属经济区内和大陆架有勘探开发、养护和管理自然资源的主权权利以及管理海洋科研、防止海洋污染等一系列特定事项的管辖权。在国家海上安全保障体系中,海洋国土安全居于无可置疑的核心地位。

中国邻接渤海、黄海、东海和南海四大海区,但仅有渤海是我国的内海,我国拥有完全主权。黄海地处亚欧大陆东端、亚洲大陆与太平洋接合部位,是历史上沙俄由北向南扩张陆权和美日由东向西扩张海权而激烈碰撞的核心区域。在这一地区的国际关系舞台上,除了黄海周边的中、朝、韩、日 4 国以外,还包括俄罗斯和美国。[①] 在东海,其划界涉及中、日、韩 3 国,其中,中日之间的划界尤其是大陆架划界最为复杂,它不仅有冲绳海槽决定性地影响大陆架的划界,而且在划界过程中必须考虑与之密切相关的钓鱼岛群岛的主权归属及其法律地位问题。[②]

(一)关于黄海国土安全与军事安全

从海洋领土安全来看,位于环黄海内圈的国家主要是中国和朝鲜半岛两国,中国与朝鲜在黄海大陆架是相邻共架国、与韩国为相向共架国。因划界原则主张的不同,中、朝、韩三方对于黄海区域的主权权利区域划分存有一定争议,主张不同也是引发 3 国之间渔业跨界捕获争议的根本原因。

从政治安全来看,环黄海区域作为我国四大海区之一,距离朝鲜、韩国、日本都较近,是我国华北一带的海防前哨和海路要道,也是我国政治经济中心北京的海上门户,因此,确保环黄海区域的主权安全关系整个中华民族的安全。当前,环黄海地区的首要任务,就是反对海上强权的渗透与入侵,竭尽全力开发好、管理好管辖海域,使国家海洋权益和管辖权不受侵害。可以说,环黄海地区在整个国家的政治、经济、社会、军事以及外交上的重要战略地位,决定了它的区域安全关系国家的核心利益,关系国家的领土完整和主权独立。

从海上通道安全来看,环黄海海域是我国山东半岛、辽东半岛和苏东平原的重要出海口,是我国北方经济带的核心区域,更是我国东北、西北、华北地区对外

---

① 参见李靖宇、刘琨:《关于环黄海区域的国家安全问题探讨》,载《东北亚学刊》2012 年第 1 期。

② 参见孙传香:《单一划界在中日东海划界中的适用问题研究》,载《求索》2011 年第 3 期。

开放与世界交流的重要门户。因此,可以清楚地认识到,保障黄海海域的海上通道安全,关乎我国北方经济社会稳定发展的大局,是确保我国外向型经济不断发展和本国对外贸易安全的重要航路保障之一。

从海洋资源安全来看,环黄海区域内丰富的油气资源,对我国能源供给稳定性有重要的意义,而要保证这种稳定性的长期存在,就必须保障环黄海区域的海域安全,努力为区域内油气资源的开发创造一个稳定的外部环境。从国际环境层面来看,环黄海区域作为世界发展最快的东北亚的区域中心和东北亚地缘政治的焦点区,更要着力营造良好的内外部环境,实现区域安全与和谐发展,以利于提升我国在国际社会中的话语权与影响力。

为适应当前海洋发展形势的需要,针对环黄海区域国家安全遇到的问题,建议从以下几个方面采取措施:第一,完善海洋法律体系,不断强化海上执法力量。第二,配备机动灵活的海军编制,努力提高防御作战能力。第三,建设政治互信的国际平台,积极加强海上安全合作。第四,依靠科学技术的持续进步,逐步提高资源利用效率。

(二)关于东海国土安全与军事安全

东海国土安全与军事安全的核心挑战是中日两国不同的权利主张引起的划界分歧,关键在于大陆架和专属经济区的划分。其中,钓鱼岛的主权归属以及它在东海划界中的法律效力问题成为主要争议焦点。

钓鱼岛问题主要涉及两个方面的内容:一是钓鱼岛及其附属岛屿的主权归属,二是与之相关的东海海洋权益分割。从中日双方立场及其依据角度来看,中方学者多偏重于从历史和地理角度论证"钓鱼岛是中国的固有领土",在国际法角度则从原始发现、行政管辖、经济活动、自然延伸等原则为基础,论证钓鱼岛主权属于中国的国际法正当性。①

我国应着力从以下几个方向收集证据。第一,继续从史料中挖掘能够证明中国对钓鱼岛行使主权的国家行为。第二,驳斥日本"无主地先占"的谬论。在国际

① 参见刘中民、刘文科:《近十年来国内钓鱼岛问题研究综述》,载《中国海洋大学学报(社会科学版)》2006 年第 1 期。

法上,取得领土的“无主地先占”必须是“有效先占”,需要满足五个方面的基本条件才能成立,即领有的企图、无主地的确认、占领的宣告、占领的行动和实效管辖。从这五个方面来看,日本的主张不能成立。第三,论证第二次世界大战后美日之间的条约或协定不能作为日本拥有钓鱼岛主权的依据。从条约相对性的角度来看,1951 年的《旧金山对日和约》和 1971 年的日美《归还冲绳协定》不能变更中国对钓鱼岛拥有主权的事实,日本在接受 1945 年《波茨坦公告》及《开罗宣言》时,钓鱼岛的主权已重新由中国依法享有。第四,东海大陆架的划界争议,应以确保钓鱼岛的主权归属为基础和前提。

从法律应对角度来看,可以通过研究《海洋法公约》完善相应的国内海洋立法,为将来运用法律手段解决争端争取主动权。迄今为止,我国颁布了多部海洋法律法规,①为维护国家的海洋权益发挥了重大积极作用,但仍存在一定不足。第一,规定过于原则化,不具操作性。如《领海及毗连区法》《专属经济区和大陆架法》基本上沿袭《海洋法公约》的内容,全文不超过 20 条,缺乏相应的或配套的实施细则或办法。第二,立法缺乏整体性。我国现行海洋法律、法规和规章相互交织,立法层次和立法部门繁多,各法律法规的海洋活动只涉及各自管辖范围和区域,缺乏部门之间的配合和协调。第三,维护国家海洋权益的法律或法规没有形成合力。虽然每部单行海洋法律法规都旨在保护国家海洋权益,但在海洋权益斗争日趋激烈的今天,将维护国家海洋权益的责任分到各个单独法律法规中去承担,未免显得势单力薄。另外,有关钓鱼岛的法律规定仅在 1992 年的《领海及毗连区法》第 2 条第 2 款有所体现,②其他法律均无涉及。建议从问题导向出发,完善我国相关海洋法律:第一,根据形势发展需要,补充制定或修改相关法律法规,出台相应配套实施细则,增强法律法规的可行性和操作性。如 2021 年《海警法》

---

① 主要有《中华人民共和国政府关于领海的声明》《领海及毗连区法》《关于批准〈联合国海洋法公约〉的决定》《中华人民共和国政府关于中华人民共和国领海基线的声明》《专属经济区和大陆架法》《海域使用管理法》《海洋环境保护法》《海岛保护法》《海警法》《海上交通安全法》等。此外,还有很多行政法规、部门规章和实施细则,如《远洋渔业管理规定》《无居民海岛保护与利用管理规定》《海洋行政处罚实施办法》《渤海生物资源养护规定》《海域使用权登记办法》《海域使用权管理规定》《港口规划管理规定》等。

② 1992 年的《领海及毗连区法》第 2 条第 2 款规定:“中华人民共和国的陆地领土包括中华人民共和国大陆及其沿海岛屿、台湾及其包括钓鱼岛在内的附属各岛、澎湖列岛、东沙群岛、西沙群岛、中沙群岛、南沙群岛以及其他一切属于中华人民共和国的岛屿。”

的颁行和《海上交通安全法》的修订等。第二，制定“中华人民共和国海洋基本法”，明确该法的立法目的、原则，国家海洋战略的基本方针、基本政策和基本措施。第三，制定“中华人民共和国海洋安全保护法”，完善海洋安全保护与资源开发使用相关法律体系，为我国的海洋安全保护与资源开发使用提供法律依据。第四，进一步明确我国领海基点、领海基线及管辖海域的界限。钓鱼岛为中国固有领土，应将钓鱼岛作为我国的领海基点。

从实际控制角度来看，单纯依靠“最早发现论”在现代国际法语境中并不占优势。我们应当从过去比较强调历史性权利转化为注重实际控制。以国际领土争端解决的实践来看，实际控制争议区域是最常见的宣示主权的方式。根据国际惯例，实际控制的时间越长，解决争议时就越有优势。因此，加强在钓鱼岛的现实存在，有利于增加我国日后通过法律手段解决钓鱼岛问题的筹码。此外，为通过法律手段解决钓鱼岛争端争取主动权，基于钓鱼岛争议历史和法律问题的复杂性，通过法律手段解决钓鱼岛争端，还需考虑以下几个方面的问题：首先，应强化在战略高度将钓鱼岛问题与我国整体海洋战略相关联的思维；其次，应加强对相关国际判例的研究，①从国际法院的相关判例入手，研究国际司法实践，认真分析、总结国际法院在领土主权尤其是岛屿主权争端方面的判例及其确立的一般原则、规则和方法，归纳国际法院审理领土争端案件的基本态度，将法院的相关判例与中日钓鱼岛争端相联系，分析各方的主张能否在相关或相似的国际法院判例环境下得以成立，从而有利于应用法律手段解决钓鱼岛问题。② 钓鱼岛主权争议问题涉及中日之间的历史问题、民族感情问题，海洋资源和海洋权益问题以及中、日、美三角国际关系问题，如何在中、日之间寻求解决问题的“双赢”途径是解决钓鱼岛问题亟须解决的现实难题。③

---

① 从钓鱼岛争端所涉及的国际法问题来看，对英国和法国敏基埃群岛和艾克荷斯群岛案（1950～1953年），萨尔瓦多和洪都拉斯领土、岛屿和海洋边界争端（尼加拉瓜参加）（1986～1992年），卡塔尔与巴林的海域划界与领土问题案（1991～2001年），印度尼西亚和马来西亚利吉坦岛与西巴丹岛主权争端案（1998～2002年），尼加拉瓜和洪都拉斯岛屿归属与海洋划界案（1999～2007年），马来西亚和新加坡白礁岛、中岩礁和南礁主权归属案（2003～2008年）等典型判例进行深入研究，对钓鱼岛争端解决有重要启示。

② 参见王玫黎：《论新形势下钓鱼岛争端的解决策略——以法律手段为视角》，载《西南政法大学学报》2011年第4期。

③ 参见王玫黎、朱文娟：《日本在钓鱼岛问题上的立场及其评析》，载《东疆学刊》2014年第4期。

二、关于海洋经济安全与资源安全

(一)概述

习近平总书记致信祝贺2019中国海洋经济博览会开幕时强调,“海洋是高质量发展战略要地。要加快海洋科技创新步伐”。① 这一重要指示,为推动海洋经济高质量发展指明了方向。走向深蓝、释放海洋潜能、发展海洋经济是实现我国经济持续健康发展、推动中华民族实现伟大复兴的必由之路。让海洋成为我国连接世界的蓝色桥梁和重要门户发达的海洋经济是建设海洋强国的重要支撑。中国利用海洋有悠久的历史传统,自改革开放以来,我国利用两个市场、两种资源,形成了大进大出、两头在海的经济格局。自从党的十八大提出“建设海洋强国”的重大部署,党的十九大又再次强调“加快建设海洋强国”,2019年习近平总书记又进一步提出“海洋命运共同体”理念,中国海洋事业迎来了前所未有的发展机遇。2020年我国海洋经济总量仍达80,010亿元,海洋生产总值占沿海地区生产总值的比重为14.9%,主要海洋产业全年增加值29,641亿元。② 海洋经济已成为国民经济新的增长点。而且,除了传统的渔业、航运业,海洋生物医药工程、海洋能、海洋油气开发、海底矿产资源开发、海洋信息产业等新兴涉海产业的发展,正在托举起一片蔚蓝色的海洋经济新空间。习近平总书记强调,要促进海上互联互通和各领域务实合作,积极发展“蓝色伙伴关系”。推动海洋经济高质量发展,要主动顺应经济全球化潮流,坚持走开放发展之路。《中华人民共和国国民经济和社会发展第十四个五年规划和2035年远景目标纲要》强调:“建设现代海洋产业体系。围绕海洋工程、海洋资源、海洋环境等领域突破一批关键核心技术。培育壮大海洋工程装备、海洋生物医药产业,推进海水淡化和海洋能规模化利用,提高海洋文化旅游开发水平。优化近海绿色养殖布局,建设海洋牧场,发展可持续远洋渔业。建设一批高质量海洋经济发展示范区和特色化海洋产业集群,全面提高北部、东

---

① 习近平:《让世界各国人民共享海洋经济发展成果》,载人民网2019年10月15日,http://www.jhsjk.people.cn/article/31401579。

② 参见《2020年中国海洋经济统计公报》,载自然资源部网,http://m.mnr.gov.cn/sj/sjfw/hy/gbgg/zghyjjtjgb/202103/t20210331_2618719.html。

部、南部三大海洋经济圈发展水平。以沿海经济带为支撑，深化与周边国家涉海合作。”①事实证明，大力打造蓝色经济合作平台，推动建立蓝色经济合作国际机制，有助于深化我国海洋经济的开放品格，加强同“一带一路”建设参与国家和地区的交流合作。同时，实践也表明，加强海洋生态保护与修复，是促进海洋经济的持续增长和健康发展的必要前提。②

（二）关于海洋渔业的经济安全与资源安全

远洋渔业是战略性产业，是建设“海洋强国”、实施“走出去”和“一带一路”倡议的重要组成部分，对保障国内优质水产品供应、保障国家食物安全、促进双多边渔业合作、维护国家海洋权益等具有重要意义。为促进远洋渔业持续规范有序发展，根据《推动共建丝绸之路经济带和21世纪海上丝绸之路的愿景与行动》《国务院关于促进海洋渔业持续健康发展的若干意见》《农业对外合作“十三五”规划》《农业对外合作“两区”建设方案》《农业部关于加快推进渔业转方式调结构的指导意见》《全国渔业发展第十三个五年规划》等，农业部于2017年编制了《“十三五”全国远洋渔业发展规划》（以下简称《渔业发展规划》）。《渔业发展规划》明确了“十三五”远洋渔业发展的总体思路，要求牢固树立“创新、协调、绿色、开放、共享”的发展理念，加快转变发展方式，推进转型升级，稳定船队规模，提高质量效益，强化规范管理，加强国际合作，提升国际形象，努力建设布局合理、装备优良、配套完善、生产安全、管理规范的远洋渔业产业体系，在开放环境下促进我国远洋渔业规范有序发展。《渔业发展规划》提出了“十三五”期间远洋渔业的区域与产业布局，要求稳定和优化公海大洋性渔业，巩固提高过洋性渔业，积极参与极地渔业事务，对金枪鱼、鱿鱼、公海拖网围网等公海渔业，亚洲、非洲、拉美国家等过洋性渔业以及南北极渔业等进行了分类和布局规划。确定了7项远洋渔业发展重点任务和4项具体保障措施。重点任务包括：第一，全面提高远洋渔业规范管理水平；第二，不断强化远洋渔业安全生产监管；第三，提升远洋渔业技术装备水平；

---

① 《中华人民共和国国民经济和社会发展第十四个五年规划和2035年远景目标纲要》，载中国政府网，http://www.gov.cn/xinwen/2021-03/13/content_5592681.htm。

② 参见刘诗瑶：《把“蓝色国土”守护好发展好》，载《人民日报》2019年10月24日，第5版。

第四,推进远洋渔业综合基地建设;第五,延长远洋渔业产业链;第六,提高远洋渔业科技支撑能力;第七,深化国际渔业合作。保障措施包括:第一,健全远洋渔业管理体制机制;第二,完善远洋渔业法律政策体系;第三,提升组织协调服务功能;第四,加强组织实施。[①] 2021 年 9 月,农业农村部、国家发展改革委、科技部、自然资源部、生态环境部、国家林草局联合印发《"十四五"全国农业绿色发展规划》,这是我国首部农业绿色发展专项规划,对"十四五"农业绿色发展工作作出系统部署和具体安排。[②]《渔业发展规划》和海洋渔业相关要点如下:第一,加强海洋渔业种质资源库建设,建设一批种质资源库,完善资源保存、鉴定、共享等基础设施。第二,严格执行海洋伏季休渔制度,全面开展限额捕捞试点,推进实施海洋渔业资源总量管理。推进海洋牧场建设,创建国家级海洋牧场示范区。第三,持续实施海洋伏季休渔等专项执法行动,加大破坏农业资源环境等违法案件查处力度。第四,实施新一轮渔业发展补助政策,强化渔业资源环境养护,促进渔业绿色循环发展。[③]

长远来看,区域渔业发展需要建立稳固的地区安全环境,积极开展与周边渔业国家的磋商合作,共同维护南海渔业资源的发展,努力实现相关各方的利益最大化。[④] 从国际法角度来看,南海周边国家应当根据国际法的规定加强南海渔业资源的养护管理与合作。根据《海洋法公约》中有关闭海和半闭海以及公约与《鱼类种群协定》中有关渔业资源合作养护管理的规定,南海是典型的半闭海,南海周边国家虽然大多尚未批准《鱼类协定》,但都已加入《海洋法公约》。因此,根据该

① 参见《"十三五"全国远洋渔业发展规划》,载农业农村部网,http://www.moa.gov.cn/gk/ghjh_1/201712/t20171227_6128624.htm。

② 《农业农村部等6部门联合印发〈"十四五"全国农业绿色发展规划〉》,载中国政府网,http://www.gov.cn/xinwen/2021-09/09/content_5636345.htm。

③ 参见《〈"十四五"全国农业绿色发展规划〉发布,这些内容涉渔》,载荆州市农业农村局网,http://nyj.jingzhou.gov.cn/ywbk/scy/202109/t20210910_636726.shtml。

④ 参见廖维晓、李督:《南海渔业资源发展机制研究》,载《现代管理科学》2019 年第 12 期。

公约规定，南海的渔业资源应当依照国际法规定予以合作养护与管理。① 从可行性角度来看，我国与南海周边国家已经签署了一大批双边或多边渔业合作协定，②且我国与越、菲、马、印(尼)等南海周边国家在渔业政策法规方面也都有很多相似之处，如渔业日常活动管理、③海洋物种保护、④渔业国际管理等，⑤都为南海渔业资源的养护与管理合作打下了基础。

(三)关于海上通道与运输的经济安全与资源安全

我国作为世界第一贸易大国，海洋运输通道是我国重要的战略资源，保障海上通道与运输的安全是重中之重。对于我国来说，与我国国家战略利益密切相关

---

① 《海洋法公约》第123条规定，闭海或半闭海沿岸国应尽力直接或通过适当组织开展以下四方面的合作：协调海洋生物资源的管理、养护、勘探和开发；协调行使和履行其在保护和保全海洋环境方面的权利和义务；协调其科学研究政策，并在适当情形下在该地区进行联合的科学研究方案；在适当情形下邀请其他有关国家或国际组织与其合作以推行本条的规定。第63条规定，如果同一种群或有关联鱼种的几个种群出现在两个或两个以上沿海国的专属经济区内，或者出现在专属经济区内而又出现在专属经济区外的邻接区域内，沿海国与公海捕鱼国应直接或通过适当的分区域或区域组织，设法就必要措施达成协议，协调并确保这些种群的养护和发展。《鱼类种群协定》第5条规定，为了养护和管理跨界鱼类种群和高度洄游鱼类种群，沿海国和公海捕鱼国应根据《海洋法公约》履行合作义务：(a)制定措施确保跨界鱼类种群和高度洄游鱼类种群的长期可持续能力并促进最适度利用的目的……(m)进行有效的检测、管制和监督，以实施和执行养护管理措施。

② 双边层面：如2000年《中越北部湾渔业合作协定》，2004年《中越北部湾渔业合作协定补充议定书》和《北部湾共同渔区资源养护和管理规定》，2001年《中华人民共和国农业部和印度尼西亚共和国海洋事务与渔业部关于渔业合作的谅解备忘录》和《中华人民共和国农业部与印度尼西亚海洋事务与渔业部就利用印度尼西亚专属经济区部分总可捕量的双边安排》(2004年进行了修订)，2004年《中菲渔业合作谅解备忘录》，2007年《中国国家海洋局和印尼海洋与渔业部海洋领域合作谅解备忘录》，2013年《中文关于海上合作的谅解备忘录》，2018年《中马联合声明》等；多边层面：如2002年《中国—东盟全面经济合作框架协议》，2017年《中国—东盟未来十年南海海岸和海洋环保宣言(2017—2027)》等。

③ 中、越、菲、马、印(尼)五国渔业法规都禁止采用电、毒、炸的方式破坏渔业资源；要求设立禁渔期或禁渔区保护渔业资源；还要求采取捕捞日志和渔船，监控系统等手段打击IUU渔业。

④ 中、越、菲、马、印(尼)五国国内法规都要求保护海龟、海豚、砗磲等濒危海洋物种，如我国《野生动物保护法》、越南《48/2002/ND－CP政府法令》、菲律宾《第9147号共和国法令》、马来西亚《渔业法》和印度尼西亚《动植物种保护法》都对濒危物种作了禁止捕杀、买卖，以及保护栖息地等管理规定。

⑤ 中、越、菲、马、印(尼)五国都批准加入了《海洋法公约》《生物多样性公约》《濒危野生动植物种国际贸易公约》和《国际防止船舶造成污染公约》。此外，除马来西亚外，其他四国都是中西太平洋渔业委员会的成员方与合作非成员方。

的海上战略通道共有21条，[①]主要的海上运输航线有5条。[②] 站在国家安全与可持续发展的战略高度来看，维护海上通道与运输安全的主要建议如下：第一，坚持顶层设计、整体筹划，制定海上通道安全战略。建立专门的议事协调机制，例如，可由国家安全委员会牵头，国务院外交部、交通运输部、自然资源部、国家能源局、中国海警局等机关和部门共同组成专门的协调机构或议事机制，对海上通道与运输相关风险事宜进行定期评估并研究对策。设立海外突发事件预警反应机制，及时应对各类涉及海外利益保障的危机与风险。第二，加强海上力量建设，提高维护海上安全的综合控制能力。尤其要重视不断提高海上军事力量，保障在面对局部战争或其他涉海危机发生时，可以通过军事、外交或其他手段综合控制和保障我国海上战略通道的安全。第三，积极参与海上战略通道国际合作，推动建立海上安全新秩序。积极参与反海盗、海上恐怖主义等国际合作行动。加强与通道周边国家的政治互信、经贸合作与军事合作。善于运用国际法解决国际争议，维护我国合法主张。

关于"海上丝绸之路"建设，第一，建议以"海上丝绸之路"建设为契机，以当前的海上搜救部际联席会议制为基础，建立我国海上通道安全高层领导机构，将海上通道安全保障工作与国家领土安全保卫放在同等重要地位。可以考虑在国务院直接领导下，由定期召开的部级联席会议协商解决"海上丝绸之路"通道安全威胁问题，统筹管理我国"海上丝绸之路"通道安全。此外，建议推动建立国家海上通道安全管理机构，整合我国沿海通道安全保障力量，归入该管理机构，与国家海军一道共同保障"海上丝绸之路"通道及我国其他重要海上通道的安全。

第二，建议整合现有的船舶动态信息、港口海峡等关键节点信息，来自相关国际组织共享的海盗、海上恐怖主义等非传统安全威胁信息，以及国家海洋气象信息等多种信息资源，构建"海上丝绸之路"重要节点及重点海域风险信息数据库，对该通道重点区域实行动态监控和即时管理。建立风险信息评级系统，确立海上通道安全预警分级标准，对实时更新的海上通道安全信息进行有效评价，判断该

① 分别为：台湾海峡、朝鲜海峡、宗谷海峡、津轻海峡、大隅海峡、宫古海峡、横当水道、台东海峡及与西水道、巴士(巴布延、巴林塘)海峡、马六甲海峡、巴拉巴克海峡、民都洛海峡、卡里马塔海峡、望加锡海峡、巽他海峡、龙目海峡、曼德海峡、巴拿马运河、霍尔木兹海峡、白令海峡、好望角水道。

② 分别为：东北亚航线、太平洋北航线、太平洋南航线、澳新航线以及印度洋航线。

通道重点区域风险等级,及时发布安全预警信息。建立突发事件风险信息传递机制,在突发事件来临前发出准确预警,最大限度地遏制突发事件发生,在突发事件不可避免时准确评估危害程度和发展趋势,运用不同保障力量进行分级响应。

第三,建议以和谐共享的"海上丝绸之路"发展理念,构建"海上丝绸之路"非传统安全威胁治理新模式。以国际海事组织关于反海盗、联合海上搜救演习等国际合作为基础,加强与"海上丝绸之路"沿岸国家在海上运输安全领域的合作,扩大与相关国家在海上搜救等领域合作的范围,更加积极地参与国际海事组织反海盗、保护海上船舶安全的国际规则制定,充分展示我国新时期和平发展、共享安全的新理念,扩大我国在应对海上非传统安全威胁问题上的影响力。

第四,一方面,发展政府远洋公务力量。重点发展远洋公务船队,扩大海上救助等公务力量的辐射范围。大力建设万吨级多功能巡视船。完善相应的综合保障基地布局和功能,实现公务力量岸基共享,为"海上丝绸之路"通道应急行动提供支持。另一方面,扩大远洋综合补给船、多功能大吨位舰艇队伍的规模,加强远洋护航力量,重点提升海军在太平洋、印度洋区域的远程投送能力和补给能力。拓展海军远洋训练,提高远洋机动作战、远洋打击海盗和海上恐怖主义等非传统安全威胁的能力。

第五,支持和引导我国港口及航运企业的海外投资。建议运用优惠政策引导港航企业对外投资的地点选择,兼顾港航企业的商业利益和我国海外保障基地整体布局与建设,强化我国"海上丝绸之路"通道安全保障能力。在投资地点选择上建议重点针对关键节点和敏感水域附近港口、主要贸易对象国港口,主要海上通道的替代港口,将其发展成为"海上丝绸之路"通道安全保障的海外支持基地。在支持政策上,建议出台我国港航企业对外投资的区域和规模指导手册,并给予在鼓励地区和项目上进行投资的港航企业贷款利息、年限等方面的优惠。

第六,贯彻"平战结合"方针推进国家安全船队建设。事实证明,远洋运输船舶平时是国家对外贸易的重要支撑,特殊时期是一支重要的海上保障力量。在我国"海上丝绸之路"倡议实施过程中,海上运输船舶依然具有双重重要的作用。建议推动我国安全船队建设,并将其作为海运安全法的一部分写入法律,依靠法律的强制性、规范性和长效性保证该方案的实施。建议国家安全船队计划依托大型国有航运企业,选择船龄、吨位适当的船舶组建国家海运安全船队,国家每年对选入安全船队的船舶给予适当财政补贴。船舶归企业所有,平时从事正常的海上运输,遇到威胁海上通道安全的突发事件,国家有权对其进行征用以支持国家的紧急行动,运载应急物资,保障国家利益。①

(四)关于海洋能源的经济安全与资源安全

我国作为能源消费大国,海洋油气产业的开发利用对保障我国国家能源安全具有重要的战略意义,而且其广阔的发展前景和发展潜力也将成为我国能源经济可持续发展的推动力,成为我国能源开发战略的前沿和重点领域。我国应当全方位、多角度出台相关政策、法规和意见,保障我国海洋油气资源开发的战略进程,确保国家能源安全。具体建议包括:第一,坚持海洋油气资源开发与国家能源战略和海洋战略相结合,坚持统一规划和整体布局。重点关注深海油气资源的勘探与开发,加快涉海基础设施建设,建设高水平海洋油气资源开发平台。出台专门的财税金融优惠政策,促进投资主体多元化,系统构建海洋油气资源开发的政策法规体系,实现"依法用海、科学护海"。抓住国家"海洋强国"战略、"一带一路"倡议等国家重大战略发展机遇期,推进海洋油气资源开发实现跨越发展。在油气开发、进口、远洋运输、国际贸易等领域与相关主体建立联防联动机制,与"海上丝绸之路"沿线各能源国展开国际合作,保障油气开发与运输安全。第二,加强科技投入与自主创新,提升尖端油气开发装备研发水平。除了在国家财政保障和金融支持领域对油气开发企业予以适当政策倾斜外,可以考虑引进国内外民间资本进行投融资。加大海洋技术装备引进力度,推进海洋油气勘探开发进程。尽快建立具有自主知识产权的海洋油气勘探开发技术装备体系,在核心技术、核心装备的制造领域寻找突破,培养高端技术人才,推进科技创新体制建设,加快科技成果转化。第三,积极参与国际合作,保障海上航线安全。增强我国远洋护航能力建设,提升海上运输综合保障能力。加强远洋海军军事能力建设,构建风险预警系统,积极参与国际反海盗、反恐合作。综合运用政治外交、经济贸易、货币金融等手段维护国家能源利益。积极参与国际能源战略合作,构建区域能源安全与合作机

---

① 参见李晶、吕婧、宫晓婷:《保障"海上丝绸之路"通道安全的政策建议》,载金鑫、张秋生主编:《"一带一路"跨境通道建设研究报告(2017～2018)》,社会科学文献出版社2018年版,第261～263页。

制。第四,完善定价机制,建立石油期货市场,积极争取定价权和话语权。确立短期保障石油供应安全、中期理顺价格机制、长期提升国际油价控制权的石油战略目标。理顺国内石油市场关系,健全定价机制,完善石油市场配套法律法规。熟悉和借鉴国际市场规则,加快建设国内能源的现货和期货市场,实现国内外石油市场信息互动。第五,完善石油储备模式,拓宽储备资金来源。采用国家储备和商用储备相结合的"混合型储备制度",用商业储备来满足国内企业的日常生产需求,国家储备用于应对国际政治和军事危机引发的能源危机。建立多元化资金来源的石油储备金制度,开放储备市场,吸引包括社会民间资本在内的多元资金参与储备建设。制定专门的"石油储备法"等石油储备相关实体法和程序法,明确界定石油储备不同性质主体的权利义务、储备对象、储备程序、法律责任等问题,使我国石油储备体系建设与运营有法可依、有章可循。①

(五)关于海洋可再生能源的经济安全与资源安全

海洋可再生能源(以下简称海洋能)依附在海水中的可再生能源,海洋通过各种物理过程接收、储存和散发能量,这些能量以潮汐能、波浪能、温差能、盐差能、海流能等形式存在于海洋之中。海洋能的利用,是指利用一定的方法、设备把各种海洋能转换成电能或其他可利用形式的能。由于海洋能具有可再生性和不污染环境等优点,因此是一种亟待开发的具有战略意义的新能源。全球海洋能的可再生量很大。根据联合国教科文组织1981年出版物的估计数字,五种海洋能理论上可再生的总量为766亿千瓦。其中温差能为400亿千瓦,盐差能为300亿千瓦,潮汐和波浪能各为30亿千瓦,海流能为6亿千瓦。很多海洋能至今没被利用的原因主要有两方面:一是经济效益差,成本高;二是一些技术问题还没有过关。从发展趋势来看,海洋能必将成为沿海国家的重要能源之一。我国拥有18,000公里的海岸线和总面积达6700平方公里的6960座岛屿。这些岛屿大多远离陆地,因而缺少能源供应。因此,要实现我国海岸和海岛经济的可持续发展,必须大力发展我国的海洋能资源。第一,建议通过顶层设计提出海洋能发展的中长期规划,制

① 参见刘慧、高新伟:《国家能源安全视角下的海洋油气资源开发战略研究》,载《理论探讨》2015年第6期。

定发展路线图并出台相应配套激励政策。第二,把握国际海洋能发展技术前沿和核心领域,培养专业人才队伍,构建产学研一体化的市场化运作体系,推动海洋能技术的产品化。第三,加强重点实验室建设,构建海洋能利用专业评估体系,有效提升海洋能技术研发水平和产业化水平。第四,加快在南海海岛推进海洋能建设步伐,有效提升海洋能开发利用实践水平的同时,有力推进我国对南海争议岛屿的控制能力和开发能力。第五,研究出台市场化运作模式的激励机制,降低财政压力。第六,加强国际与区域协作,在技术、资本和管理等方面博采众家之长,形成适应我国海域特点的海洋能开发利用模式。①

三、关于海洋生态安全

(一)当前政策

2019 年 5 月 9 日至 10 日,生态环境部 2019 年全国海洋生态环境保护工作会议在大连召开。会议强调:要用新体制凝聚新优势,用新思路谋划新突破,在新起点上奋力开创海洋生态环境保护新局面,努力建成“水清、岸绿、滩净、湾美、物丰、人和”的美丽海洋。会议明确了海洋生态环境保护工作基本定位:海洋生态环境保护是生态文明建设和海洋强国建设的重要领域,保护海洋生态环境就是坚决贯彻习近平生态文明思想,是增强“四个意识”,做到“两个维护”的具体行动;保护海洋生态环境事关民族生存发展和国家兴衰安危;保护海洋生态环境事关经济高质量发展;保护海洋生态环境事关人类共同命运体。会议提出了新时期海洋生态环境保护工作总体思路。当前海洋生态环境保护在工作格局、工作目标、工作方式、工作区域上已发生重大转变,做好新时期海洋生态环境保护工作要坚持以改善海洋生态环境质量为核心,坚持稳中求进、统筹兼顾、综合施策、两手发力、点面结合、求真务实的策略方法,坚持统筹国内、国际两个大局,衔接贯通抓体系、抓治理、抓改革、抓监管、抓协作等各方面工作,加快推动海洋生态环境领域国家治理体系和治理能力现代化,协同推进经济高质量发展和生态环境高水平保护,加快

① 参见王项南、贾宁等:《关于我国海洋可再生能源产业化发展的思考》,载《海洋开发与管理》2019 年第 12 期。

建设美丽海洋，为子孙后代留下一片碧海蓝天。①

2020 年 1 月 12 日至 13 日，生态环境部在北京召开 2020 年全国生态环境保护工作会议。在涉海工作方面，会议强调：第一，持续打好碧水保卫战，全面完成长江流域入河、环渤海入海排污口排查。初步建立政府主导、企业参与的海上突发环境事件应急机制。第二，加快推进生态环境治理体系和治理能力现代化。组建 7 个流域海域生态环境监督管理局及其监测科研中心。完成《海洋石油勘探开发环境保护管理条例》修订。完成“十四五”国家环境空气、地表水、海洋生态环境监测网络优化调整。启动“一带一路”绿色发展国际联盟，发布生态环保大数据服务平台。牵头联合国气候行动峰会“基于自然的解决方案”领域工作。推动成立全球适应中心中国办公室。积极筹备《生物多样性公约》第十五次缔约方大会。第三，着力打好碧水保卫战。深入推进长江入河、渤海入海排污口溯源整治。第四，健全生态环境监测和评价制度。做好国家空气、地表水、海洋监测网络的并行衔接。研究构建生态状况监测框架体系。加强重点地区重点行业执法监测。②

2021 年 1 月 21 日，生态环境部 2021 年在京召开 2021 年全国生态环境保护工作会议。在涉海工作方面，会议强调：第一，继续实施水污染防治行动和海洋污染综合治理行动，大力推进“美丽河湖”“美丽海湾”保护与建设，加强入河（海）排污口监督管理，加强陆海统筹，继续开展渤海入海排污口溯源整治，加强海洋垃圾污染防治监管。第二，持续深化生态环境领域改革，制定实施构建现代环境治理体系 3 年工作方案，建立地上地下、陆海统筹的生态环境治理制度，推动省以下生态环境机构监测监察执法垂直管理制度改革落实落地见效。③

《中华人民共和国国民经济和社会发展第十四个五年规划和 2035 年远景目标纲要》指出：“打造可持续海洋生态环境。探索建立沿海、流域、海域协同一体的综合治理体系。严格围填海管控，加强海岸带综合管理与滨海湿地保护。拓展入

---

① 参见《在新的起点上全面深入做好海洋生态环境保护工作》，载辽宁省生态环境厅网，http://sthj.ln.gov.cn/hjgl/hysthj/hyzhzl/201905/t20190515_108265.html。

② 参见《全国生态环境保护工作会议在京召开》，载生态环境部网，http://www.gov.cn/xinwen/2020-01/14/content_5468911.htm。

③ 参见《全国生态环境保护工作会议在京召开》，载生态环境部网，https://www.mee.gov.cn/xxgk2018/xxgk/xxgk15/202101/t20210122_818385.html。

海污染物排放总量控制范围,保障入海河流断面水质。加快推进重点海域综合治理,构建流域—河口—近岸海域污染防治联动机制,推进美丽海湾保护与建设。防范海上溢油、危险化学品泄漏等重大环境风险,提升应对海洋自然灾害和突发环境事件能力。完善海岸线保护、海域和无居民海岛有偿使用制度,探索海岸建筑退缩线制度和海洋生态环境损害赔偿制度,自然岸线保有率不低于35%。"①

(二)建议对策

第一,坚持多方共治,实施陆海统筹。对陆海资源开发和产业布局等进行统筹调控,促进陆海经济一体化发展,控制和减少陆源污染对海洋生态环境的破坏。合理规划临港产业布局,对石油、化工等重工业产业项目进行严格污染物排放监管。建立源头严防、过程严管、后果严惩的制度体系,推进"湾长制"、海上排污许可制度建设,推动建立全国海洋生态环境监测网络。抓实"治理"这个关键任务,加快解决突出海洋生态环境问题。按照重点攻坚、多点突破、综合治理、示范打样的原则,加快解决人民群众反映强烈的海洋生态环境问题。第二,坚持生态用海,支持依法用海。将海洋生态安全纳入国家发展战略和国家安全战略,完善海洋生态安全保护法律制度与规则体系,依法规划和管理海洋。因《海域使用管理法》、《土地管理法》、《海洋环境保护法》、《渔业法》、《海警法》和《海上交通安全法》等涉海法律之间的法律衔接适用存在一定的矛盾或规范空白,②建议出台专门指导意见或司法解释予以补充和明确,方便法律适用。对海洋污染类案件司法鉴定机构管理制度与司法鉴定程序规则进行进一步规范和细化。在海洋污染案件中确立较《民事诉讼法》更为明确和具体的专家辅助人制度,用以平衡鉴定结论在案件审理中的"一家独大",以便更好地查明案件事实、准确适用法律。建立专门的海洋污染公益诉讼制度与机制。对海洋环境污染犯罪刑事立法及司法问题进行进

---

① 《中华人民共和国国民经济和社会发展第十四个五年规划和2035年远景目标纲要》,载中国政府网,http://www.gov.cn/xinwen/2021-03/13/content_5592681.htm。

② 例如,在《海域使用管理法》与《土地管理法》两法中,均未将滩涂区分为潮上带滩涂、潮间带滩涂和潮下带滩涂,但却都将三者纳入其调整范围,土地行政管理部门和海洋行政管理部门争权现象经常发生;对海域使用者的物权性规定不足(转让权、处分权较多限制,物权请求权未予规定);有关海域使用权受侵害时补偿规定不完善等。

一步深入研究，如污染海洋罪名的设立、①刑民交叉的处理、刑事案件线索移送、海事法院管辖制度改革等。第三，坚持国际合作，参与全球治理。践行习近平总书记"海洋命运共同体"的理念，深化与"一带一路"国家和全球海洋国家的合作，努力为保护全球海洋生态环境发挥积极作用，积极参与全球海洋治理。聚焦海洋垃圾防治、海洋气候变化等热点重点事务，逐步提升参与国际海洋规则制定和国际海洋治理的能力。加强与太平洋、印度洋、极地等区域的交流合作、联合监测、技术援助，加快建设海洋生态环境保护合作平台及机制，提升我国在国际海洋事务中的影响力。② 第四，加大技术攻关，重视基础研究。进一步加大投入，鼓励针对海洋生物多样性变异、海洋环境演变、海洋生态系统演化等方面的海洋基础研究，为维护海洋资源的可持续利用，维护海洋生态系统的服务功能和价值，保障海洋生态安全，提供前瞻性、基础性的理论支撑。加快推进海洋关键技术创新，就深海探测、深海开发、智慧海洋等方面的关键技术领域展开攻关，积极推进全球海洋立体观测系统、国家海洋环境观测保障平台建设，进一步提升海洋环境安全的保障能力。第五，坚持多元发展，推动产业升级。打造蓝色粮仓，促进传统近海渔业向现代深海渔业转化。大力实施渔业资源修复，打造休闲渔业示范基地，加快推进休闲型海洋牧场和公益型海洋牧场建设。促进新旧动能转换，提高海洋工程装备和高技术船舶的自主研制能力，促进海洋第二产业向高端制造转化。促进海洋工程装备、海洋船舶等产业向高端制造迈进，促进海洋工业从资源消耗型向环境友好型转化，进而促进我国海洋工业技术水平、科技创新能力和海洋生态环境的整体跃升。大力发展海洋第三产业，加大对现代港口物流、海洋旅游、涉海金融保险、海洋文化与创意、海洋管理咨询等海洋服务产业的支持，提升海洋经济质量，促进海洋经济发展与海洋生态保护协调并进。③

四、关于海洋文化安全

从理论上看，权力视角下的国际话语权是国家利益的延伸，是以国家硬实力

---

① 参见赵星、王芝静：《我国海洋环境污染犯罪刑事立法及司法存在的问题及其应对策略》，载《中国海洋大学学报（社会科学版）》2015年第4期。

② 参见易爱君：《我国海洋生态安全问题探讨》，载《环境保护》2018年第11期。

③ 参见卢晓燕、廖国祥：《践行海洋命运共同体重要理念 加强海洋生态环境保护与综合治理》，载《环境保护》2019年第15期。

为基础的软实力。

(一)关于话语权体系建设

中国的国际话语权建构必须兼具中国气质和全球视野,以"共同价值观"凝聚国际话语的"最大公约数",为建构更具影响力的国际话语权提供话语体系的支撑。① 复杂纷扰的国际社会,积极进取与包容协作才是推动世界发展的黄金法则。② 在海洋方面,话语权是国家海洋实力的体现,一方面体现在国家对海洋利益的诉求,另一方面体现在国家影响海洋制度和规则的制定。③ 国家可以通过制度性话语权传播海洋理念,推动体现自身海洋理念的制度的形成。④ 中国是国际海洋法律制度的重要推动者,无论是参与国际海洋事务,还是处理国际海洋争端,都要在国际海洋法的框架内进行。《中华人民共和国国民经济和社会发展第十四个五年规划和2035年远景目标纲要》提出,要"积极发展蓝色伙伴关系,深度参与国际海洋治理机制和相关规则制定与实施,推动建设公正合理的国际海洋秩序,推动构建海洋命运共同体"⑤。中国虽然已经积极参与国际海洋法律制度制定的进程,但是仍面临制度性话语权缺失的被动情况。中国没有得到与国家海洋实力相称的话语权,导致国家海洋利益无法得到应有的尊重。⑥ 中国制度性话语权表达不足的原因是多方面的,例如,过去对于国际海洋法律事务存在观念和认识上的不足;对于国际海洋法律规范和法律事务的处理模式了解不足,未能充分表达出自身观念;等等。⑦ 当今国际海洋法律制度处于变革中,海洋的新旧问题、传统安全和非传统安全问题交织,为中国的制度性话语权表达提供了机会。中国话语的

---

① 参见周银珍:《国际情怀与担当:"人类命运共同体"建构中国国际话语权》,载《宁夏社会科学》2018年第1期。

② 参见袁莎:《话语制衡与霸权护持》,载《世界经济与政治》2017年第3期。

③ 参见徐秀军、田旭:《全球治理时代小国构建国际话语权的逻辑——以太平洋岛国为例》,载《当代亚太》2019年第2期。

④ 参见陈伟光、王燕:《全球经济治理制度博弈——基于制度性话语权的分析》,载《经济学家》2019年第9期。

⑤ 《中华人民共和国国民经济和社会发展第十四个五年规划和2035年远景目标纲要》,载中国政府网,http://www.gov.cn/xinwen/2021-03/13/content_5592681.htm。

⑥ 参见陈伟光等:《"一带一路"建设与提升中国全球经济治理话语权》,人民出版社2017年版,第223页。

⑦ 参见何志鹏:《全球治理的中国话语》,载《厦门大学学报(哲学社会科学版)》2016年第2期。

妥当表达，能够使国际社会了解中国在认识国际海洋关系和处理国际海洋事务中的基本观念和原则。话语表达的基础是理论建构，中国可以形成具有鲜明特色的全球海洋治理理论，既包括全球海洋治理的一般理论，也包括国际海洋治理结构和进程的理论。这些理论可以体现在中国参与国际海洋事务的讨论和会议上，也可以体现在中国参与国际海洋事务的对话和谈判的话语中。[①] 中国提出的海洋命运共同体思想是增进全人类福祉的全球性海洋话语，不仅能增进国际社会对中国的认同，还能增进国际社会彼此之间的认同，推动共同体成员对共同的海洋利益和国家责任达成共识。海洋命运共同体思想既可以成为中国制度性话语表达的理论基础，也可以借助制度性话语表达融入国际海洋法律制度之中。[②]

（二）关于海洋文化自信

加快海洋强国建设必须提高中华民族的海洋文化自信，海洋文化的繁荣兴盛是海洋文化自信生产的基础和前提。海洋文化自信应当包括海洋科技文化自信、海洋经济文化自信、海洋生态文化自信和海洋安全文化自信。第一，关于海洋科技文化自信，“科学技术是第一生产力”，海洋资源开发能力的提升更是有赖于海洋科学技术的快速发展。培养和提升海洋科技文化自信需要强化海洋知识教育，丰富海洋科技知识，形成海洋科技思想，完善海洋科技制度，提高海洋综合管理能力。第二，关于海洋经济文化自信，发展海洋经济不仅是加快建设海洋强国的重要基础，也是加快建设海洋强国的重要目标。提高海洋经济文化自信，需要大力发展海洋经济，在建设 21 世纪“海上丝绸之路”的框架下加强与其他国家的海洋经济交流与合作，通过海洋经济的发展推动海洋文化的自信。同时，大力发展海洋文化事业和文化产业，挖掘我国海洋文化遗产，推动海洋旅游业等第三产业发展。第三，关于海洋生态文化自信，海洋生态文化作为海洋文化发展的时代产物其实质就在于尊重海洋、顺应海洋和保护海洋，就在于实现人海协同发展的目标。海洋生态文化自信的生成有赖于人们的海洋发展与海洋环保意识并重的理念与价值观的形成，有赖于人们在海洋生产生活实践中抛弃先污染后治理的老路，把

---

① 参见梁昊光：《“一带一路”：二十四个重大理论问题》，人民出版社 2018 年版，第 114 页。

② 参见孙超、马明飞：《海洋命运共同体思想的内涵和实践路径》，载《河北法学》2020 年第 1 期。

海洋生态文明建设放在更加突出的位置,有赖于海洋环境保护相关的法律法规的进一步完善与实施,用法律的手段对海洋开发和海洋保护活动进行规范和管控。第四,关于海洋安全文化自信,要加强现代化海军建设,奠定海洋安全文化自信的军事力量基础,加强与世界其他国家海洋文化的交流与合作,掌握海洋文化话语权,要树立和谐包容、共同发展的大国意识,建设海洋发展共同体。我国的海洋强国建设走的是开放包容与互利共赢之路,要共享海洋发展成果、推动人类海洋事业的持续、健康、快速发展。因此,要以建设21世纪"海上丝绸之路"和构建海洋命运共同体为重点,推动海洋发展共同体建设,实现海洋安全文化自信。①

(三)关于海洋文化教育

海洋文化教育在世界范围内仍处于起步阶段,如何将海洋文化知识融入现有学习科目仍然是各个国家与地区的努力方向。另外,优质的海洋文化教育一定是社会协作的成果。好的政策以及完善的知识融入方法需要参考不同领域的专家、学者以及教育工作者的观点进行构建,而在海洋文化教育的具体实施过程中,更是需要不同领域的个体以及不同部门、机构、企业、社会团体等全面协作,以达到优质效果。我国可出台统一的海洋教育规划以及可行的教育政策,除了自然科学教育外,注重与社会科学相关学科的有效融合,在标准化的学术水准测试中增加对海洋文化知识能力的评价与认定。②

(四)关于涉海法律体系建设

有学者认为,我国涉海法律体系建设可以采取单项立法和法典化方式的折中—综合性立法模式。所谓综合性立法模式,是与当前按照法律部门划分为基础构建的单项立法模式相对而言的。涉海综合性立法不以法律部门的划分为界线,提倡涉海立法在调整对象上的整体性和调整方法上的综合性。涉海综合法相当于涉海法律的局部法典化:在当前不具备制定统一的涉海法典的背景下,通过对

① 参见孙健、张红霞:《新时代建设海洋强国视野下海洋文化自信的生成》,载《中国石油大学学报(社会科学版)》2018年第3期。

② 参见叶龙:《全球海洋教育的发展新路径与趋势——走向海洋文化教育》,载《现代教育科学》2019年第8期。

特定子领域的综合立法解决涉海单项立法暴露的突出问题。同时,综合性立法模式并不排斥涉海单项立法的存在,可以形成一个以涉海综合法为基础,以相关具体细化的单项立法、行政法规、部门规章、地方立法等为辅助的次级体系,共同形成整个涉海法律体系。

也有学者认为,应当理性看待"海洋基本法"。中国应该在时机成熟之际制定中国的"海洋基本法",以固化和巩固中国的涉海法治成果。但是,绝不能急于促成中国的"海洋基本法",而是应该理性看待"海洋基本法"。第一,"海洋基本法"并不必然构成形成"健全的海洋法律规范"的标准。涉海法治的立法技术无法周全地满足海洋事务的特质,如果对各类涉海事务展开比较原始和初略的拼接,那么,如此的"海洋法体系"必然是内部缺乏逻辑性和系统性的。第二,世界各国的"海洋基本法"和宪法"涉海"条款模式万千,从未形成稳定的立法模式。作为宣示一国海洋法治方略的"海洋基本法",应该是开放和柔性的立法体系,而不是僵硬不变的。①

笔者赞同第二种观点。目前有关"海洋基本法"的论著中,申明立法之必要性和可行性者较多,对于"海洋基本法"所应当涵盖的基本内容则缺少细致的探讨。虽然当今世界海洋大国、强国非常重视将法律作为海洋管理与维权的依据,但就可以查证的资料而言,多数国家并没有类似于"海洋基本法"的综合型海洋立法。对中国而言,"海洋基本法"的内容至少应当包括:具有可操作性的国家海洋战略与基本海洋规划、海洋管辖权的范围与实施机构、与国家核心利益密切相关的海洋问题的立场与应对、国际海洋事务等。关于"海洋基本法"应当具备的上述核心内容,目前难以由立法机构、学界、媒体、民众广泛参与并充分讨论进而达成共识。《中华人民共和国国民经济和社会发展第十四个五年规划和 2035 年远景目标纲要》强调,要"加强形势研判、风险防范和法理斗争,加强海事司法建设,坚决维护国家海洋权益。有序推进海洋基本法立法"②。在当下阶段,可以考虑将围绕海洋所发生的国家间关系、行政关系、刑事关系和民事关系的法律规范纳入一个作为

---

① 参见马得懿:《新中国涉海法治 70 年的发展、特点与应然取向》,载《暨南学报(哲学社会科学版)》2019 年第 11 期。

② 《中华人民共和国国民经济和社会发展第十四个五年规划和 2035 年远景目标纲要》,载中国政府网,http://www.gov.cn/xinwen/2021-03/13/content_5592681.htm。

整体的“海法”(law at sea),[①]并在这一体系之下,经由学界、媒体、民众广泛参与及充分讨论,形成有关“海洋基本法”立法内容的共识,再以此共识为基础,有序推动“海洋基本法”的立法进程。[②]

五、关于核安全

2019年9月3日,《中国的核安全》白皮书首次发布,宣布中国坚持理性、协调、并进的核安全观,强调发展和安全并重,倡导构建公平、合作、共赢的国际核安全体系,打造全球核安全命运共同体。以共享安全观为价值指导,从人类核安全命运共同体的构建出发,有学者提出了“核正义理论”,对人类核开发的历史和现状进行反思,并且提出了核开发的应然性状态和达到这种理想状态的方略,指出核正义理论的图景是各行为体在通过公正、合法手段与途径推动自身核开发的同时,应超越狭隘的国家利益的桎梏,造福人类。[③] 中国核安全记录良好,在世界各个核开发国家中处在前列。未来中国需要进一步提升自己的核安全维护和监管能力,以更好地保障核开发事业的安全永续发展。在核安全监管机制方面,可以从现有的中央政府机构的框架出发设立一个直属于国务院的核安全管理机构,并且进一步加强核开发行业的安全文化,在核安全管理技术和法律政策方面加强人才培养。展望未来,加强国际核安全维护机制,是核能事业健康发展的基本前提,更是推进全球安全治理、构建新型国际关系、完善世界秩序的重要环节。中国作为一个核开发大国,在“十三五”规划中明确提出了核电“走出去”战略,把握“一带一路”建设发展的契机;在“十四五”规划中亦明确将核电建设作为中国构建现代能源体系的重要组成部分,中国的核开发事业大有可为。核安全是一切核事业的基石和生命线,在非传统安全领域核安全维护的现实中,中国仍面临着核工业发展迅速与核安全从业人员不足、国际市场与国际技术合作有限、民众核安全文化与核安全观水平较低和核废弃物处置技术不足的难题、挑战乃至暂时性的困

---

① 参见司玉琢:《面向海洋世纪 确立海法研究体系》,载《中国海商法年刊》2010年第2期。

② 参见周江:《时运渐具、时机未成:〈海洋基本法〉热的冷思考》,载《中国海商法研究》2014年第2期。

③ 参见余潇枫、陈佳:《核正义理论与“人类核安全命运共同体”》,载《世界经济与政治》2018年第4期。

境。未来，中国应当在核安全问题治理方面投入更大的精力，不仅要确保国内的核事业安全无虞，还要与世界各个核开发国家进行全方位、多层次和跨领域的合作，共同推动人类核安全命运共同体构建与核正义的实现。[①]

六、关于海洋信息安全

在加快建设海洋强国的背景下，海洋信息的重要性被广泛认可，海洋信息安全成为海洋信息化建设工作越来越关键的一部分。“信息孤岛、分散管理、业务难协同”是当前制约海洋信息化向纵深方向发展的主要问题。近年来，通过海洋数据资源管理、网络基础设施建设和业务应用系统开发等一系列专项业务工作，海洋信息化建设初具规模，在一定时期和各自业务体系内发挥了重要的信息支撑保障作用，但未能从全局和根本上解决问题。2017 年 5 月国家海洋局正式印发《关于进一步加强海洋信息化建设的若干意见》（以下简称《意见》）。《意见》提出，要按照总体布局、统筹推进，突出重点、分步实施，集约整合、强化共享，加强管理、保障安全的基本原则，有序组织推进海洋信息化建设。《意见》要求，到“十三五”末期，海洋信息化管理支撑体系基本完备，基本建成海洋通信互联互通、信息共享开放、应用协同高效的海洋信息化发展体系。远期目标是全面提升海洋信息获取和通信能力，充分发挥海洋信息资源的共享共用效能，海洋大数据深度融合、智慧挖掘和智能应用能力大幅提高。[②] 海洋信息安全体系建设应该坚持同步原则，逐步完善规划和设计方案，确保海洋信息安全体系与海洋信息化建设相适应。针对海洋信息安全管理现状，在海洋信息化工作“一盘棋”的背景下，建设海洋信息安全体系，包括物理、网络、系统、应用和管理等组成部分，实施全方位的防范与保护，可以快速响应和处理安全事件，并在发现重大问题时能够及时向主管部门反映，实现科学有效地防范海洋信息风险，保障海洋信息化建设的顺利进行。[③]

在海洋网络安全方面，随着人类对海洋空间探索的不断深入，海洋网络开始

---

① 参见余潇枫、陈佳：《非传统安全视角下的核安全与中国核安全维护》，载《湖南师范大学社会科学学报》2019 年第 6 期。

② 参见张占海：《〈国家海洋局关于进一步加强海洋信息化工作的若干意见〉解读》，载《中国海洋报》2017 年 6 月 21 日，第 1 版。

③ 参见任兴元、韩泽欣：《海洋信息安全体系的分析与设计》，载《海洋信息》2018 年第 2 期。

由海面和浅海向深海、海底和海空等不同物理特性的立体空间发展，呈现出天、地、海、空多维一体化发展的特性，海洋网络安全威胁也由此从海洋空间向临近空间、外层空间拓展。随之带来网络环境复杂、数据无法协同管理以及空间通信的暴露性、脆弱性、链路距离长、误码率高等一系列海洋网络安全问题。此外，无人化技术在海洋探测领域得到广泛应用，海上无人机、水下无人航行器已广泛应用于海洋信息获取，海洋网络安全威胁向无人化发展，无人设备的安全性和设备间远程控制的稳定性，都是目前海洋网络空间安全领域需要研究的问题。网络失窃方面，境外势力和情报机构注重应用新技术，对我国海洋领域的网络信息系统进行攻击窃密，同时加大对我国公开海洋数据及情报信息的收集和大数据分析力度，致使我国大量海洋战略、海洋科研、海洋经济等信息资源经由互联网轻易流失或被利用，大量研究成果被拱手相送，造成了难以估量的损失。我国应当采取相应的举措解决和应对上述问题。例如，可以通过顶层设计和整体规划，科学制订海洋信息化发展战略规划，认真看待网络安全和信息化建设"一体之两翼""驱动之双轮"的辩证关系，在加强网络硬件基础设施建设水平的同时，注重先进科技的开发和应用，同时加强信息保密管理工作，依法切实打击窃取我国海洋信息、危害我国海洋网络安全的行为。①

七、关于海外利益安全

中国海外利益在高风险地区屡次遭受不法侵害等客观环境和现实使中国海外利益保护问题不断凸显。我国应以总体国家安全观为指导，确立中国海外利益保护应当遵循的基本原则，在制度层面系统规划中国海外利益保护体系建设，推动中国海外利益保护制度化、规范化和专业化。

第一，确立中国海外利益保护应当遵循的基本原则：依法合规、国际合作、公私协作、综合施策、慎用武力。关于依法合规，党的十八大以来，全面依法治国已成为我国实现国家治理体系与治理能力现代化的重要依托，我们应当结合我国国情和当前世界形势的特点，制定或完善相关的法律制度，依据法律规范海外利益

---

① 参见李满意：《维护海洋信息安全 助力海洋强国战略——访青岛海洋科学与技术国家实验室学术委员会主任、中国工程院院士管华诗》，载《保密科学技术》2017 年第 4 期。

保护制度、健全海外利益保护工作机制，使中国海外利益保护工作在法律的框架内运行。在国际合作方面，加强中国海外利益保护工作离不开相关国家政府和民众的支持，中国海外利益保护应当坚持国际合作的原则，优先利用当地资源解决当地问题。可通过政治、经济、军事、外交等多种手段加强与我国海外利益保护密切相关国家和地区的国际合作，最大限度地减少我国海外利益保障的域外阻力。在公私协作方面，中国海外利益的保障除了依靠国家政府层面的力量外，还需要充分发挥非政府部门和企业的力量，将国家救助模式与自我救助机制结合起来，建立全方位、多元化的安全保护体系。在综合施策方面，保护海外利益的工具箱应当包含多种基本手段，既需要运用经济、外交、文化等柔性手段，也需要法律、军事及准军事等刚性手段。在面对具体问题时，应当在综合分析各种应对措施优劣利弊的基础上，有针对性地组合运用多种措施解决问题。在武力方面，是海外利益保护的根本保障和核心底线，但无论是军事行动还是准军事行动，一旦使用武力，无论成败均会引起相关域外国家的高度警惕甚至是武力反致。因此，一种基于市场化运作的容易被相关国家接受的私人安保公司（又称私营军事公司，Private Military Company）应运而生。从全球范围来看，私营军事公司涉足的安保产业每年产值高达1000亿美元。从长远来看，加强专业力量的海外行动能力（包括海外风险感知能力，海外情报搜集、分析研判能力，武装力量海外运输和投送能力，海外行动综合协同能力等，鼓励民营海外安保力量健康发展将是我国海外利益保护的重点工作和基础性工作。

第二，以总体国家安全观为指导，系统规划中国海外利益保护体系建设。在海外利益保护的布局上，应抓好国内与国外的统筹，避免用孤立的眼光看待海外利益保护问题，防止只有“点”没有“面”，只有局部没有总体。在海外利益保护的目标确认上，抓好经济与安全问题的统筹，既要防止片面强调经济项目建设中只看经济收益而忽视安全问题，又要防止“过度防卫”措施导致社会环境和社会关系紧张，影响中外经济和文化领域活动与项目的开展。在海外利益保护的主体地位上，应抓好官方和非官方（民间）共同参与海外利益保护工作的统筹，防止公私不分、“巨婴思维”等现象。在海外利益保护的模式选择上，应在努力创新建设中国特色的海外利益保护模式。在海外利益保护的手段建设上，抓好强力手段与软性手段之间的统筹，防止海外利益保护手段建设中出现“过硬”或“过软”的问题。在海外利益保护的效果上,既要算政治账,也要算经济账;既要看当前效果,也要看长远效果;既要从战术层面评估海外利益保护工作的成效,更要从战略层面评估海外利益保护的成效,要防止“赚了吆喝,赔了本钱”,更要防止战术上赢了一时一事,战略上却得不偿失。

第三,加强中国海外利益保护制度化、规范化、专业化建设。中国海外利益保护的制度设计应当根据中国海外利益保护的范围(如经济利益、个人权益、国家形象、国家声誉等),统筹政府和社会相关部门,从制度层面设计出结构合理、权责明晰、职能完整的组织体制。同时,根据不断发展的国际国内形势,及时补充和健全中国海外利益保护的法律法规,抓紧制定“中国海外利益保护法”“中国海外安保工作条例”等法律法规。此外,应当不断完善中国海外利益保护的工作机制。建设和完善海外利益保护的国际战略传播和宣传机制、内部统一指挥联动机制、信息融合与情报共享机制、战术行动支援与保障机制、海外利益保护专业力量培养机制等。只有全面建设这些机制,才能真正使海外利益保护制度具有强大的战斗力和生命力。①

① 参见杜建明:《论新时期中国海外利益保护面临的挑战与对策》,载《中国人民公安大学学报(社会科学版)》2019年第5期。